中國學術思想 研究輯刊

三三編

林慶彰 主編

第18冊

世變下的經典與現代詮釋

蒲彥光 著

花木蘭文化事業有限公司

國家圖書館出版品預行編目資料

世變下的經典與現代詮釋／蒲彥光 著 -- 初版 -- 新北市：花
木蘭文化事業有限公司，2021〔民110〕
目 2+194 面；19×26 公分
（中國學術思想研究輯刊 三三編；第 18 冊）
ISBN 978-986-518-447-6（精裝）
1. 中國文學 2. 文集
030.8   110000662

中國學術思想研究輯刊
三三編　第十八冊　　　　　　　ISBN：978-986-518-447-6

世變下的經典與現代詮釋

作　　者　蒲彥光
主　　編　林慶彰
總 編 輯　杜潔祥
副總編輯　楊嘉樂
編　　輯　許郁翎、張雅淋　美術編輯　陳逸婷
出　　版　花木蘭文化事業有限公司
發 行 人　高小娟
聯絡地址　235 新北市中和區中安街七二號十三樓
　　　　　電話：02-2923-1455／傳真：02-2923-1452
網　　址　http://www.huamulan.tw 信箱 service@huamulans.com
印　　刷　普羅文化出版廣告事業
封面設計　劉開工作室
初　　版　2021 年 3 月
全書字數　166374 字
定　　價　三三編 18 冊（精裝）新台幣 48,000 元

世變下的經典與現代詮釋

蒲彥光　著

作者簡介

蒲彥光，東吳大學中國文學研究所碩士，碩論《韓愈贈序文類之研究》（柯慶明教授指導）；佛光大學文學系博士，博論《明清經義文體探析——以方苞《欽定四書文》為中心觀察》（指導教授龔鵬程、潘美月）。研究興趣綜涉古今文學、經典詮釋等議題，代表著作包括《文本的開展——小說、社會與心理：以論析黃春明、白先勇作品示例》（2005），《明清經義文體探析》（2010）。任教於明志科技大學、國立台北大學、台北海洋科技大學。

提　要

　　經典成立或被改寫，總是為了回應世變，如果仔細回顧這些經典，可以看到中西文化論戰、看到傳統詩歌與當代文論如何抗衡，從文化人類學到數位敘事之更迭，無不見證社會變遷與現代學術的駁雜。本書所收錄九篇論文，即為作者於這些議題之反省。

　　〈馬一浮《孝經大義》研究〉篇，以馬氏為例說明其以《孝經》為核心的「六藝論」，如何回應新文化運動下經學解體之時代變局？兼論其說與今文家及佛學的相關性。〈錢賓四先生《湖上閒思錄》研究〉篇，主要分析《湖上閒思錄》的種種哲思，說明錢氏於學術思想史之見解，同樣想指出他的文化研究，如何回應二十世紀泰西哲學之挑戰。〈試析錢賓四先生如何論詩〉篇，說明錢氏論詩主要從文化史出發，以儒、道二教思想為原生格局，進一步由詩歌之「比興」談通感與「天人合一」。〈文不在茲乎〉篇，談龔鵬程近作《述學》如何承繼馬一浮六藝說為其論學框架，反省國學回應現代化之策略，並指出其理論具有「六經皆文」的特徵。

　　〈《詩經》章句中對唱現象之研究〉篇，對照《詩經》與台灣原住民歌謠之「重章」現象，運用文化人類學觀點，補充糜文開、裴普賢過去的見解。〈《周易》興象繫辭之作法初探〉篇，想要解釋《周易》卦爻辭意象如何流動，兼論此一現象保留了上古習用語、以及過往的史料典故。〈新北市文化局五股守讓堂文獻調查與策展規劃〉篇，從守讓堂文史蒐集訪談案，嘗試爬梳相關產業史，拼湊此一家族敘事之興衰。〈文學與世變〉篇，從文學批評理論出發，說明數位時代扭轉「思維」朝向「知覺」的發展 如何形塑了社會與知識的巨大改變。〈重讀《人間》〉篇，以《人間雜誌》為例，說明報導文學於政治／社會變局下的思考，兼論當前新聞產製受資本主義庸俗化之危機。

目次

馬一浮《孝經大義》研究

提　要

　　經學為恆久之至道，為因應世變，經典自然也需要有所調整與詮釋。在傳統眾多經典之中，《孝經》可謂是最切身的，但自從新文化運動以降，此部經書也面對時代與社會劇變的挑戰。五四時期對於家庭組織與孝道思想的嚴屬批判，正因其與傳統帝國政治、社會秩序緊密相關。反家非孝的主要目標，是想要從君主專制及不平等人倫關係中解放出來。

　　馬一浮（1883～1967），浙江紹興人，早歲應浙江鄉試，名列榜首，後與馬君武、謝无量在上海創刊《二十世紀翻譯世界》傳播西方文化。1899 年赴上海學習英、法、拉丁文。1903 年赴美國主辦留學生監督公署中文文牘，後又赴德國和西班牙學習外語。1904 年東渡至日本學習日文。辛亥革命後，馬氏潛心研究學術，古代哲學、文學、佛學，無不造詣精深，1939 年曾任樂山復性書院院長。馬氏是近代新儒家學派的代表人物之一，與梁漱溟、熊十力齊名，有「一代儒宗」之稱。

　　馬一浮曾有留學海外之經歷，從他早期對於西方文明之追求，到後期竟宣講傳統心性之學，此一思想轉向本就耐人尋味。其中對於《孝經》一書之義理發揮，尤可以具見其如何以詮釋經典回應時代困境。此外，馬氏《孝經大義》也援引了佛教的釋經之法。他視孝為一切德行的根源，並以《孝經》作為六藝之本。他雖秉持儒家立場，卻因此擴大了《孝經》義理闡釋的思想空間，促成了儒佛經義的融攝貫通。

關鍵詞：馬一浮，孝經

一、馬一浮生平與其《孝經大義》

馬一浮（1883～1967），幼名福田，號湛翁，晚號蠲叟，浙江紹興人，其父馬廷培曾任四川仁壽縣縣令，母何定珠亦為陝西丐縣望族之後，有文才。馬一浮 16 歲應浙江鄉試，名列榜首，17 歲娶湯壽潛長女為妻，時值戊戌變法之後，科舉式微，西學譯著漸多。馬一浮為能直接閱讀西方原典，遂與謝无量同至上海學習英、法、拉丁文。19 歲與馬君武、謝无量在上海創刊《二十世紀翻譯世界》雜誌，引介西方文化，翻譯作品有《哲學史》、《哲學泛論》、《社會學》、《社會主義》、《宗教進化論》、《政治學史》、《政治泛論》、《法律泛論》、《最新經濟學》、《教育史》、《海上大冒險譚》、《地球之最重要新聞》等等，月出一冊。

1903 年 6 月，21 歲，馬一浮應清政府駐美使館之聘，赴美聖路易斯留學生監督公署擔任中文文牘，後又赴英國、德國遊歷。此期間讀亞里斯多德、斯賓塞、黑格爾、赫胥黎、達爾文、孔德、但丁、拜倫、莎士比亞等西方文學與哲學著作。以英文翻譯《日耳曼之社會主義史》、《露西亞之虛無主義史》、《法國革命史》。22 歲赴日遊學，與謝无量從日本友人烏隆謙三學習日文及德文。23 歲返國，居鎮江焦山海西庵，以英文翻譯西班牙名著《唐·吉訶德》題為《稽先生傳》。以日文翻譯義大利著作《政治罪惡論》，以英文翻譯托爾斯泰《藝術論》及俄國杜思退《正藝》等多篇。

1906 年，24 歲的馬一浮將治學重點轉向國學〔註1〕，寄居杭州外西湖廣化寺，該寺近浙江圖書館文瀾閣，馬氏每天閱讀《四庫全書》，共閱讀三萬六千四百餘冊，並作讀書札記。1912 年，辛亥革命成功，民國成立，蔡元培任教育總長，聘馬為秘書長，襄助部務。後因辦學理念不一，請辭〔註2〕。1916 年 12 月，蔡元培任北京大學校長，邀請馬任文科院長，馬以「古聞來學，未聞往教」為由婉拒。

1917 年，35 歲，馬一浮致力於佛教典籍研究，同佛教界接觸頻繁，與

〔註 1〕馬一浮「學凡三變」，此期治學方向的轉變原因，李新霖曾指出：約為「日與古人為伍，不屑於世務」（馬敘倫語，〈馬君武〉，載《石室餘瀋》）、目睹國事艱難，欲挽狂瀾，轉移風氣，故「益加立志為學，絕意仕進，遠謝時緣，閉戶讀書」（烏以風：《馬一浮先生學贊》）。（李新霖，〈對馬一浮復性書院儒學經典教育之省思〉，收入《哲學與文化》，第 35 卷第 9 期，總 412 期，2008 年 9 月，頁 66）

〔註 2〕蔡元培任教育總長，議各級學校廢經學課程，馬氏因而請辭。

好友李叔同、彭遜之一起研究佛經。1930 年，48 歲，竺可楨請馬一浮至浙江大學任教，未應允。9 月，北大校長陳百年函請馬一浮至北大任教，仍未應允。1938 年，56 歲，馬氏為避戰火遷至江西泰和，應浙江大學校長竺可楨之聘，任「特約講座」講授國學，後編為《泰和會語》。贛北戰事日緊，浙大師生遷往江西宜山，此期所講內容又輯為《宜山會語》。

1939 年，57 歲，馬一浮接受弟子壽景傳、劉百閔等建議，在抗戰後方找一處山水勝地講學。蔣介石慕其名，派陳立夫請至四川講學，正式成立「復性書院」，院址即設在四川樂山縣烏龍寺。馬一浮以「講明經術，注重義理，欲使學者知類通達、深造自得，養成剛大貞固之才」為書院宗旨，發佈〈復性書院徵選肄業生細則〉。首講「學規」、「讀書法」、「通治群經書目舉要」，其講稿輯為《復性書院講錄卷一》（木刻版）。次講「論語大義」，其稿輯為《復性書院講錄卷二》（1940 年木刻出版）。再講「孝經大義」，稿輯為《復性書院講錄卷三》（1940 年木刻出版）。是年，在浙大講學之稿，亦輯為《泰和宜山會語合刊本》，刻成出版。

1940～1941 年，馬氏續講「詩教緒論」、「禮教緒論」、「洪範約義」、「觀象卮言」等，又分別出版了《復性書院講錄》卷四至卷六。1941 年馬氏寫〈告書院學人書〉，表明將以刻書為職志，庶使將來求書較易，不患無書可讀。1942 年，又刻書包括（一）群經統類：《繫辭精義》、《春秋胡氏傳》、《蘇氏詩集傳》、《嚴氏詩輯》、《大學纂疏》、《中庸纂疏》、《論語纂疏》、《孟子纂疏》、《易學濫觴》、《春秋師說》、《毛詩經筵講義》。（二）儒林典要：《太極圖說・通書・西銘述解》、《正蒙注》、《上蔡語錄》、《延平答問》、《知言》、《公是弟子記》、《明本釋》、《聖傳論》、《先聖大訓》、《慈湖家記》、《盱壇直詮》、《朱子讀書法》等共 28 種 38 冊。

1947 年，書院經費無著落，馬一浮向董事會提廢置書院。1953 年，受聘任浙江省文史館館長。1954 年，任大陸政協全國委員會特邀委員。1963 年，大陸全國政協舉辦「馬一浮書法展覽會」。1966 年，馬氏 84 歲，文化大革命開始，馬被冠上「反動學術權威」罪名，被逐出蔣庄，畢生收藏之古書古畫遭焚。1967 年病逝於浙江醫院，享壽 85 歲。

馬一浮是傳統儒學轉向現代化過程中的重要代表人物之一，與梁漱溟（1893～1988）、熊十力（1884～1968）齊名，當代學界有並稱為「現代儒

家三聖」者〔註3〕，梁漱溟曾經稱美馬氏為「千年國粹，一代儒宗」，賀麟
（1902～1992）說他「代表傳統中國文化的僅存的碩果」、曾昭旭（1943～）
也說他是「傳統之儒之最後典型」〔註4〕。

　　《孝經大義》是馬一浮非常重要的經學著作，馬氏曾經指出：「六藝皆
以明性道、陳德行，而《孝經》實為之總會。……明此，則知《詩》、《書》
之用，《禮》、《樂》之原，《易》、《春秋》之旨，并為《孝經》所攝，義無可
疑。」〔註5〕在他的六藝論體系中，《孝經》實具有集大成的意義〔註6〕。如
前所述，此書是他 1939 年在四川樂山烏龍寺的講稿，1964 年台灣廣文書局
曾據以影印。近時又有整理重印單行本（如宋志明校點，收入《現代中國思
想論著選粹》叢書，山東人民出版社，1998；又江蘇教育出版社，2005），
還編入《馬一浮集》（浙江古籍出版社、浙江教育出版社，1996），已經廣為
流傳。

二、時代風氣：新文化運動批判下的《孝經》論述〔註7〕

　　事實上，馬一浮對於《孝經》的特別標舉，就他所面臨的新時代而言，

〔註3〕如方克立：〈現代新儒學的發展歷程〉（上），《南開學報》1990 年第 4 期，頁
　　　9；許寧：〈六藝圓融——馬一浮文化哲學研究〉（北京：中國社會科學出版社，
　　　2008 年 3 月），頁 1、27。劉樂：《馬一浮的六藝論與詩學思想》，華東師範大
　　　學博士學位論文，2006 年 5 月，頁 1。此外，又有逕稱為之為「三聖」者（如
　　　郭齊勇）、有稱之為「儒家三聖」者（如馬鏡泉等）、有稱之為「新儒家的三
　　　聖」者（如滕復）、有稱之為「新儒家現代三聖」者（如陳銳）、有稱之為「現
　　　代新儒家三聖」者（如滕復）、有稱之為「現代新儒學三聖」者（如樓達人），
　　　請參見王汝華：《現代儒家三聖》，上冊，臺北市：新銳文創，2012 年 8 月，
　　　頁 8。
〔註4〕分見《馬一浮先生逝世二十周年紀念特刊》（內部印，1987 年）中悼念文字；
　　　賀麟：《當代中國哲學》（台北，台灣時代書局，1974 年 6 月），頁 12；曾昭
　　　旭：〈六十年來之理學〉緒言，收入程發軔主編：《六十年來之國學》（台北：
　　　正中書局，1977 年 11 月），第四冊，頁 561。
〔註5〕馬一浮：《復性書院講錄》（杭州：浙江古籍出版社，2012 年 4 月），卷三，頁
　　　118。
〔註6〕馬一浮 56 歲時所出版的〈泰和會語〉，首先楷定「國學」即是《詩》《書》《禮》
　　　《樂》《易》《春秋》六藝之學，以六藝該攝諸子、四部等一切學術。其中，
　　　「六藝之旨，散在《論語》而總在《孝經》，是為宗經論」。（《馬一浮集》，杭
　　　州：浙江古籍出版社、浙江教育出版社，1996 年，第一冊，頁 15）
〔註7〕此節論述大部份資料，係引用自呂妙芬《孝治天下：《孝經》與近世中國的政
　　　治與文化》（臺北市：聯經，2011 年 2 月），特別是該書第九章「新世界秩序
　　　下的《孝經》論述」，不敢掠美，特此聲明。

似乎算是非常傳統而保守的觀點。

民國成立以來，因應時勢之劇變，主流思想界有「多論孝，少論《孝經》」的現象，大家對於此一議題的關切程度及主張亦不相同。例如，國粹派健將章太炎（1868～1936）晚年確有捍衛傳統倫理、重視《孝經》教育的發言，引介西學有力的林紓（1852～1924）與嚴復（1853～1921）亦然，但整體而言，他們對於傳統孝道絕非沒有批判。劉師培（1884～1919）雖承認孝是人民之美德，主張家庭倫理不可廢，但他嚴厲批判傳統家族制度的不平等關係對人的壓抑、導致公德不彰等弊病，故主張家庭革命。

康有為（1858～1927）對於孝弟倫常十分重視，以孝為仁之本的觀念基本上也承襲傳統，但對於強調上下尊卑秩序與維護君父權利的《孝經》，則並未特別著意，無論在其所列應讀之書目，或規劃於孔教會中宣讀之經典，都沒有特別標出《孝經》。類似地，梁啟超（1873～1929）對於《孝經》的評價也相當低，認為其性質同於《禮記》。他在《國學入門書要目及其讀法》中尚說可當《禮記》之一篇讀之；在《要籍解題及其讀法》中則說：「書中文義皆極膚淺，置諸《戴記》四十九篇中猶為下乘，雖不讀可也。」〔註8〕陳煥章在《孔教論》中，也主要闡述孝的重要意義，而非《孝經》。

新文化運動代表中國自清末以來，在一系列改革追求富強的挫敗之後，對於自身文化開始進行嚴厲批判與反省的一個高峰。當時陳獨秀（1879～1942）、李大釗（1889～1927）、魯迅（1881～1936）等人，對於孝和家庭都有激烈的批評。吳虞（1872～1949）的論點更是直搗核心，清楚針對中國傳統家國共構的關係加以批評：「儒家以孝弟二字為二千年來專制政治與家族制度聯結之根幹」，故欲消除君主專制，就必須先打破家族制度，而欲破除家族制度，首先須破除孝弟思想對人們的束縛〔註9〕。徐復觀說吳氏從孝及孝相關文化現象來否定中國文化，「算是接觸到中國文化的核心，迫攻到中國文化的牙城，而真正和陳獨秀魯迅他們成為五四運動時代的代表人物。」〔註10〕

〔註8〕黃克武：〈一個被放棄的選擇：梁啟超調適思想之研究〉（台北：中央研究院近代史研究所，1994），頁69～70、頁126～127。

〔註9〕吳虞，〈家族制度為專制主義之根據論〉（原發表於《新青年》2卷6號，1917年2月1日）、〈說孝〉（原發表於《星期日》社會問題號，1920年1月4日），後收入《吳虞集》（成都：四川人民出版社，1985），頁61～70、頁172～177。

〔註10〕徐復觀，〈中國孝道思想的形成演變及其在歷史中的諸問題〉，收入《中國思

　　面對新時代之轉變，《孝經》當中「忠孝合一」的帝制思想，往往成為批評者之重點所在。例如，馮友蘭（1895～1990）說傳統社會之所以視孝為眾德之基，主要與當時是以家為主要生產單位有關，經過產業革命後的現代社會，家已不再是組成社會的經濟單位，自然也不再是規範人一切社會關係與行為的組織，傳統的孝德也不再適用於新社會。因此在現代社會中，孝雖仍是一種道德，卻已不能再做為一切道德的中心與根本了〔註11〕。熊十力（1884～1968）則批評自漢代以後盛行二千餘年的孝治思想：「《論語》記孔子言孝，皆恰到好處，皆令人於自家性情上加意培養；至《孝經》，便不能無失。於是帝王利用之，居然以孝弟之教，為奴化斯民之良好政策矣。」〔註12〕「以父道配君道，無端加上政治意義，定為名教。由此，有王者以孝治天下、與移孝作忠等教條，使孝道成為大盜盜國之工具，則為害不淺矣。」〔註13〕

　　徐復觀同樣反對孝治思想，他說孔子僅視孝為眾德之一，孝主要是家庭內之倫理，不一定能貫通於社會。忠信、忠恕才是將人與己、家庭與社會貫通起來之德，故曾子傳承孔子的一貫之道是「忠恕」，而不是「孝」。他更嚴格劃清了事父母與事君的界線：「先秦儒家，……把事父母和事君的界線，是劃分得很清楚的。到後來，這種界線慢慢的混同起來，即是先把對一般人的『忠』，變為事君的專用名詞；再進而又把忠和孝混同起來，這便使臣道成為奴才道德，……於是孝道的本身雖不會助長專制，但經過這一偷天換日的手段，把父子關係的孝道，偷到君臣的關係上去，這便犯下了助長專制之嫌。」〔註14〕在徐復觀眼中，《孝經》不僅是一部漢儒偽造之書，更重要的是，它的內容完全扭曲、背離孔子教孝的真義，是服務專制政權的工具。

　　1940年，馬一浮在《孝經大義》之〈序說〉中，首先便反對以社會學、

　　　　想史論集》（臺北：臺灣學生書局，1974年），頁155～200；關於吳虞的思想
　　　　與其家庭、時代的關係等，見王汎森，〈思潮與社會條件——新文化運動中的
　　　　兩個例子〉。
〔註11〕馮友蘭，〈原忠孝〉，《新事論》，《貞元六書》，頁85。
〔註12〕熊十力，《讀經示要》（台北：明文書局，1974），卷2，頁359～360。
〔註13〕熊十力，〈原儒〉，（香港：龍門聯合書店，1956），上卷，頁28a～30b。
〔註14〕徐復觀，〈中國孝道思想的形成演變及其歷史中的諸問題〉，徐氏於此文批評
　　　　「經過法家的有意安排，以達到漢人所偽造的《孝經》，在文獻中取得了崇高
　　　　的地位，而孝道遂蒙上了千古不白之冤，這是大一統的專制政治，壓歪了孝
　　　　道的結果。」徐復觀於晚年不再堅持《孝經》是偽書，說有可能是曾子的再
　　　　傳或三傳弟子所作，但仍強調《孝經》與政治的關係。相關討論見高大鵬，
　　　　〈由孝經看中國文化〉，《孔孟月刊》，卷21期9（1983），頁34～39、頁63。

或史料說，來拆解傳統經學之神聖性：

> 今人治社會學者，動言家族起源由於掠奪〔註15〕。中土聖賢所名道
> 德，悉為封建時代之思想。經籍所載，特古代之一種倫理說，可供
> 研究歷史文化之材料而已，是無足異也。夫六藝之道判之，疏通知
> 遠〔註16〕本為書教之事，書之失誣，今之為此言者，亦有近於書教。
> 特據蠻俗以推之上世，以為歷史過程不越此例，其意亦欲疏通知遠，
> 而不知其失之誣也。目中土聖賢經籍為傳統思想，斥之無餘，而於
> 異國殊俗影響之談，則奉為實訓，信之唯恐不及，非惑歟？夫誣經
> 籍、誣聖人、誣史實，猶曰聞見之蔽為之，至於誣其己之本心而果
> 於自棄，則誠可哀之大者。〔註17〕

馬氏認為這些當代批評，都是「誣經籍、誣聖人、誣史實」，稱得上是「聞見
之蔽」，然而，時人所不易掌握的，還有超越於這些聞見之上的真實，則在於
「己之本心」，所以他在〈序說〉中花了相當篇幅從《孝經》高談性理之學，
從這裡，我們可以窺見馬一浮闡述《孝經》的傳統觀點：

> 《孝經》始揭父子天性，在《詩》曰秉彝，在《書》曰降衷，在《易》
> 曰各正性命，在《中庸》曰天命之謂性。孟子曰：「盡其心者，知其
> 性也，知性則知天矣。」此而不知，故於率性之道、修道之教，皆
> 莫知其原，遂以萬事萬物盡為愛惡攻取之現象，而昧其當然之則，
> 一切知解但依私欲、習氣輾轉增上，溺於虛妄穿鑿，蘊之為邪見，
> 發之為暴行，私其身以私天下，於是人生悉成過患矣。夫以身為可
> 私，是自誣也，私天下是誣民也。安於自誣者，必敢於誣民，是滅
> 天理而窮人欲也。率天下以窮人欲，於是人之生也，乃儦焉不可終
> 日矣。如或患之，盍亦返其本邪？曷為返其本？由六藝之道，明乎
> 自性而已矣。曷由而明之？求之《孝經》斯可明矣。
>
> 性外無道，事外無理，六藝之道，即吾人自性本具之理，亦即倫常
> 日用所當行之事也。亙古亙今，盡未來際、盡虛空界，無須臾而可

〔註15〕例如社會學家孫本文（1892～1979）曾在《現代中國社會問題》（商務印書館，
　　　　1946年上海版，頁121）第一冊《家族問題》中，舉北美洲印地安人的搶婚
　　　　習俗，與《易經》「匪寇婚媾」、及《說文》「禮，娶婦以昏時，故曰婚。」為
　　　　例，說明「草昧初開之時，婚姻恆成於掠奪」。
〔註16〕疏通知遠、書之失誣，皆出自《禮記·經解》。
〔註17〕馬一浮：《復性書院講錄》，頁117。

離，無一事而不遍者也。由是性之發用而後有文化，故曰「觀乎人
文以化成天下」，其用之有差忒者，由於體之不明，故為文之不當
也。（《易》曰：「物相雜，故曰文。文不當，故吉凶生焉。」）除習
氣，盡私欲，斯無不明，無不當矣。吾人性德本自具足，本無纖毫
過患，唯在當人自肯體認。與其廣陳名相，不若直抉根原，故博說
則有《六藝》，約說則有《孝經》。《孝經》之義終於立身，立身之
旨在於繼善成性。〔註18〕

據其說，研治《孝經》有助於學者「明乎自性」，亦即於「倫常日用所當行之
事」，窺見「吾人自性本具之理」。當人於倫常日用所當行之事有所體認，則
可「繼善成性」。

可知在馬一浮的詮釋體系中，其對於《孝經》之理解主要係採納了宋明
理學的說法，超越於漢儒的傳統觀點。相關論述，我們將於後面加以說明。

三、《孝經大義》析論

為了討論的方便，以下本論文且分：經籍定位、版本去取、解經框架、
及解經作法等四個層次，試以析論馬一浮《孝經大義》的文本，說明其要點。

（一）架構於其國學觀（六藝論）之體系

馬一浮論學極強調結構及次第，例如〈泰和會語〉一開篇就有〈論治國
學先須辨明四點〉說：

> 諸生欲治國學，有幾點先須辨明，方能有入：
>
> 一、此學不是零碎斷片的知識，是有體系的，不可當成雜貨；
>
> 二、此學不是陳舊呆板的物事，是活潑潑的，不可目為骨董；
>
> 三、此學不是勉強安排出來的道理，是自然流出的，不可同於機械；
>
> 四、此學不是憑藉外緣的產物，是自心本具的，不可視為分外。
>
> 〔註19〕

可見其特別強調為學之體系性。繼之究問：現在如何講求國學？曰：「第一須
楷定國學名義；第二須先讀基本書籍；第三須講求簡要方法。」馬氏認為，國
學「唯六藝足以當之。六藝者，即是《詩》《書》《禮》《樂》《易》《春秋》也，
此是孔子之教，吾國二千餘年來普遍承認一切學術之原皆出於此，其餘都是

〔註18〕馬一浮：《復性書院講錄》，頁117～118。
〔註19〕〈泰和會語〉，《馬一浮集》，第一冊，頁4。

六藝之支流。……用此代表一切固有學術，廣大精微，無所不備。」〔註20〕
換句話說，在馬一浮之意見，國學必然指向我國一切學術之「源頭」，而此一
源頭也就是「孔子之教」，散見於《詩》《書》《禮》《樂》《易》《春秋》六藝當
中。

由於強調國學與孔子之相關性，馬一浮因此主張「六藝之旨，散在《論
語》而總在《孝經》，是為宗經論。」〔註21〕甚且認為六藝可以統諸子、統四
部，乃至西來學術亦可統於六藝：「舉其大概言之，如自然科學可統於《易》，
社會科學可統於《春秋》」〔註22〕，可知馬一浮所謂之六藝，有時又具有學
術類別的意義，似乎並非精確指涉先秦六經而立言。〔註23〕

從而，馬一浮特別強調「六藝之教」實踐於「倫常日用所當行之事」，
而不在於泥守經籍：「吾見有人終身讀書，博聞強記而不得要領，絕無受用，
只成得一個書庫，不能知類通達，如是又何益哉？復次當知講明六藝不是空
言，須求實踐。今人日常生活，只是汨沒在習氣中，不知自己性分內本自具
足一切義理。故六藝之教，不是聖人安排出來，實是性分中本具之理。……
今人亦知人類須求合理的生活，須知六藝之教即是人類合理的正常生活，不

〔註20〕《馬一浮集》，第一冊，頁10。
〔註21〕《馬一浮集》，第一冊，頁15。
〔註22〕《馬一浮集》，第一冊，頁21。
〔註23〕楊儒賓〈馬浮「六藝統於一心」思想析論〉曾經指出：「馬浮的六藝論雖然
在文獻學的立場上站不住腳，他這種提法卻有相當豐富的意義。六藝之為儒
家經典，可以說有兩個面相，一個是歷史的面相，另一個是意義的面相。六
藝原來的面貌如何？它的某字某句當如何訓詁？這些屬於歷史的面相。了
解了這些問題對我們『客觀』了解六藝有相當的幫助，但是對接受儒家價值
體系的人士來說，六藝這樣解釋，事實上是把六藝的根本核心解釋掉
了。……馬浮對六藝論的解釋正是標準的重意義而輕歷史，他一再強調讀六
藝要『通』、要懂『大義』，事實上即是要求學者跳開文獻考證的窠臼。由
『通』、『大義』這樣的語彙我們可以了解：六藝的意義在六藝的經文以外，
它要『通向』某處，它要代表某種『大義』。至於六藝怎麼通？什麼才是大
義，這當然有理解與詮釋的問題。籠統的說，通向聖人之道或聖人之心，這
是儒學傳統的人多接受的。但一談到什麼是聖人之道或聖人之心，爭議就來
了。中國經學史上出現的許多專談微言大義的學者，尤其是今文學家，他們
的理論中往往出現許多非常奇異可怪之言。」（《鵝湖學誌》，第12期，1994
年6月，頁48～49）蔣年豐則提出「興的精神現象學」用以解釋馬一浮的
六藝說（蔣年豐，〈孟學思想「興的精神現象學」之下的解釋學側面——從
馬浮論詩教談起〉與〈馬浮經學思想的解釋學基礎〉兩文，收入《文本與實
踐（一）：儒家思想的當代詮釋》，臺北：桂冠圖書，2000年，頁203～248）。

是偏重考古，徒資言說而於實際生活相遠的事。」〔註24〕因此，馬一浮又主張「六相攝歸一德，六藝統攝於一心」〔註25〕，回歸到宋明理學的修養論。

至於《孝經》與其六藝論之關係，馬一浮曾說：

> 學者當知，《孝經》之義，廣說難盡，今唯略說。已知六藝為博，《孝經》為約。亦當略判教相，舉要而言。至德，《詩》《樂》之實也。要道，《書》《禮》之實也。三才，《大易》之旨也。五孝，《春秋》之義也。言其教不肅而成，是《詩》《樂》之會也。言其政不嚴而治，是《書》《禮》之會也。又政教，皆《禮》之施也。不肅而成，不嚴而治，則《樂》之效也。《樂》主德，而《禮》主行，《易》顯性而《春秋》顯道。父子天性，准乎《易》也。君臣之義，准乎《春秋》也。明堂四學，則樂正四教所由制也。配天饗帝，則聖人盛德之極致也。言德，則是《易》之盡性也。言刑，則是《春秋》之正名也。由是推之，交參互入，重重無盡。須知六藝皆為德教所作，而《孝經》實為之本。六藝皆為顯性之書，而《孝經》特明其要。故曰：一言而可以該性德之全者，曰仁。一言而可以該行仁之道者，曰孝。此所以為六藝之根本，亦為六藝之總會也。〔註26〕

其中，「至德要道」屬於《孝經大義》第二章之宗旨，「三才」則是第四章、「五孝」為第三章，「明堂」、「言刑」則分屬第五、六章。可知馬一浮係以《孝經》總論六藝之旨，以六藝皆為「顯性之書」，至於《孝經》所講求之父子愛敬，則為其行仁之根本。

但在有些時候，馬一浮會特別標舉《孝經》與禮樂之關係，強調情感的天性，與喪祭儀式中盡性至命之深意。例如：

> 何言乎答問孝皆有禮樂義也？禮者，天地之序。樂者，天地之和。……而行之必自孝弟始。故《孝經》一篇，實六藝之總歸。〔註27〕

> 曾子親傳《孝經》，今二《戴記》凡言喪祭義者，多出曾子，無異為《孝經》作傳。觀其推言禮樂之大，而嚴孝養之別，出於孔子答問

〔註24〕《馬一浮集》，第一冊，頁17～18。
〔註25〕《馬一浮集》，第一冊，頁21。
〔註26〕《復性書院講錄》，頁169～170。
〔註27〕《論語大義》，卷三，《復性書院講錄》，頁74。

孝之旨，可知也。但孔子之言約，曾子之言廣耳。〔註28〕

伊川作《明道行狀》云：「知盡性至命必本於孝弟，窮神知化由通於
禮樂。」此以孝弟與禮樂合言，性命與神化並舉。行孝弟，則禮樂
由此生，性命由此至，神化由此出。〔註29〕

是皆以孝弟與禮樂合言。至馬一浮闡論孝道之大者，則以「事天事親為一
義」，說其「窮神知化」：

橫渠《西銘》，實宗《孝經》而作。即以事天、事親為一義。……是
故禮樂之興，皆孝弟之達也。繼天立極，為事親之終也。盡性至命，
即孝子之成身也。窮神知化，即天道之不已也。禮樂之義，孰大於
是？〔註30〕

《論語》凡言禮樂義者，不可殫舉，今特拈孝弟為仁之本，略明喪
祭之要。學者能引而申之，觸類而長之，庶可達乎禮樂之原，而盡
性至命、窮神知化，亦在其中矣。〔註31〕

（二）辨證古今文疑義

《孝經大義》第一章就在確認經籍的今古文問題。今古文問題不在於版
本之文字不同，更重要的在於《孝經》與「孔子之教」的關聯性，馬一浮的
觀點很明確，基本上完全接納鄭玄的說法：「《孝經鉤命決》引孔子曰：『吾
志在《春秋》，行在《孝經》。』明一切行門皆從孝起。……故鄭氏以《孝經》
為六藝總會之說，實為得之。《六藝論》云：『孔子以六藝題目不同，指意殊
別，恐道離散，後世莫知根原，故作《孝經》以總會之。』《邢疏》引皇侃、
劉炫說，并以為孔子自撰《孝經鉤命決》亦有『《春秋》屬商、《孝經》屬參』
之言，明《孝經》與《春秋》同作，或在《春秋》後。……《漢志》但云『孔
子為曾子陳孝道』，不云『孔子作』。今按古人言語質樸，謂之制作者，不必
定出自撰，當為七十子之門徒所記述。如《禮記》所錄諸篇，……《孝經》
開篇起例全同，自為記述之體無疑。朱子以為曾子門人所記是也。」〔註32〕
首先確認了此書雖未必出於孔子自撰，但應可以認定為孔子的意見，且「《春

〔註28〕《復性書院講錄》，頁79。
〔註29〕《復性書院講錄》，頁75。
〔註30〕《復性書院講錄》，頁81。
〔註31〕《復性書院講錄》，頁86。
〔註32〕《復性書院講錄》，頁120。

秋》屬商、《孝經》屬參」，暗示孔子於《孝經》（如同《春秋》一般）寓有特別之寄託。

　　至於今古文版本之異同，馬一浮的觀點是「今謂注可疑而經不可疑，古文可疑而今文不可疑，孔注可疑而鄭注不可疑也。……今謂宜依今文十八章之舊，不必紛紛為之說。」〔註33〕其詮釋經義既主要採用了鄭玄以「《孝經》為六藝總會之旨」〔註34〕，在版本選擇上，自然傾向於採用今文之經說。

　　由於馬一浮選擇了鄭玄的今文版本，因此《孝經大義》在第一章中頗費了些篇幅，用來回應朱子對於今文本的批評意見，例如：

　　《朱子語類》疑「嚴父配天」義，以為「如此須是武王、周公方能盡孝，常人都無份。」又謂：「其中有《左傳》中言語，疑出後人綴輯。」是亦疑有過當。

　　如言：「愛敬盡於事親，而德教加於百姓，刑於四海」，宜屬之天子；「愛親者，無敢惡於人；敬親者，無敢慢於人」，則常人皆有份也。配天固武王、周公而後可，嚴父則亦常人所有事也。如言：「大孝不匱、中孝用勞、小孝用力」〔註35〕「大孝尊親，其次不辱，其下能養。」〔註36〕大之云者，充類至義之辭。孝以嚴父為大，嚴父又以配天為大。如此言之，何害於義理乎？

　　朱子一生理會文義最仔細，此謂恐啟人僭亂之心者，故謹嚴之過，亦不足為朱子病。至經籍中言語相類而互見者，往往有之。《孝經》之傳，宜在《左氏》之前。〔註37〕

　　《語類》又云：「《孝經》只是前面一段是當時曾子問於孔子者，後面皆是後人綴輯而成。」是前面一段朱子固未嘗疑之。《刊誤》分為經、傳，以此當經，疑傳而不疑經。但不知何以用古文本？或因溫公《指要》本方行於時而然。〔註38〕

引文中值得我們特別注意的，在於朱子質疑「嚴父配天」處，其實是更強調

〔註33〕《復性書院講錄》，頁123。
〔註34〕《復性書院講錄》，頁125。
〔註35〕語出《禮記》卷七。
〔註36〕語出《禮記・祭義》。
〔註37〕《復性書院講錄》，頁123，又頁126再次提及此一引文觀念，以確認與孔子之關聯。
〔註38〕《復性書院講錄》，頁124。

孝道之於常人的公平性，但是馬一浮對此卻輕輕放過。

除了回應朱子的意見之外，《孝經大義》中曾特別提及黃道周（1585～1646）對於《孝經》的看法：

> 又《語類》曰：「《禮記》煞有好處，可附於《孝經》。」《刊誤》後序曰：「欲撷取他書之言可發此經之旨者，別為外傳。」及黃石齋撰《集傳》〔註39〕，盡採二《戴記》諸篇其義與《孝經》相發者，分繫各章之下，謂之大傳。自下己意，謂之小傳，實朱子之志也。
>
> 其為《孝經辨義》曰：「《孝經》有五大義，本性立教，因心為治。令人知非孝無教、非性無道，為聖賢學問根本，一也。約教於禮，約禮於敬，敬以致中，孝以導和，為帝王致治淵源，二也。則天因地，常以地道自處，履順行讓，使天下銷其戾心，覺五刑、五兵無得力處，為古今治亂淵源，三也。反文尚質，以夏、商之道救周，四也。辟楊誅墨，使佛、老之道不得亂常，五也。」此語推闡至精，前三義尤能見其大。
>
> 《孝經大傳序》……又曰：「臣觀《儀禮》、二《戴記》，皆為《孝經》疏義，蓋當時師、偓、商、參之徒，習觀夫子之行事，誦其遺言、尊聞、行知、萃為禮論，而其至要所在，備於《孝經》。」蓋「語孝必本敬，本敬則禮從此起，非必禮論初為《孝經》之傳也。」……自來說《孝經》，未有過於黃氏者也。〔註40〕

一方面補充朱子《語類》所未及之處，二方面強調《孝經》與《儀禮》、二《戴記》之相關性。馬一浮於引文中提及黃道周《孝經辨義》「前三義尤能見其大」，第一義關乎心性政教，是「聖賢學問根本」、第二義是「帝王致治淵源」、第三義則是「古今治亂淵源」，這幾點顯然是朱子比較不願著墨之處，馬一浮卻特別深信且推重之。從強調帝王政教的部份，我們看到馬一浮的《孝經大義》，有接近於今文家的政教觀點。

（三）《孝經》以「至德要道」明宗

馬一浮對於〈開宗明義章第一〉孔子曰：「先王有至德要道，以順天下」，所謂「至德要道」，特別加以分說，並標舉為《孝經大義》之第二章。

〔註39〕黃道周著《孝經集傳》多引《禮記》、《孟子》以闡發經義。
〔註40〕《復性書院講錄》，頁124～125。

馬一浮認為夫子所提的「至德要道」，不過就是一念愛敬之心。

> 六藝之教，總為德教；六藝之道，總為性道。《孝經》則約此性德之發現而充周者舉示於人，使其體認親切，當下可以用力。……此是聖人顯示性德，普攝群機，故說《孝經》以為總持，猶佛氏之有陀羅尼門〔註41〕。故先標「至德要道」，復曰德教，曰天性，曰人之行。明所因者本以德攝行，以行顯性，以性攝道，并是審諦決定之言。凡性德所含，聖教所敷，無不苞舉而盡攝之，故曰：「道之根原，六藝之總會也。」……指出一念愛敬之心，即此便是性德發露處，莫知所由，然若人當下體取，便如垂死之人復活，此心即是天地生物之心。本此以推之，禮樂神化，皆從此出。〔註42〕

> 今言至德要道，則唯通而不睽、唯得而無失也。故曰：「孝弟之至，通於神明，光於四海，無所不通。」〔註43〕即此現前一念愛敬，不敢惡慢之心，全體是仁。事親之道，即事君之道，即事天之道，即治人之道，即立身之道，亦即天地日月四時鬼神之道。唯其無所不通，故曰「要道」。純然天理，故曰「至德」。一有失之，便成睽隔，天地萬物，皆漠然與己不相關涉，更無感通，而但有尤怨，此則不仁之至，私吝為之也。〔註44〕

所以憑此一念愛敬之心，便可體認「天地生物之心」，馬一浮因此強調「總持」、踐行之功，認為本此而推之，通而不睽、得而無失，則必有「通於神明，光於四海」之回報。

　　既然強調《孝經》感應之說，自然與鄭玄的今文經說有關。馬一浮《孝經大義》又有如此看法：

> 《中庸》：「唯天下至誠，為能經綸天下之大經，立天下之大本，知天地之化育。」鄭注以「至誠」即指孔子，「大經」謂六藝而指《春秋》也，「大本」即《孝經》。今說《中庸》，自以朱子《章句》為精，

〔註41〕梵語陀羅尼，華言總持，以其持善不散，持惡不生也。蓋菩薩以總持之法，隨順一切眾生言音，開導正信，令其滅諸惡心，而行一切善法，是為菩薩陀羅尼門。

〔註42〕《復性書院講錄》，頁128～131。

〔註43〕語出《孝經‧感應章第十六》。

〔註44〕《復性書院講錄》，頁130。

不必盡依鄭注。然鄭氏以至誠即指孔子，於義亦允。聖人與道為一。《通書》曰：「聖人者，誠而已矣。」此見「至誠」即是至聖。《中庸》以顏淵表仁，以舜表智，以子路表勇，謂以孔子表至誠何不可邪？以「大經」當六藝，以「大本」當《孝經》，鄭義實是如此。此尤近於義學之判教也。〔註45〕

所謂「義學」，佛教有義學、禪學之別。研究經、論、律三藏之義理，是謂「義學」。〔註46〕所謂「判教」，依佛教所傳，所有佛經皆係佛說。然東來貝葉，內容互異，將何以釋信眾之疑？於是有「判教」之說。其意若曰：釋尊在不同時間中，對不同之對象，應機說法，故教義繽紛，各擅其美。眾美之中，更有殊勝者，即為釋迦之本意矣。〔註47〕

據馬一浮的說法，他其實是把朱子對於《中庸》章句的詮釋〔註48〕棄置不用，改採以鄭玄之注解，將「天下至誠」人格化為孔子。馬氏這裡所以權宜地採取「義學之判教」來詮說《中庸》，主要還是為了並舉《春秋》及《孝經》二書，說明《孝經》寓有孔子寄託之深意。例如《孝經大義》認為：

> 《孟子》以《春秋》為天子之事，須知《孝經》亦是天子之事。既知天子為德稱，則知聖人不必得位，亦可成教於天下、為法於後世，此所謂素王也。作《春秋》以誅亂臣賊子，制《孝經》以進仁人孝子，而後天下之為父子者定。……佛者言世界，是諸佛願力所持。以儒者言之，則是聖人德教所持。〔註49〕

然而如此詮釋經籍的方式，不僅遠離了朱子原來之見解，甚至很像是康有為稍早的觀點：康氏《新學偽經考》以為漢十四博士所傳今文經皆孔門足本，並無殘缺，其《孔子改制考》則認為六經都是孔子所作。

〔註45〕《復性書院講錄》，頁134。

〔註46〕陸寶千，〈述馬浮之以佛釋儒〉，《中央研究院近代史研究所集刊》，第23卷（上），1994年6月，頁101。

〔註47〕〈述馬浮之以佛釋儒〉，頁104。

〔註48〕朱子《中庸章句集注》曰：「大經者，五品之人倫。大本者，所性之全體也。惟聖人之德極誠無妄，故於人倫各盡其當然之實，而皆可以為天下後世法，所謂經綸之也。其於所性之全體，無一毫人欲之偽以雜之，而天下之道千變萬化皆由此出，所謂立之也。其於天地之化育，則亦其極誠無妄者有默契焉，非但聞見之知而已。此皆至誠無妄，自然之功用，夫豈有所倚著於物而後能哉。」大經、大本，朱注以為皆非指經籍而立言。

〔註49〕《復性書院講錄》，頁140～141。

（四）以「五孝」辨用

馬一浮以六藝總為德數，而《孝經》為之本。繼論「至德要道」以明宗，次說五孝（天子、諸侯、卿大夫、士、庶人）是辨用。

《孝經大義》第三章曰：「先儒釋此，特詳於禮制，其義猶有隱而未發者。世俗每以《孝經》為順俗之談，不知為顯性之教。」〔註50〕所謂「詳於禮制」，是說明經文中有五種社會身份之差異；至於「顯性之教」，則假爵名為德名，強調以心轉物之功。

《孝經大義》中不否認有五種社會階級之區別，但是馬一浮刻意倒過來說，強調爵名皆為德名，以名稱其德，非稱其位，因此五孝變成了一種功夫論：

> 古之爵人者，皆以德為差。故爵名者，皆名其人之德也。……今人不知此義，妄以經籍中所舉爵名，謂為封建時代統治階級之泛稱，如後世之上尊號。是為目論。今據《孝經》敘五孝，略顯其義，明爵名皆為德名，以祛俗惑。……此皆前漢師說也，其為德稱甚明。〔註51〕

> 《孝經》以天子之孝，攝性德之全。天子之孝，即聖人之德也，是人心之所同然、人性之所本具。因業有退轉，則天子夷於庶人；德有積累，則庶人可進於天子。以《孝經》為圓教，唯通而無瞋，唯順而無逆，故無退轉義。是以經曰「無患不及」〔註52〕也。〔註53〕

> 黃石齋謂：「《孝經》之義，不為庶人而發。」此義未允。〔註54〕

> 《哀公問》：「子曰：君子者，人之成名也。百姓歸之名，謂之君子之子，是使其親為君子也，是為成其親之名也已。」黃氏曰：「幽、厲之於文、武，是傷其親者也。」〔註55〕

雖然人有爵名階級各種差異，馬一浮乃借用佛教「依、正二報」之說，回歸人性的道德層面，強調起心動念修養之功。

〔註50〕《復性書院講錄》，頁136。
〔註51〕《復性書院講錄》，頁137。
〔註52〕語出《孝經·庶人章第六》。
〔註53〕《復性書院講錄》，頁141。
〔註54〕《復性書院講錄》，頁143。
〔註55〕《復性書院講錄》，頁142。

又五孝之義，當假佛氏依、正二報釋之。……（鄭氏《詩譜序》）以《詩》之正變，顯依、正之勝劣，其義甚明，但未立依、正之名耳。今按《孝經》敘五孝，自天子至於庶人，以德為差，是猶正報，顯行位之別也。天子曰百姓四海，諸侯曰社稷民人，卿大夫曰宗廟，士曰祭祀，庶人則但曰養，是猶依報，論國土之廣狹也。……天下國家皆是依報，身是正報。克實言之，則身亦是依報，心乃是正報。故本之中又有本焉。心為身之本，德為心之本，孝又為德之本。〔註56〕

何故說依、正二報？以時人倒見，以為人生一切，都被環境所使，換言之，即是為物所使。是正報隨依報轉，自己全無主宰分，即無自由分，真乃迷頭認影。彼不知環境是自己造成，即佛說一切國土唯依心現也。若能轉物，即同如來不為物轉，斯能轉物。其實，物不能自轉，轉物者心，所謂一切唯心造，不可說一切唯物造也。知自己是正報、環境是依報，始有轉物分，換言之，始可改造環境，始有自主分也。明依、正不二之旨，乃悟所依之土同於影響，土即身之一部分，物即心之一部分也。不可認奴作郎。……今人只知有物而不知有心，不知心外無物，所以成為顛倒。因欲顯示正理救此失故，所以須說依、正二報。〔註57〕

強調「知自己是正報、環境是依報，始有轉物分」，馬氏不否認有階級區別，但相信德行可以修養精進，從經義相反處激勵大家找回心之主宰。

從而，馬一浮於此或主張本質性的「愛敬之心無間」：

言天子、諸侯、卿大夫、士、庶人者，特寄之五位，以示分殊。通言孝者，以明理一。故結言，自天子至於庶人，孝無終始，而患不及者，未之有也。此明五者，應迹不同，其本是一。……天子庶人之分雖殊，而愛敬之心則無間。〔註58〕

強調分殊不重要，重要的在於「理一」之愛敬。或以佛教真諦與俗諦「雙融」，來說明「一性之齊平」：

《孟子》曰：「有天爵者，有人爵者。仁義忠信，樂善不倦，此天

〔註56〕《復性書院講錄》，頁139～140。
〔註57〕《復性書院講錄》，頁143～144。
〔註58〕《復性書院講錄》，頁136。

爵也。公卿大夫，此人爵也。」以佛義通之，人爵是俗諦，天爵
是真諦。（俗諦者，彰一性緣起之事。真諦者，顯一性本實之理。）
《中庸》引孔子曰：「舜其大孝也歟？德為聖人，尊為天子，富有
四海之內，宗廟饗之，子孫保之。故大德必得其位，必得其祿，
必得其名，必得其壽。」此亦通真、俗二諦言，「德為聖人」，是
真諦。「尊為天子」以下四句，是俗諦。……知爵名皆為德名，則
真俗雙融矣。……《孝經》特錄庶人，明貴賤，是俗諦。因心之
孝，雖庶人亦得與，則一性齊平，乃是真諦，亦見教義之大也。
〔註 59〕

主張庶人同樣可以愛敬，能夠改造有限的環境，以顯暢其天性。

（五）理一分殊之說

　　馬一浮《孝經大義》共計六章，第一章「略辨今古文疑義」、第二章「釋
至德要道」、第三章「釋五孝」，第五、六章則分別為「釋明堂」、「原刑」，
置中的第四章卻以「釋三才」為題。乍看之下，馬一浮似乎以《孝經》各章
為序，次第申說經文，其實不然。細看其內文，《孝經大義》的四、五、六
章，實皆《孝經・三才章第七》之內容，只不過第四章主要發揮經文「夫孝，
天之經也，地之義也，民之行也。天地之經，而民是則之。則天之民，因地
之利，以順天下」，講論的是人道與天地之道的相關性。而五、六章，則主
要在發揮經文「是以其教不肅而成，其政不嚴而治」的政教功能。

　　因此馬氏利用第四章，特別強調的是「理一分殊」的觀念，前面曾經提
過，《孝經大義》以「五孝」作為爵名之分殊，強調其於愛敬之「理一」則無
別。馬一浮認為「理一分殊」涵義甚廣，如總合三才之道以觀，同樣可於「分
殊」中見其「理一」，《孝經大義》有云：

　　次說三才，復攝用歸體，明天地人總為一體。與五孝相望，則前是
　　於理一中見分殊，此是於分殊中見理一。〔註 60〕

　　凡言天道、人道，皆當用依主、持業二釋，即天之道，天即是道
　　也。在《孝經》則曰：「天之經，地之義，民之行，天地之經，而
　　民是則之。」是明人道即兼天地之道，離天地無別有人，離人道

〔註 59〕《復性書院講錄》，頁 138～139。
〔註 60〕《復性書院講錄》，頁 145。

－18－

亦無別有個天地之道，雖三而一，即一而三，此其所以為大也。
〔註61〕

《禮運》曰：「人者，五行之秀氣，天地之心也。」《太極圖說》曰：
「陽變陰合，而生水火木金土。五氣順布，四時行焉，五行之生也，
各一其性。」此皆以人之氣，即天地之氣。理之行乎氣中者，即人
之所以為性。《禮運》說最精約，濂溪說又較密耳。〔註62〕

都是把人道與天地之道相提並論，因此天地人總為一體，人道只要不斷深求，
亦有照見天地之心（理一）的可能性。馬一浮又說：

《禮運》曰：「夫禮，必本於太一，分而為天地，轉而為陰陽，變而
為四時，列而為鬼神。」《繁露》曰：「天地之氣，合而為一。分為
陰陽，判為四時，列為五行。」《說文》曰：「唯初太始，道立於一，
造分天地，化成萬物。」此並是明理一分殊。太一即太極也。《易》
曰：「易有太極，是生兩儀，兩儀生四象，四象生八卦。」不是天地
之上，復有一太一。不是兩儀之上，復有一太極。濂溪曰：「五行，
一陰陽也。陰陽，一太極也。」此為攝用歸體。程子曰：「人即天，
天即人。言天人合者，猶剩一合字，方為究竟了義。」是義，唯佛
氏言一真法界，分齊相當。自佛氏言之，總該萬有，即是一心。自
儒者言之，通貫三才，唯是一性。彼言法界有二義。一是分義，一
一差別有分齊，故即分殊也。一是性義，無盡事法同一性，故即理
一也。於一理中見分殊，於分殊中見理一，則是一即一切，一切即
一，如性融通，重重無盡。全事即理，全人即天，斯德教之極則也。
〔註63〕

馬氏採用經籍互證，說明「通貫三才，唯是一性」，強調無盡而超越的融通。
其尤要者，馬一浮不僅想要融通天地人三才，他似乎也在追尋儒佛教義之融
通。馬一浮說：

以佛義通之，天經是體大，地義是相大，民行是用大。孝為德本，
是法性，故謂天經。教所由生是緣起，故謂地義。終於立身，是具

〔註61〕《復性書院講錄》，頁146。依主、持業，為佛學辭彙「六離合釋」之中的前
二種。
〔註62〕《復性書院講錄》，頁148。
〔註63〕《復性書院講錄》，頁149～150。

足法、智二身，故謂民行。行，所證，故舉因以該果也。又民行是
能證，天經地義即是所證。三才合言，總為一法性也。若配四法
界，則行是事法界，經是理法界，義是理事無礙法界，合而言之，
則是事事無礙法界也。《華嚴》以法界緣起不思議為宗，《孝經》以
至德要道順天下為宗。今說三才，亦即三大，亦即三德、三身，總
顯法界緣起，順天以為教，亦是不思議境。非特《華嚴》可以准《易》，
《孝經》亦准《華嚴》。〔註64〕

佛氏所謂法，當儒家所謂道，法界猶言道體耳。自佛氏言，世出、
世間總謂之法。自儒者言，盡天地間，莫非是道。〔註65〕

可見其以佛說儒，直以《孝經》與《華嚴》相提並論。

同時，馬一浮對於西學「夷天地為物質，同生命於機械」的唯物觀點，
亦加以批評，《孝經大義》曰：

自近世歐洲人生物進化之說行，人乃自儕於禽獸，認猿猴為初祖。
征服自然之說行，乃夷天地為物質，同生命於機械，於是，聞天人、
性道、陰陽、五行之名，幾於掩耳。是謂日用不知，數典忘祖。盍
亦反其本矣。〔註66〕

安危、存亡、治亂，俱在心術上判。今人只知在物質上判，所安者
或是危道，求存者或反以致亡，求治者或反以致亂，不知其本也。
身是正報，國家是依報。今人每以富強為治，不知富強只是富強，
不可以名治，治須是德教。如秦人只名富強，不可名治，雖併六國，
不旋踵而亡。今西洋之為國者，富強則有之，然皆危亡之道，僬焉
不可終日，亦不可名治。〔註67〕

今人目道德為社會習慣上共同遵守之信條，是即石齋所謂「束民性
而法之也」。是其所謂道德者，亦是法之一種，換言之，乃是有刑而
無德也。其根本錯誤，由於不知道德是出於性、而刑政亦出於道。
〔註68〕

〔註64〕《復性書院講錄》，頁147。
〔註65〕《復性書院講錄》，頁152。
〔註66〕《復性書院講錄》，頁148～149。
〔註67〕《復性書院講錄》，頁170。
〔註68〕《復性書院講錄》，頁172。

是故其特標一章，以強調《孝經》融攝於三才之德性。

（六）政教與刑罰

《孝經大義》末二章，討論主題是對照的政教與刑罰，對於《孝經》文本章節之或取或捨，馬一浮應是有所選擇的，畢竟作為教材的此書談的是「大義」，不必求全。然而，避過了討論〈廣揚名章第十四〉的「移孝作忠」、〈諫諍章第十五〉的爭臣、爭友、爭子，也使得《孝經》的上下層級關係，不在《孝經大義》的論述綱目之內。

《孝經大義》關於政教之相關論點，例如談〈聖治章第九〉所載「周公郊祀后稷以配天」：

> 今日周公其人，周公郊祀后稷以配天，宗祀文王於明堂以配上帝。是以四海之內，各以其職來助祭。特舉一聖以該諸聖。又周公德為聖人，而位不為天子，見「配天」不必定為天子之事，后稷、文王皆有聖德，亦未為天子也。唯孝子為能饗親，唯聖人為能饗帝，言苟非其人，道不虛行，若履天子之位而無聖人之德，亦何配天之與有？此義明，則三代以後之帝王，雖亦追王其先世，修郊祀之禮，皆不得濫言配天矣。此〈聖治章〉所以特標聖人之德，而曰周公其人。言之特為鄭重，學者所當著眼也。〔註69〕

標榜周公之德，認為天子苟無其德，亦不足言「配天」。至於經文中之郊祀禮，馬一浮則談到禮天之德教，是以強調作為「聖人根本大法」的「明堂」：

> 曷為以郊祀宗祀言之？明堂者所以合敬同愛，成變化而行鬼神，禮樂政教皆從此出。孔子曰：「明乎郊社之禮、禘嘗之義，治天下其如示諸掌乎？」郊社、禘嘗，并攝於明堂。凡朝覲、耕藉、養老、齒冑、鄉射、入學、釋奠、授時、布政，皆於是行之，故明堂為大教

〔註69〕《復性書院講錄》，頁 155。馬一浮於此節辨疑：「（程子曰）《孝經》之文有可疑處。周公祭祀，當推成王為主人，則當推武王以配上帝，不當言文王配，若文王配，則周公自當祭祀矣。周公必不如此。按，程子說似未深考，以為周公制禮作樂，當在相成王時。然《中庸》言達孝，以武王、周公并稱，則武王時已行之，此禮當為周公所制，故《孝經》以屬之周公耳。時祭有祧，大祭當不祧文王也。又按，劉元承錄一節與此不同，似較可信。問：『嚴父配天，何以稱周公其人而不稱武王？』曰：『大抵國家制作皆周公為之，故言禮者，必歸之周公。』」（《復性書院講錄》，頁 161～162）對於經文中周公身份的確認，主要在強調其德，而非其爵位。

之宮。自五帝至於三王，其法大備。德教之行，咸在明堂，故曰相大也。已明配天饗地之義，當知明堂之制，故須略釋。

《大戴禮·盛德》篇曰：「明堂，天法也。禮度，德法也。天道不順，生於明堂不飾，故有天災則飾明堂。天法，謂天道也。德法，謂人道也。」故又曰：「所以御民之嗜欲好惡，以慎天法，以成德法也。能得德法者為有德，能行德法者為有行，能理德法者為有能，能成德法者為有功。」《虞書》曰：「天工人其代之，天敘有典，天秩有禮，天命有德，天討有罪，天聰明自我民聰明，天明威自我民明威。」此顯天法即寓於德法，人道不離於天道，明堂之所由立也。明堂是聖人根本大法，即德教之根本大義，一切禮制，無不統攝於此。……群經所見，凡言太廟、明堂、辟雍、太學，實合為一事。諸儒為之說者，得失互見。或主合、或主分，不出兩派。今唯舉二家，可該其餘。以蔡邕為得之，袁准為失之。〔註70〕

學者既知明堂為聖人之根本大法，德教之根本大義，其事相之閎大如此，然後於配天之說可以無疑矣。凡今人所名為倫理、教育、政治、經濟、法律以至軍事，在古制皆攝在明堂之中。一有違失，則悖於禮度而為不順。天法不應德法，即不可以為孝，不可以配天。故謂〈聖治〉一章，是顯即體之相大也。〔註71〕

正因為標舉明堂，《孝經大義》乃從父子之孝，可以講到配天之德教。馬一浮特地強調倫理、教育、政治、經濟、法律與軍事之相關性，皆與重視孝道之愛敬不能無關。馬氏因此主張「道德外無別有所謂政治」：

凡經傳言宗廟、朝廷，皆相次而及，統於明堂。猶今總言政府，別有各部耳。……此見政為教攝，以今語釋之，則政治即是道德，道德外無別有所謂政治。〔註72〕

故而，理想的政治家自應以周公為典範，如此德行才合當「配天」。

除了以「明堂」講論理想政教之外，馬一浮也特別提到「原刑」，他有所謂「刑德相望」之說。例如：

向下經文九章，俱是廣明行相。若約義說，並屬《禮》《樂》教，收

〔註70〕《復性書院講錄》，頁155～156。
〔註71〕《復性書院講錄》，頁159～160。
〔註72〕《復性書院講錄》，頁162～163。

在《論語大義》說《禮》《樂》教中，已略舉其要，今不具釋。就中
有簡異一義，卻須抉示。異者何謂？與本經宗趣違異，故須簡也。
因性是孝，違性是不孝，是謂乖宗。順天下為治，逆之則亂，是謂
異趣。先簡不孝，後簡亂。……舉因該果，應以「刑德相望」為說，
故當原刑。〔註73〕

群經所示「刑德相望」，有互存、互奪二門。互奪者，以德奪刑則化
行刑措，唯德無刑，奪刑俱盡。以刑奪德則刑起樂亡，由於不德，
亦奪德無餘。互存者，則刑以輔教，攝刑歸德，因德制刑，施刑為
德，是以刑德得併存也。以是二義求之，則於群經說刑德互異處，
悉可圓融無礙。然《孝經》之旨，准此以談，在明宗中，是唯德無
刑。在簡異中，則是施刑為德。亦是二門併用也。……董生說《春
秋》義、《孝經》義，皆以陰陽為說，亦用二門。……此先德後刑，
存奪互用，乃聖人之言，《孝經》之旨也。〔註74〕

則是以《華嚴》「互存」、「互奪」之對照概念，用以說明《孝經》中先德後刑、
刑德並存之理念。

四、佛儒會通之詮釋法

馬一浮在對於《孝經》作詮釋時，使用了相當多的佛學語彙與觀念，這
一點使得他的《孝經大義》在結構上便顯得與眾不同，對於讀者而言，這自
然也是一大挑戰。〔註75〕

首先，面對宋明以來的註解批評，馬氏在《孝經大義》中，對於佛學與
儒學立說之異，是有所界定的：

聖人以天地萬物為一身，明身無可外，則無老氏之失；明身非是
幻，則無佛氏之失。明身不可私，則一切俗學外道皆不可得而濫

〔註73〕《復性書院講錄》，頁 164～165。
〔註74〕《復性書院講錄》，頁 166～169。互存、互奪二門，語出《華嚴》。
〔註75〕例如熊十力 1955 年在寫給林宰平的信中提及：「國土之大，讀書識字者之
　　　眾，其真正從事乎舊學者，如吾所知不過三四人，一浮、漱溟、兄與鍾山，
　　　如是而已。一浮得力處在禪理，確有不磨滅者在。其書院《講錄》，非無好
　　　處，然向後應難執也。其特別之表現在詩，後人能讀者幾等於零也。一浮
　　　於禪理本當寫一書以遺後，惜其一向不習著述文字，今無可言矣。……」
　　　（王汝華，《現代儒家三聖》，臺北市：秀威資訊，2012 年 8 月，上冊，頁
　　　155）

也。〔註76〕

《楞嚴》：富樓羅問「清淨本然，云何忽生山河大地？」因說三種
相續，一世界，二眾生，三業果。總由妄為明覺，因明立所。所既
妄立，無同異中，熾然成異，勞久發塵，於是起為世界。……略如
《易》象先有雷風、後有水火、後有山澤。但彼言妄明生所，則世
界為幻。此言一氣成化，則萬物全真。此為儒佛不同處。《正蒙》
辟此最力，學者當知。〔註77〕

可以看到儒學重氣論，佛學尚虛無之不同特質。不過，《孝經大義》更多提及
儒佛之相似與可會通之處，甚至為佛學辯護。例如：

朱子謂儒家本天，釋氏本心。本天者，謂理之所從出也。本心者，
謂法之所由生也。知天為一真法界，（一真，即絕待之名。在儒者，
即言至誠至善。）是何異之有？……故談義，當觀其會通，明其分
齊。若執滯名言，將失之彌遠。〔註78〕

朱子說：「二氏，只是一個不耐煩的人。他事事想逃避，此便是自
私。」清談末流，任誕廢務，卻是如此。若大乘一類，機發大心，
負荷眾生，卻罵他自私不得。〔註79〕

事實上，馬一浮《孝經大義》中經常提及佛學釋經之作法，他認為「儒
學說經」也應該有所效法：

儒者說經，往往不及義學家〔註80〕之精密。以其於教相或欠分明。
如鄭氏《六藝論》、《孝經序》則儼然其判教規模。故謂儒者治經，
亦須兼明義學較易通悟也。〔註81〕

〔註76〕《復性書院講錄》，頁118。
〔註77〕《復性書院講錄》，頁152～153。
〔註78〕《復性書院講錄》，頁149。
〔註79〕《復性書院講錄》，頁172。
〔註80〕「義學」一詞盛行於魏晉時期的般若六家及鳩摩羅什傳譯之時，此一用語
於當時常可見之，如僧肇：「義學沙門千二百人」（《維摩詰經序》）、「理味
沙門」（《百論序》），僧叡：「天竺義學之僧」（《毗摩羅詰堤經義疏序》）、「義
業沙門」（《大品經序》），「義學」主要是在探究經文背後之「義理」。經文
底層的義理，因為具有超越表面文字的抽象性，並可令文句間建立更密切
的組織性及邏輯性。換言之，以「義學」方法來整理零碎而片斷的資料，
便可在看似不相干的文句間尋找出關聯。
〔註81〕《復性書院講錄》，頁130。

馬一浮對於以佛釋儒的「工具性」特別強調，甚且比擬為我國傳統學術文字學之「六書」，因此會著意於講依主，強調以心轉物，講體用等等。

> 「六離合釋」，是義學家釋經常用之名詞。一名之中，有能有所，亦是一種析義之方法，使人易喻。如說字義之有六書也。依主者，謂所依為主。如言眼識，眼是所依，識是能依。如臣依主，是眼之識，故名依主。持業謂任持業用，如言藏識，識是本體，藏是業用，體持業用，藏即是識，故名藏識。三曰有財識，從他得名。四相違識，如言眼耳體性各別。五帶數釋，即舉法數如五蘊等。六鄰近釋，如念與慧，慧是揀擇照了，念是明記不忘，例如四念處本是觀慧，而云念者，以其鄰於念也。此猶六書之有轉注、假借也。〔註82〕

除了以佛學方法作為釋義之工具外，馬一浮也在整個解經的框架上，引進了佛學的觀念。例如《孝經大義》有云：

> 天台家釋經，立五重玄義，一釋名，二辨體，三明宗，四論用，五判教相。華嚴家用十門釋經，謂之懸談。一教起因緣，二藏教所攝，三義理分齊，四教所被肌，五教体淺深，六宗趣通局，七部類品會，八傳譯感通，九總釋經題，十別解文義。其方法，又較天台為密。儒者說經，尚未及此，意當來或可略師其意，不可盡用其法。如此說經，條理易得，豈時人所言科學整理，所能夢見。〔註83〕

馬一浮既認為「儒者說經，尚未及此，意當來或可略師其意……，如此說經，條理易得」，那麼，《孝經大義》是否有所取法於此呢？

今詳考其分章架構，我們可以發現，《孝經大義》確實是按照類似的構想，藉而完成全書之論述。例如：《孝經大義》第一章「略辨今古文疑義」，需先明確文本，故不論。第二章「釋至德要道」，馬一浮說是為了「明宗」〔註84〕，第三章「釋五孝」則是「辨用」〔註85〕，第四章「釋三才」，馬氏

〔註82〕《復性書院講錄》，頁132。「六離合釋」，為佛教徒分析名詞含義之法。語出《華嚴經隨疏演義鈔》，謂一名之中，有能所等，互相混濫，故須明此六種之釋。復以依主等，皆有離合之意，故云六離合釋。(〈述馬浮之以佛釋儒〉，頁103)

〔註83〕《復性書院講錄》，頁133。

〔註84〕《復性書院講錄》，頁136。

〔註85〕《復性書院講錄》，頁136。

說是「攝用歸體」〔註86〕，第五章「釋明堂」，馬曰「是說相，即以顯體也」
〔註87〕，第六章「原刑」，馬氏云：「就中有簡異一義，……與本經宗趣違異，
故須簡」〔註88〕，凡此皆可以得見，《孝經大義》在分章上，的確也取法於
天台、華嚴之釋經觀念。

五、結　語

　　馬一浮先生身處經學傳統瀕臨崩潰的年代，雖然少年時期即奠定了良
好的國學根柢，但是面對時代鉅變、文化衝突，他在青年時期乃銳意求索新
知，遊歷了美、英、德、日等國，對於西方之文學、哲學、經濟與政治史等
學問也有所聞見。令人意外的是，他從 24 歲之後，便將治學重點轉向於傳
統的佛學與國學。馬一浮充滿自信地宣告：「吾敢斷言，天地一日不毀，人
心一日不滅，則六藝之道炳然長存，世界人類一切文化最後之歸宿必歸於
六藝，而有資格為此文化之領導者，則中國也。」〔註89〕他所設想的學問
藍圖，是把西方現代學術也歸併到中國傳統的六藝論架構下。

　　在眾多傳統經籍中，馬氏對於《孝經》特別看重，儘管在他的時代前後，
無論是康有為、梁啟超、馮友蘭、熊十力，乃至徐復觀等重要大師，對於《孝
經》一書皆未看重，甚至有諸多批評意見。或許稱得上保守派，馬一浮在他
的六藝論體系中，《孝經》卻具有學理上集大成的意義。

　　在本論文中，筆者略分「經籍定位、版本去取、解經框架、及解經作法」
等四個層次，試以析論馬一浮《孝經大義》之要點。

　　首先，馬氏治國學非常強調經籍與孔子之相關性，因此《孝經大義》特
別彰明了「六藝皆為德教所作，而《孝經》實為之本」，馬一浮認為《孝經》
出於曾子親傳，可以代表孔子的晚年意見，也與六藝有體用之別。至於六藝
之中，孝道與禮樂尤其有重要的關聯性。

　　其次，在今古文版本之選擇上，馬一浮採用的是鄭玄的今文經說，因此
其說與傳統的朱註有別。在某個程度上，馬一浮的治經態度頗似於黃道周，
《孝經大義》更強調屬於國家政教的部份，而這個部份實與朱註強調「常
人」（庶民）的公平性不同。

〔註86〕《復性書院講錄》，頁 145。
〔註87〕《復性書院講錄》，頁 154。
〔註88〕《復性書院講錄》，頁 164。
〔註89〕《馬一浮集》，第一冊，頁 24。

　　復次，在解經框架中，馬一浮首先突顯《孝經》開篇之「至德要道」，以此「明宗」，以為「總持」；馬氏繼之又以「五孝」辨用，表現出一種「體用」的架構。只是，《孝經大義》雖然講五孝，卻並未著眼於階級之不同，馬氏從而以佛學「依、正二報」講求「以心轉物」之自主，從而彰顯「通貫三才，唯是一性」，欲自分殊中見其「理一」。最後則敘述「明堂為聖人之根本大法」，闡論「刑德相望」之政教理想，強調道德與政治實為一體。

　　至於解經作法上，《孝經大義》中明顯採用了許多佛學的語彙與觀念，例如講能所、辨體用、判教相等等。更重要的是，馬一浮在架構此書時，大致上即採用了天台、華嚴的釋經概念。如此作法雖然有助於加強其論述經籍之義理性，然而雜糅佛理的深奧，卻也可能造成閱讀上的困難。

　　馬一浮對於《孝經》之詮釋，除了邏輯性地呈現出《孝經》的義理層面，繼承了明清重要的註解成績之外；以筆者的閱讀感受而言，此書同時也蘊含了極深的情感與信仰，例如書中屢次提及黃道周〔註90〕即為一例，甚至於說孝道近於禮樂，又「以佛釋儒」的作法，其實也把他對於佛教的崇信帶到了《孝經》之閱讀上頭，因此其治「國學」，並不主張「零碎斷片的知識」，毋寧更接近於面對自身文化（經籍）的一種超凡情感、或是信仰〔註91〕。

　　《孝經大義》於民國二十九年出版，迄今已然有七十餘年的歲月流逝，馬一浮身後之名望雖然未若熊十力、梁漱溟二先生，在儒學現代化的歷程也算是留下一個重要的典型。幸好馬先生的書與文章俱在〔註92〕，相信這套學問與理想仍可以傳續下去。猶記得《孝經大義》篇末是如此下其結語的：「秦，戎翟之國，任法致富強，遂併六國，絕似今日資本主義之務侵略，其政體有近於今之所謂極權國家。秦雖亡而漢承其弊，民俗衰薄，歷二百餘

〔註90〕黃道周於崇禎十四年到十五年之間（1641～1642），在獄中一遍遍書寫《孝經》，共達120本之多，這些大量書寫《孝經》的作品，造就了他在中國書法史上的崇高地位。黃道周門人林有柏曾說自己與師從事40年，見老師行止坐臥只是一部《孝經》，又說「此書到處有鬼神護持，到處有日月星辰照臨其上，切勿輕易放置，輕易品題。」（黃道周，《孝經集傳》內閣文庫本，卷末，頁50b）呂妙芬指出黃氏以血和墨書寫《孝經》，「有著宗教意涵的自我修行、自我表述與傳道之意。」（呂妙芬，《孝治天下：《孝經》與近世中國的政治與文化》，頁199）

〔註91〕這種兼具了情感與宗教神聖性的讀經法，目前仍具見於許多民間的讀經教育團體中，例如牟宗三先生的入室弟子王財貴教授，即為一例。

〔註92〕復性書院在1941年以後，基本上可以說是以刻書取代了教學。

年不改。至光武，始重儒術，稍稍變革。東漢氣節，實比西漢為盛。此其消息何也？舉此一例，百世可知。」〔註 93〕無疑地，全球化資本主義的威脅至今仍在，然而傳統讀書人所看重的愛敬與教訓，亦不該被輕易遺忘，同樣值得關心文化史、與今日之讀經者引以為鑒。

〔註 93〕《復性書院講錄》，頁 173，可見馬先生之理想與寄託。熊十力曾經在給胡適的信中提及「紹興馬君謹守程、朱，頌其精華，亦吸其糟粕。在川時有復性書院一段關係。論教法各異，竟以親交而成水火。」（〈致胡適〉，約 1947 年 7 月 29 日，《熊十力全集》，湖北教育出版社，2001 年 8 月，第八卷，頁 497 ～498）馬氏與熊氏當年因為辦學理念不合所引起的爭議，頗值吾輩深思：馬氏復性書院所推動的經學教育陳義甚高，可是對於制度、社會需求與現代教育看來卻是迴避的，且著力於出版經籍未必就是當代合宜的經學教育，至於「民俗衰薄」，對於經典業已失去了情感與信仰的後起讀者而言，或許不見得可以簡單地類比於秦漢語境。總體而言，如果對照其他新儒家學者依附於大學體制而言，熊十力、梁漱溟在教育實踐上，確實比馬氏保守的書院更見成效，至於後續之學術影響力，對於吾輩等關心於經學教育之學者而言，則仍然有待時間來考驗。

錢賓四先生《湖上閒思錄》研究

提　要

　　《湖上閒思錄》是錢賓四先生民國三十七年於無錫家鄉養病時，在太湖邊上花了四個月為《申報》副刊所撰寫的三十篇散稿。這些文章寫作於「時局晦昧、光明難覩」的時刻，三十篇稿件之內容，可以具見錢先生對於文化傳續的思考。此書在錢先生博大精深的學術系統中，稱得上是一本難得的哲理散文集，對於傳統學術史、中西文化比較等等議題，也能與先生前後期的著作互相輝映。

一、緒　論

　　賓四先生在 1948 年春間所寫作之《湖上閒思錄》，學界討論並不多〔註1〕。此書分不同主題收稿三十篇，原係應上海《申報》副刊〈學津〉邀稿而作〔註2〕，賓四先生在序跋中說到：「其時余任教江蘇無錫江南大學，課務輕閒，胃病新愈，體況未佳，又值時局晦昧，光明難覩。時時徜徉湖山勝處，或晨出晚歸，或半日在外。即暫獲閒隙，亦常徘徊田塍魚塘之間。盡拋書冊，惟求親

〔註1〕在學術論文中提及此書的，目前只有陳啟雲〈錢穆師與中西思想文化比較研究──「歷史主義」論釋〉篇中的一個章節，簡略帶到錢先生於書中所論「有很多與近年『後現代主義』者的論說相近之處」。（〈錢穆師與中西思想文化比較研究──「歷史主義」論釋〉，《錢穆思想學術研討會論文集》，臺北市：錢穆故居管理處，2003 年 10 月，頁 13～14）陳氏之所以討論此書，很有趣的是因為有一位以色列學者與他討論起《湖上閒思錄》的翻譯，引發他重讀此書之動機。

〔註2〕不過只有此書第一到五篇先後刊於〈學津〉1948 年 6 月 1 日、8 日、15 日、22 日、29 日，此後便停刊了。

接自然，俛仰逍遙以自遣。心胸積滯，逐一滌盪，空所存抱，乃時有閒思遐想，如游絲輕漾、微葉偶飄，來入庭際，亦足賞玩。乃於夜燈坐對，隨筆抒寫，初不自意遂成卷帙。」〔註3〕「我實在只是些閒思，惟其只是些閒思，在我寫第一篇時時候，我並沒有預先安排如何寫第二篇。在我寫第二篇的時候，也並沒有設法照顧或迴護到第一篇。在我只是得著一些閒，便斷斷續續地思而寫，這是些無所為的、一任其自然的，前不顧後、後不顧前。」〔註4〕乍看之下，似乎並不是一部嚴肅的學術論著。

然而此書確實稱得上是一部相當重要的著作，例如賓四先生在1980年曾經回顧這段時期自己的學術開新：

> 余自對日抗戰期間，在雲南宜良寫成《國史大綱》一書以後，自念全部中國史中之大綱大節，已在書中揭舉。循此詳求，事在讀者。或有謬誤，亦待讀者指出，再作思考。余之興趣，遂從歷史逐漸轉移到文化問題上。
>
> 余之研治國史，本由民初新文化運動對國史多加詬詈，略有匡正。執其兩端，用其中於民，庶於世風稍盡補偏救弊之功。但自世界第二次大戰開始，確信歐西文化亦多病痛。國家民族前途，斷不當一意慕效，無所批評抉擇，則盲人瞎馬，夜半深池，危險何堪設想。又歷史限於事實，可以專就本己、真相即明。而文化則寓有價值觀，必雙方比較，乃知得失。余在成都始寫《中國文化史導論》一書，此為余對自己學問有意開新之發端。……
>
> 方撰《中西文化比較觀》一書，不謂積稿已盈二十篇以上。大體皆雜憶平日心中存想，以不翻書、不引據材料為原則。忽一日，三民書局主人來索余《湖上閒思錄》，特以再付剞劂。因由內人誦讀一遍，余逐篇聽之。初不意余方今所撰，正多舊來見解，並有前所發得，而今已漫忘者。……〔註5〕

〔註3〕錢穆，〈跋〉，《湖上閒思錄》，臺北市：東大圖書，1980年9月，頁5。1948年所謂「時局晦昧，光明難覩」，指的自然是國共內戰。

〔註4〕錢穆，〈序〉，《湖上閒思錄》，頁2。

〔註5〕錢穆，〈再跋〉，《湖上閒思錄》，頁7～8。序跋中曾提及當日心境：「及抗戰勝利，頗謂國事未定，變端莫測，因決意不返平津，亦不滯京滬，惟冀覓一靜僻處，俾得潛心，以漸待時局之安定。乃重返昆明，初不料其學風囂張，乃有大出意料之外者。又在成都患胃病，迄不愈，乃又決意歸家鄉，風土飲

　　《中國文化史導論》出版於 1948 年夏，正值《湖上閒思錄》寫作完稿期間，此期之學術觀點，賓四先生乃有意開新，聚焦於「文化問題」之上〔註6〕。《湖上閒思錄》一書論及不少中西文化之對比，即可以得窺先生對於中國文化的深刻思考。而且當日的這些洞見，一直到先生晚年多未改變。〔註7〕

　　以下且依此書紛雜之主題與內文〔註8〕，大致分為三個部份來考察先生之觀點與書寫，包括：一、歷時性的思想史論；二、比較視域下的文化史論；三、向現代學術的對話與轉化。

二、歷時性的思想史論

　　賓四先生研治國史，本由子學入手，重心在於學術思想史，進而貫通全史。以此，除了《國史大綱》之外，先生成名作還包括《劉向、歆父子年譜》、《先秦諸子繫年》，論著如《近三百年學術史》、《莊子纂箋》、《朱子新學案》等，乃至晚年編刊文集，也以學術思想史的內容為多。

　　　膳，庶於余病體有功。適江南大學新創，遂留任教。而國事益動盪，日夜讀
　　　《莊子》一書，為作《纂箋》。聊可於湖光勝境，遊神澹泊，自求寧靜。又以
　　　其間寫此《湖上閒思錄》一部。」抗戰勝利，北大復校，錢先生未得傅斯年
　　　函邀赴北平續聘（當時先生的感想與打算，在《師友雜憶》曾有簡短記載，
　　　頁 249），1946 年先生有意「謝絕人事，重回他書生苦學之夙願」（韓復智，
　　　《錢穆先生學術年譜》，臺北市：五南圖書，2005 年 1 月，頁 1749），即赴雲
　　　南五華書院任教，對於學術生命如何進退出處，賓四先生那幾年正處於大時
　　　代的動盪飄搖。
〔註6〕錢先生曾提及《中國文化史導論》是「余一人生平學問思想，先後轉捩一大
　　　要點所在」。（見〈紀念張曉峰吾友〉，1985 年，後收入《八十憶雙親‧師友雜
　　　憶合刊》，頁 412。）
〔註7〕《湖上閒思錄》寫作於 1948 年，不過因時局動盪，「越一年，倉皇南行，此
　　　稿亦未攜帶，⋯⋯再自披覽，即篇題亦都忘卻，更不論內容所涉。」等到此
　　　書在香港刊行的 1960 年，錢先生已獲美國漢學界之邀，於當年 1 月應邀赴
　　　耶魯大學東方研究系講學，6 月 30 日授予名譽人文博士，7 月往訪哈佛大
　　　學、哥倫比亞大學、芝加哥大學，又赴三藩市、西雅圖和加拿大多倫多等地
　　　考察，後赴英國牛津、劍橋、倫敦等大學參觀，順訪法國巴黎和意大利羅馬。
　　　此書出版之時，相信錢先生對於其中西文化比較之論點，是具有自信的。
〔註8〕錢先生於序文中自述：「我這一本閒思錄，⋯⋯並不曾想如西方歐洲的哲學家
　　　們，有系統、有組織、嚴格地、精密地，把思想凝鍊在一條線上，依照邏輯
　　　的推演，祈望發現一個客觀的真理，啟示宇宙人生之奇秘。⋯⋯然而這些總
　　　還是我一人之所見，而且近在四個月中間寫出，應該是仍還有一個體系的。」
　　　（〈序〉，《湖上閒思錄》，頁 2）

《湖上閒思錄》中有許多文章涉及先生對於學術思想史的深刻討論，可以看到他對於這些議題的關心，以下可分四個部份來作說明：

（一）注重通史的觀念

賓四先生對於研治中國學術史的理念，首先強調應該通貫地把握其發展之內在，《湖上閒思錄》也持論如此。例如他在〈匆忙與閒暇〉一文，整篇文章是從顧亭林《日知錄》說起中國農村社會閒散之毛病，繼之引張載、朱子的說法加以批評，然後開始從歷史上爬梳我國學術思想通史之發展：先秦的儒墨道三家意見如何不同、兩漢儒生如何轉為名士清談、接著說魏晉迄唐佛教傳入中國南北方農村之不同發展、繼之論禪宗思想與儒學會通後形成宋明理學，篇末則講述明清以降受到西方文明的影響失去了從容閒散等等。〔註9〕

事實上，這種學術思想史一脈或相續或變異的看法，早期即已見於他著名的《先秦諸子繫年》：

> 先秦學術，唯儒墨兩派。墨啟於儒，儒原於故史。其他諸家，皆從儒墨生。要而言之，法原於儒，而道啟於墨。農家為墨道作介，陰陽為儒道通囿。名家乃墨之支裔，小說又名之別派。而諸家之學，交互融洽，又莫不有其旁通，有其曲達。分家而尋，不如別世而觀。尋宗為說，不如分區為論。反復顛倒，縱橫雜出，皆有以通其源流，得其旨趣，萬變紛紜而不失其宗。〔註10〕

又 1933 年，先生在北大執教的第三年，他曾在課堂上明告學生，認為「通史」一課實大不通，各教授所分授之斷代專史「彼此實無連貫、頭緒紛繁，將使學生難以會通，不得要領。」〔註11〕於是他自薦獨任講授「中國通史」，嗣後乃將北大所講的通史體系寫成了《國史大綱》，從這裡正可以看見先生治史的主張與特色。

（二）以理學語彙為思辨

《湖上閒思錄》講述傳統學術思想史，往往討論到宋明儒的理學觀點，以其語彙深究性命理氣之說。

例如〈理與氣〉整篇旨在論述朱子「理先氣後」的主張，認為「大抵自然

〔註9〕《湖上閒思錄》，頁 59～63。
〔註10〕《先秦諸子繫年·自序》，頁 46。
〔註11〕《錢穆先生學術年譜》，頁 922。

界與物質界，多屬無所為而為；而生命界與人文界，則多屬有所為而為。凡屬無為的，自可說體先於用，凡屬有為的，卻應該說用先於體。若說用先於體，則也可說理先於氣。」〔註12〕

　　除了朱子，例如〈成色與分兩〉整篇則環繞陽明學「成色和分兩」的主題發起議論，所謂「成色」，即「去人欲、存天理，猶鍊金而求其足色。」文中舉錢緒山（錢德洪，1496～1574）「離已發求未發，必不可得」之說為例；至於「分兩」，文中則以孟子所謂「有大人之事」說之，引江右學者羅念菴（羅洪先，1504～1564）、聶雙江（聶豹，1487～1563）「守靜歸寂，發悟心體」之功夫論為例，以究明心體與格物之關係。篇末進而對比朱熹與王陽明之學，認為：陽明良知學，實在也只是一種小學（平民大眾的普通學）；晦翁的格物窮理之學，始是大學（社會上一種領袖人才的專門學）。批評陽明學「不知擇術，儘在眼前日常瑣碎上用功，一轉便轉入渺茫處」、「深染有佛教遺毒」；然又提醒朱學一脈「倘專注意在大學格物上，忘卻了小學涵養工夫，則晦翁陽明便成了五十步與百步」。賓四先生主張：「我們正該從兩面鑑定衡平地來會合而善觀之始得」〔註13〕。

　　此外，又如〈善與惡〉一篇，文中先舉告子、禪宗對於「性」之定義為例，批評其「無異於指此無始無終不息不已之一動為性」，儒家則「要在此不息不已無終無始的一動中指出其循環往復之定性的中來，說此中始是性。宋明儒喜歡說未發之中，說知止、說靜、說主宰、說恆，都為此。宋儒又說性即理，不肯說性即氣，因氣止是動，理則是那動之中。」所謂善與惡，賓四先生認為：「在此不息不已的變動之中，這一個較可把握較易認識的性向而謂之曰善。善只是這個動勢中一種恆常的傾向。……好像他成了一切動的主宰了。」「善是此一動之中，惡只是過之與不及。」〔註14〕

（三）以儒學立場為宗主

　　余英時曾經指出，賓四先生對於儒學的看法可以分為兩個層次：歷史事實層次和信仰層次。〔註15〕確實如此，錢先生不僅把儒學作為客觀研究的對

〔註12〕《湖上閒思錄》，頁 15。
〔註13〕《湖上閒思錄》，頁 33～36。
〔註14〕《湖上閒思錄》，頁 42～43。
〔註15〕可參考汪學群，《錢穆學術思想評傳》，北京：北京圖書館出版社，1998 年 8 月，頁 280。

象，同時也對儒學抱持無比深厚的感情，作為終身尊奉的人生信仰和立身的准則。

《湖上閒思錄》中處處可見賓四先生對於儒學之尊崇，例如〈鬥爭與仁慈〉〔註16〕，此篇從「西洋史之內心」講起，分舉基督教神學傳統、文藝復興重新講求希臘羅馬人的心靈、黑格爾的辯證法、斯賓諾莎泛神論、費爾巴哈無神論、達爾文生物進化論、馬克斯歷史唯物論、黑格爾絕對精神、以及克魯泡特金的互助論為例，指出西方人看宇宙、看歷史，「總偏重在強力與鬥爭」。而以儒家思想為代表，說明中國人歷史哲學之偏重於和平與仁慈。

同樣的意見，又比如：

> 道佛兩家，道家屬思維，佛家雖有信仰但亦多偏於無情。惟儒家則經驗思維皆有情，故遂為中國文化之大宗。(〈經驗和思維〉)〔註17〕

> 儒家並不在人類自心之外去另找一個神，儒家只認人類自心本身內部自有它的一種無限性，那即是儒家之所謂性。宗教上的委心是皈依，儒家的委心便是安命。安命始可踐性，委心安命便要你有所捨卻。儒家理論之最要處，正在認得此不為我有者其實即為我所有。而此種境界卻不以祈禱得之，此為儒家與宗教不同之又一關鍵。莊子只是消極的叫你捨棄，而非積極的叫你奮發，這是莊子知命而不知性之過。魏晉清談家之任性，則一任自然而不認有必然，此是清談家知性而不知命之過。只有儒家可說是性命雙修，是儒家與一切宗教精神之相通處。(〈性與命〉)〔註18〕

> 要尋求一種心智，富於價值觀，又富於仁慈心，而又不致染上宗教色彩的、而又能實事求是向人類本身去探討人生智識的，而又不是消極與悲觀，如印度佛學般只講出世的，那只有中國的儒家思想。儒家思想，與我們理想中要建立的人文科學很接近，它已具備了想要建立人文科學所必需的幾個心習。儒家的很多理論，將來必為新興的人文科學所接受。(〈價值觀與仁慈心〉)〔註19〕

足見先生對於儒學之觀點，與其推崇儒學為中國文化之宗主。先生在論及儒

〔註16〕《湖上閒思錄》，頁 49～53。
〔註17〕《湖上閒思錄》，頁 82。
〔註18〕《湖上閒思錄》，頁 119～123。
〔註19〕《湖上閒思錄》，頁 149～153。

學精神時，又常特別強調兩點：

1. 重視人類大群

書中相關的記載，例如：

> 中國古人說立德立功立言為三不朽，凡屬德功言，都成為社群之
> 共同的、超小我而獨立存在，有其客觀的發展。（〈無我與不朽〉）
> 〔註20〕

> 有些人太過看重他個人的生命，當知個人的生命依然是一個自然，
> 一樣的虛空勝過真實，黑暗勝過光明，一樣在無邊深黑中。人類的
> 心智，則偏要在虛空中覓真實、黑暗中尋光明，那只有在人類大群
> 已往歷史文化的累積裏面去尋覓。（〈人文與自然〉）〔註21〕

> 記憶和思想，在本質上該是人類共通公有的東西，也不能硬分為你
> 的和我的。……即就一個不識字的人言，只要他能講話，他便接受
> 了無可計量的他的那個社會人群裡的種種記憶和思想，充滿到他腦
> 子裏，而形成了他的心。（〈精神與物質〉）〔註22〕

> 人類可說並不是先有了個人乃始有人群與社會的，實在是先有了人
> 群與社會乃始有個人的。個人必在大群中乃始有其生存之意義與價
> 值。人將在人群中生活，將在別人身上發現他自己，又將在別人身
> 上寄放他自己。……人與人間的生活，簡言之，主要只是一種情感
> 的生活。人類要向人類自身找同情，只有情感的人生，始是真切的
> 人生。（〈人生與知覺〉）〔註23〕

強調「人類大群已往歷史文化」〔註24〕，當然是來自於賓四先生對於儒學思
想的體認，儒學的入世觀點具見於《四書》、《五經》，與傳統儒學經典中。

2. 肯定人生哲學

尊崇儒學義理為我國思想主流的同時，賓四先生特別肯定人生經驗的真

〔註20〕《湖上閒思錄》，頁 32。
〔註21〕《湖上閒思錄》，頁 2。
〔註22〕《湖上閒思錄》，頁 8～9。
〔註23〕《湖上閒思錄》，頁 93。
〔註24〕《湖上閒思錄》寫作此年（1948），5 月 29 日賓四先生在無錫江南大學作
《中國文化史導論·弁言》曰：「文化則必由其群體內部精神積業而產生」，
其義即近此說法。（《中國文化史導論》，臺北市：正中書局，1951 年 3 月，
頁 1）

情實意，以對比西方信仰的抽象（或空洞）。

《湖上閒思錄》中相關的記載，例如：

> 與其說人生由神創造，不如說人生便是人生。與其說現象背後有本
> 體，不如說現象便是現象。……西方人的觀點，經驗見稱是主觀的，
> 主觀常易引起對立。思維見稱是客觀的，他們想把客觀的思維來統
> 一主觀的經驗。一切邏輯皆從思維中產生，但形式邏輯根本免不了
> 對立，……東方人這這如如的觀法，則是從經驗倒退到純經驗直觀
> 的路上去，在此上把對立卻真統一了。（〈經驗與思維〉）〔註25〕

> 藝術科學與宗教，其主要對象及其終極境界，大體說來，可以說是
> 非人生的。只有道德對象，則徹頭徹尾在人生境界中。（〈象外與環
> 中〉）〔註26〕

> 先有了歷史，然後始有個人的人生；先有了哲學史，然後始出產哲
> 學。歷史只是人的記憶，記憶並非先在的，記憶只是一些經驗之遺
> 存。人生刻刻翻新，所以任何一番記憶，多少必有些變化，任何一
> 種經驗，當其再經驗時，也必然又成為一新經驗，故說「所過者化，
> 所存者神」。有不斷的記憶，始有不斷的創造。有經驗，始有新生。
> 靈魂先經驗而存在，神則是後經驗而產生。……我們把歷史再經驗，
> 也便使歷史復活，使歷史再生。（〈歷史與神〉）〔註27〕

可見賓四先生是以人生經驗之真實，來取代西方宗教形而上之上帝信仰、
或是哲學本體之結構。

（四）論莊學之自然虛靜

賓四先生在講論上古學術史時，除了對於儒家精神多所措意外，又常常
提及《莊子》的思想，以比照儒道學說之持論異同。《湖上閒思錄》中相關的
記載，例如：

> 人文本從自然中演出，但人文愈發展，距離自然愈疏遠。……我們
> 在此世網重重的網縛中，對當前科學世界的物質生活若感到有些困
> 倦或苦痛，何不試著去看幾篇《莊子》、或唐代的禪宗乃至宋明理學

〔註25〕《湖上閒思錄》，頁78～79。
〔註26〕《湖上閒思錄》，頁105。
〔註27〕《湖上閒思錄》，頁107～111。

家言，他們將為你闡述這一個方便法門，他們將使你接觸上這一個
交叉點，他們將使你在日常生活中平地添出無限精力、發生無限光
輝。(〈藝術與科學〉)〔註28〕

《莊子》書中，有一番推翻上帝和神之存在之觀念的最透闢的理
論。但《莊子》書中，同樣有一番委心任運知命安命的最深妙的理
趣。你能體會到莊子的這一面，你自然能心態安和、精神平靜，一
切放下，輕鬆恬美，而到達一種大自在大無畏的境界。也正猶宗教
精神在祈禱時之所到達。惟《莊子》書中所言之命，則只是消極的
叫你捨棄，而非積極的叫你奮發，這是莊子知命而不知性之過。
(〈性與命〉)〔註29〕

莊子曰：「其嗜慾深者其天機淺。」……《莊子》書裡常頌讚一種虛
靜的境界，常用這些工夫的人，染不上愛魔，走不上火線，不能戀
愛，不能戰鬥。(〈緊張與鬆弛〉)〔註30〕

也許因為浸潤了莊子的虛靜，《湖上閒思錄》此書行文之際，常常展現出一
種無所為的自然高格。所以如此，殆因賓四先生寫作《湖上閒思錄》此書
時，同時也正在注《莊》：「……國事益動盪，日夜讀《莊子》一書，為作《纂
箋》。聊可於湖山勝境，遊神澹泊，自求寧靜。又以其間寫此《湖上閒思錄》
一部。」〔註31〕可以窺見先生對於亂世的超然冷靜。

三、比較視域下的文化史論

賓四先生早年潛心於史籍考證、思想學術史之相關研究，但自三十年代
先後，他卻逐漸由歷史研究轉向文化研究。民國二十八年（1939）《國史大
綱》出版，民國二十九年（1940）秋，他於擔任齊魯大學國學研究所主任時
講授「中國文化史」，首次有系統地闡述中國傳統文化之歷史發展，翌年
（1941）冬他在四川成都賴家園撰寫《中國文化史導論》，至民國六十七年
（1978）在香港新亞書院講演「從中國歷史來看中國民族性及中國文化」為
止，共約38年，此間先後出版了文化史相關論著包括：《文化與教育》（1943）、

〔註28〕《湖上閒思錄》，頁23。
〔註29〕《湖上閒思錄》，頁122。
〔註30〕《湖上閒思錄》，頁127～129。
〔註31〕〈再跋〉，《湖上閒思錄》，頁8。

《中國人之宗教社會及人生觀》(1949)、《中國文化史導論》(1951〔註32〕)、
《文化史大義》(1952)、《民族與文化》(1960)、《中華文化十二講》(1968)、
《中國文化叢談》(1969)、《中國文化精神》(1971)、《世界局勢與中國文
化》(1977)及《從中國歷史來看中國民族性及中國文化》(1979)計十種。
〔註33〕

　　什麼是「文化」?先生於《文化學大義》中定義為「時空凝結的某一大
群的生活之各部門、各方面的整一全體」、「文化學是研究人生意義的一種學
問。……人生意義,概括言之,有兩大目標。一是多方面之擴大與配合,一是
長時期之延續與演進。……文化學是就人類生活之具有傳統性、綜合性的整
一全體而研究其內在的意義與價值的一種學問。」〔註34〕特別標榜「某一大
群的整一全體」、「研究人生意義」,實與我們前面提及,賓四先生於儒學之定
位與詮釋有關。

　　賓四先生曾經指出文化的「精神性」、「歷史性」與活力:

> 文明、文化兩辭,皆自西方迻譯而來,此二語應有別,而國人每多
> 混用。大體文明、文化,皆指人類群體生活而言。惟文明偏在外,
> 屬於物質方面,文化偏在內,屬於精神方面。故文明可以向外傳播、
> 向外接受,文化則必由其群體內部精神積業而產生。

> 中國文化問題,……實非僅屬一哲學問題,而應為一歷史問題,中國
> 文化表現在中國已往全部歷史過程中,除卻歷史,無從談文化。……
> 第二則應明白文化之完整性,人類群體生活之複多性,必臻調和成一
> 整體,始有向前之生機。……。第三要明白文化之發展性。

〔註32〕據《中國文化史導論·弁言》載明係作於1948年5月29日在無錫江南大學,
6月交正中書局,但當時是否出版尚待考證(請參李木妙,《國史大師錢穆教
授傳略》,臺北市:揚智文化事業,1995年6月,頁84)。

〔註33〕許多研究者已指出賓四先生於文化史學之定位:「錢穆的史學應歸為文化史
學,……他對二十世紀史學的貢獻是把歷史研究與文化研究結合起來。」(汪
學群,《錢穆學術思想評傳》,北京:北京圖書館出版社,1998年8月,頁302)
「尤其在1941年及1944年間,錢穆治學的方向已從史學逐步轉向於中西方
文化的探討,兩次世界大戰引起他對西方文化的反思也是這個轉向的原因之
一。」(黃文斌〈「民族本位」與「學術經世」:論析錢穆學術思想的歷史成因
(1904~1950)〉,錢穆故居管理處編著,《錢穆思想學術研討會論文集》,臺
北市:東吳,2005年10月,頁277)

〔註34〕《文化學大義》,臺北:正中書局,1952年,頁4、6。

文化儼如一生命，他將向前伸舒、不斷成長。橫切一時期來衡量某
一文化之意義與價值，其事恰如單提一部門來衡量全體，同樣不可
靠。〔註35〕

我們又可以看見先生所論「文化」，實與「全部歷史過程」〔註36〕之發展，乃
至民族精神史之間有密切的關聯。

以下為了討論方便，我們不妨依據《湖上閒思錄》的相關記載，約為三
點來考察：中西文化之比較、天人合一或分裂、人文科學與情感。

（一）中西文化之比較

《湖上閒思錄》收稿三十篇，每一篇的標題都是「某甲與某乙」，例如
〈人文與自然〉、〈經驗與思維〉等等，如此格局之設計，本來就取便於比較
式的論說散文，其中尤多中西文化之比較對勘〔註37〕。

然而，賓四先生談論中西文化的差異問題，並非始於 40 年代，其實早
在 1921 年他還在小學教書時，就曾經發表過一篇名為〈愛與欲〉的文章，
無論在行文與格局都跟《湖上閒思錄》相似：「多欲者常進取，多愛者常退
守」、「多欲者常爭，多愛者常護」、「多欲者為個性而直上，多愛者為群體
而旁擴；多欲者剛健而可大，多愛者柔順而可久」、「東亞之人多愛，西歐之

〔註35〕民國 37 年 5 月於無錫作《中國文化史導論》之〈弁言〉，同期正值《湖上閒
思錄》之書寫。

〔註36〕余英時曾經指出學界對於文化釐定上的歧義與共識：「文化一詞有廣義和狹
義的種種用法。以本文而言，則所謂中國文化是取其最廣泛的涵義，所以政
治、社會、經濟、藝術、民俗等各方面無不涉及。以近代學者關於『文化』
的討論來說，頭緒尤其紛繁。三十年前克羅伯（A. L. Kroeber）和克拉孔（Clyde
Kluckhohn）兩位人類學家便檢討了一百六十多個關於『文化』的界說。他們
最後的結論是把文化看作成套的行為系統，而文化的核心則由一套傳統觀
念，尤其是價值系統所構成。這個看法同時注意到文化的整體性和歷史性，
因此曾在社會科學家之間獲得廣泛的流行。近幾十年來人類學家對文化的認
識雖日益深入，但是關於文化的整體性和歷史性兩點卻依然是多數人所肯定
的。」（〈從價值系統看中國文化的現代意義〉，《中國思想傳統的現代詮釋》，
臺北市：聯經，1987 年 3 月，頁 2～3）

〔註37〕余英時曾對賓四先生的作法提出解釋：「為了說明中國史的獨特精神，他不能
不以西方作為對照，這也是百年以來中國史學的共同傾向。中西對比是永遠
得不到定案的，但又永遠不可能停止，因為這是傾向宏觀或整體論的中外人
文學者所不易克制的一種『超越的衝動』。」（《錢穆與中國文化》，上海：上
海遠東出版社，1994 年 12 月，頁 27～28）

人多欲」〔註38〕。

晚年的賓四先生，曾經說「中西文化孰得孰失、孰優孰劣」這個問題意識不僅縈繞了他的一生，更是與他同時代的全體中國人之價值難題。《師友雜憶》記載了童年時期受到錢伯圭老師的啟發：

> 一日，（錢伯圭）攬余手，問余：「聞汝能讀《三國演義》，然否？」余答然。伯圭師謂：「此等書可勿再讀，此書一開首即云：『天下合久必分，分久必合，一治一亂』，此乃中國歷史走上了錯路，故有此態。若如今歐洲英國諸國，合了便不再分，治了便不再亂。我們此後正該學他們。」〔註39〕余此後讀書，伯圭師此數言常在心中。中西文化孰得孰失、孰優孰劣，此一問題圍困住近一百年來之全中國人，余之一生亦被困在此一問題內。而年方十齡，伯圭師即耳提面命，揭示此一問題，如巨雷轟頂，使余全心震撼。從此七十四年來，腦中所疑、心中所計，全屬此一問題。余之用心，亦全在此一問題上。余之畢生從事學問，實皆伯圭師此一番話有以啟之。〔註40〕

可見中西文化之比較，實為賓四先生畢生學問之核心關懷。《湖上閒思錄》於此所見，大致可約為三點：文明萌芽之異、平行（多元）文化論、以及對於當前文化現象之反省。

1. 文化萌芽之異

先生屢次提及中國文化起源的特殊性，以與歐洲環境做一比較，藉此以闡發各自文化開展路數之不同。例如：

> 其實這一種差別（案：西方偏鬥爭、中國主仁慈），亦可以用外面物質條件來解釋。西方的地理環境，氣候物產，生活條件，經濟狀況，多在分裂狀態中，遂引得他們看宇宙看歷史總偏重在強力與鬥爭。中國的地理環境，氣候物產，生活條件，經濟狀況，常在混一狀態中，遂引得他們看宇宙看歷史，總偏重在和平與仁慈。最多也只可

〔註38〕此文刊登在上海《時事新報·學燈》副刊，1921 年 1 月 21 日，收入《索書樓餘瀋》，《錢賓四先生全集》，臺北：聯經，1998 年，第 53 冊，頁 134。

〔註39〕余英時溯源此論於劉師培：「《國粹學報》中人如劉師培根據斯賓塞的社會進化論，指出中國史上的治亂循環是因為進化的階段尚淺，西方則治了便不再亂。」（《錢穆與中國文化》，頁 22）

〔註40〕《八十憶雙親·師友雜憶合刊》，《錢賓四先生全集》，第 51 冊，頁 35～36。

說雙方各得一偏。(〈鬥爭與仁慈〉)〔註41〕

中國民族在大平原江河灌溉的農耕生活中長成,他們因生事的自給自足,漸次減輕了強力需要之刺激,他們終至只認識了靜的美,而忽略了動的美。只認識了圓滿具足的美,而忽略了無限向前的美。他們只知道柔美,不認識壯美。超經驗的科學與宗教,鼓不起他們的興趣與勇氣,而終於捨棄了,迷戀在文學人生的路上,而很早便進入到道德的人生。(〈實質與影像〉)〔註42〕

《湖上閒思錄》的觀點,賓四先生在稍後的《中國文化史導論‧弁言》中曾作了文化人類學式的說明:

各地文化精神之不同,窮其根源,最先還是由於自然環境之分別,而影響其生活方式。再由生活方式影響到文化精神。人類文化,由源頭處看,大別不外三型:一游牧文化,二農耕文化,三商業文化。……。故草原海濱民族其對外自先即具敵意,即其對自然也亦然,此種民族,其內心深處,無論為世界觀或人生觀,皆有一種強烈之對立感。其對自然則為天人對立,對人類則為敵我對立,因此而形成其哲學心理上之必然理論則為內外對立。於是而尚自由、爭獨立,此乃與其戰勝克服之要求相呼應。故此種文化之特性常見為侵略的。農業生活所依賴,曰氣候、曰雨澤、曰土壤。此三者,皆非人類自力所能安排,而若冥冥中已有為之布置妥帖而惟待人類之信任與忍耐以為順應,乃無所用其戰勝克服。故農耕文化之最內感曰物我一體、曰天人相應、曰順曰和,其自勉則曰安分而守己。故此種文化之特性常見為和平的。

游牧商業民族向外爭取,隨其流動的戰勝克服之生事而具來者,曰空間擴展、曰無限向前。農耕民族與其耕地相連繫,膠著而不能動,生於斯、長於斯、老於斯,祖宗子孫世世墳墓安於斯,故彼之心中不求空間之擴張,惟望時間之綿延。絕不想人生有無限向前之一境,而認為當體具足,循環不已,彼之所想像而蘄求者,則曰天長地久,福祿永終。〔註43〕

〔註41〕《湖上閒思錄》,頁52~53。
〔註42〕《湖上閒思錄》,頁116。
〔註43〕《中國文化史導論》,頁2~3。

在比較的視域下，肯定傳統文化有其特質（崇尚自由獨立、或自勉安份守己），並試圖從根源（生活方式與環境差異）上解釋這些特質之所從來。

2. 平行（多元）文化論

既然文化產生的環境條件有別、生活方式不同，因此發展出來的文化觀念與價值意識，中、西兩造自然也會有所區別。賓四先生主張中西文化應包容差異、彼此尊重，避免以單一價值標準來評判去取。《湖上閒思錄》書中頗見此類多元文化〔註44〕的平行觀點：

> 西方人偏重自然，因此常愛用理想來創建人文；東方人看重人文，因此常愛用同情來護惜自然。心習不同，求知的方法亦不同，因此雙方的文化成績也不同。（〈推概與綜括〉）〔註45〕

> 科學落後的民族，如何習得科學，建設新都市，投入大群體而活動；城市人如何調整科學發展過度的種種毛病，使僵化了的城市、僵化了的群體生活，依然回過頭來重親自然，還使人享受些孤獨與安定的情味。這是現代人所面遇的兩大問題，而其求解決困難的方法與途徑各不同，這裏需要各自的智慧、各自的聰明，誰也不該學步誰、誰也不須欣羨誰。（〈城市與鄉村〉）〔註46〕

〔註44〕余英時提及文化多元論的發展趨勢：「近一、二十年來，由於維柯（Giovanni Battista Vico, 1668～1744）與赫德（Johann Gottfried von Herder, 1744～1803）的歷史哲學逐漸受到西方思想界的重視，不但文化是一整體的觀念得到了加強，而且多元文化觀也開始流行了。所謂多元文化觀即認為每一民族都有它自己的獨特文化；各民族的文化並非出於一源，尤不能以歐洲文化為衡量其他文化的普遍準則。赫德並且強調中國文化的形成與中國人的民族性有關，其他民族如果處於中國古代的地理和氣候的環境中則不一定會創造出中國文化。這種文化多元論有助於打破近代西方人的文化偏見。從維柯與赫德一系的文化觀念出發，我們可以說，祇有個別的具體的文化，而無普遍的、抽象的文化。古典人類學所尋求的是一般性的典型文化，這樣的文化只是從許多個別的真實文化中抽離其共相而得來的觀念，因此僅在理論上存在。但是最近的人類學家也開始改變態度了。例如紀爾茲（Clifford Geertz）便曾批評這種尋求文化典型的研究方法。他認為研究文化尤應把握每一文化系統的獨特之處。所以在這個方面史學觀點和人類學觀點的合流目前已見端倪；我們的注意力應該從一般文化的通性轉向每一具體文化的個性。」（〈從價值系統看中國文化的現代意義〉，《中國思想傳統的現代詮釋》，臺北市：聯經，1987年3月，頁2～3）

〔註45〕《湖上閒思錄》，頁135。

〔註46〕《湖上閒思錄》，頁92。

人生有偏向前（多希望未來）和偏向後（重記憶過去）之兩型。……
向前型的不滿現狀，向前追求，因此感到上帝仍還在他之前，而他
回顧人生，卻不免要自感其渺小而且可厭了，因此纔發展成性惡論。
向後型的人，對已往現實表示滿足，好像上帝已賦與我以一切了，
我只該感恩圖報，只求盡其在我，似乎我再不該向上帝別有期求了，
如是卻使人生自我地位提高，於是發展出性善論。我們也可說，前
者的上帝是超越的，而後者的上帝則轉成內在的。人類心上之向前、
向後，各自一番的偏輕偏重，而走上各自的路，埋怨也罷、羨慕也
罷，這都是人性之莊嚴。（〈情與欲〉）〔註47〕

身處於戰亂流離的大時代，學者們絕大多數豔羨於科技先進之歐西文明，獨
賓四先生能挺直脊樑，不以傳統文化為恥，深入剖析彼此社會之價值殊異。
此點迄今仍是現代化「後進國家」所應秉持的重要態度；該如何在追求現代
化、全球化的進步時，不輕易拋棄自身的價值判斷與文化遺產〔註48〕。

3. 當前文化現象之反省

在中西文化比較的視域下，賓四先生並非全然維護傳統文化，西方文化
亦有值得尊敬之處，《湖上閒思錄》不乏對傳統文化提出批評：

陽明教人也說必有事焉，切莫空鍋煮飯。其實正因閒閒沒事，故而
時時想到必須有事。真使你生事忙迫，哪有閒工夫說必有事焉呢？
然則宋明理學家正已在「空鍋煮飯」了。……西方文明，一開始便
在希臘雅典等商業小城市裡發展，根本和中國北方農村的閒散意味
不同。近代歐洲，至少從文藝復興以下，生活一天忙迫似一天，一
天緊張似一天，直到如今，五六百年來緊張忙迫得喘不過氣來了。

〔註47〕《湖上閒思錄》，頁11～14。
〔註48〕例如日本重要的文化史學者溝口雄三強調本土文化的「主體性」或「主體意
　　　　識」，並提出「以中國為方法，以世界為目的」這一核心命題。參見溝口雄三，
　　　　《作為方法的中國》（北京：三聯書店，2011年），頁130～133。而韓國延世
　　　　大學歷史系教授白永瑞則提出重構「全球本土學」（Golocalogy），即研究者應
　　　　以生活現場（place）為據點，對全球（global）水準的知識生產與流通過程抱
　　　　持「抵抗性」與「批判性」的研究姿勢，其核心是結合地方的（local）、區域
　　　　的（regional）及全球的（global）層次來做分析的一種學問。見白永瑞，〈韓
　　　　國的中國認識與中國現代史研究〉，《近代史研究》，第2期（北京：2011年3
　　　　月），頁155；白永瑞，〈對話互動之相映——全球本土學視角下的臺灣與韓
　　　　國之漢學研究〉，《漢學研究通訊》，31：1（臺北：2012年2月），頁28。

> 他們中古時期在教堂裏的一些兒空寂氣味，現在是全散失了，滿腦滿腸只是功利。彼中哲人如英國羅素之流，生長在此忙迫生活中，討厭功利鞭子，不免要欣賞到中國。然中國文化之弱點則正在此。從鴉片戰爭五口通商直到今天，全國農村逐步破產，閒散生活再也維持不來了，再不能不向功利上認真，中國人正在開始正式學忙迫、學緊張、學崇拜功利，然而忙迫緊張又哪裡是生活的正軌呢？（〈匆忙與閒暇〉）〔註49〕

> 中國民族因生事的自給自足，漸次減輕了強力需要之刺激，他們終至只認識了靜的美，而忽略了動的美。只認識了圓滿具足的美，而忽略了無限向前的美。他們只知道柔美，不認識壯美。……相形之下，近代西方人的物質生活，轉見其為是一種精神的，而中國人的精神生活，則轉見其為是一種物質的。近代西方純形式的文化，轉見其為內容充實，而中國人的文學人生與道德人生，轉見其為空洞無物，無對象、無內容。（〈實質與影像〉）〔註50〕

此書除了歷史性地指出文化發展上的困境之外，也反省當前國人「邯鄲學步」、進退失據的弊病：

> 你若要抱一種無限向前的人生觀，你必視現實人生為缺陷，為不足，必勇於捨棄，樂於追尋，必懸一遠離現實之理想，而甘願於捨棄一切而奔赴。……中國人並不肯無限向前，因亦不勇於捨棄，不樂於追尋，徒欲於現實人生中得一種當下現前之圓滿具足，則中國人該當自有中國人的道途與方法。今乃拾取西方人生之外皮，高抬嗜欲，不恥奔競，一面對現實抱不滿，一面卻仍是將就現實索補償，如是則不惟自苦，亦以擾人。……苟非有如智顗杜順慧能諸大哲，重生今世，庶乎通彼我之郵，拔趙幟立漢幟，化彼精詣，就我平實。否則此土之紛擾溷濁，恐一時終不見有寧澄之望也。（〈無限與具足〉）〔註51〕

> 近代世界密集的大都市，嚴格的法治精神，極端的資本主義，無論其為個人自由的、抑或階級鬥爭的，乃至高度機械工業，正猶如武士身上的重鎧，這一個負擔，終將逼得向人類自身求決戰，終將逼

〔註49〕《湖上閒思錄》，頁62～63。
〔註50〕《湖上閒思錄》，頁116～117。
〔註51〕《湖上閒思錄》，頁147～148。

得不勝負擔而脫卸。更可憐的，則是那些贏夫而亦披戴上這一副不勝其重的鎧冑，那便是當前幾許科學落後民族所遭的苦難。這正猶如鄉裏人沒有走進城市去歷練與奮鬥，而徒然學得了城市人的奢侈與狡猾。(〈城市與鄉村〉)〔註52〕

從歷史精神落實到具體的時代難題，賓四先生這些文化批評的意見誠摯深刻，且切中時弊，當代自有值得向歐西學習之處。

(二) 天人合一或分裂

《湖上閒思錄》論及中西文化之辨時，有一個學術觀點延續至賓四先生晚年愈見堅毅自信〔註53〕，就是主張傳統文化最重要的精神特質，在於「天人合一」〔註54〕。事實上，賓四先生於本書第一篇就提及於此：

> 人類已往生活中所積累的一些歷史文化遺產，如何得與整個大自然界長宙廣宇相抗衡，相並立。但就人而論，也只有這樣，這是所

〔註52〕《湖上閒思錄》，頁 92。

〔註53〕先生於 95 歲高齡仍主張:「中國傳統文化之終極理想，乃使人人由此道，備此德，以達於大同太平。而人人心中又同有此『天人合一』之境界，則人類社會成為一天國，成為一神世，成為一理想宇宙之縮影。……此乃中國傳統文化中，近於哲學上一種最高宇宙論之具體實證，又近於宗教上一種最高信仰之終極實現，又近於科學上一種最高設計之試驗製造完成。」(《民族與文化》，臺北市:素書樓文教基金會，2001 年 5 月，增訂版序) 朱寰曾指出賓四先生在闡述上的變化:「錢穆早年傾向於從人與自然、人與人關係的角度解讀『天人合一』，將儒家精神理解為道德人文精神，體現出他作為史學家注重經驗事實、輕視形而上學的特點。……然而在晚年，錢穆對『天人合一』有了新認識，即從超越的、形而上的角度理解儒家精神，體現出濃厚的宗教內涵。」(〈錢穆天人觀的轉變〉，《青島大學師範學院學報》21:1 (2004 年 3 月)，頁 12) 其說可參，但朱據此說先生應置於「新儒家」之列，則有待商榷。

〔註54〕余英時曾經指出「天人合一」論的思想根源:「就人與自然的關係而言，我們大概可以用『人與天地萬物為一體』來概括中國人的基本態度。這一觀念最早是由名家的惠施正式提出的，莊子曾加以附和，中間經過禪宗和尚的宣揚 (如慈照禪師云:『天地與我同根，萬物與我一體。』) 最後進了宋、明理學的系統，所以這可以說是中國各派思想共同觀念。但是天地萬物 (包括人在內) 都不同，何以能成為一體呢?這就要說到中國特有的『氣』的觀念。」(〈從價值系統看中國文化的現代意義〉，《中國思想傳統的現代詮釋》，臺北市:聯經，1987 年 3 月，頁 22) 余英時此篇也提及近代中國人對於「天」的定義頗見含混與附會 (頁 17)。至於宋明理學中所使用的「天」在概念上相當複雜，據劉見成說其義涵可以歸結為四種:天地之天、天道之天、天命之天、與自然之天。(〈邵庸的天人之學及其合一之道〉，《宗教哲學》，第 71 期，2015 年 3 月，頁 66〜69)

謂人本位的意見。在中國傳統見解裏，自然界稱為天，人文界稱為
人，中國人一面用人文來對抗天然，高抬人文來和天然並立，但一
面卻主張天人合一，仍要雙方調和融通，既不讓自然來吞滅人文，
也不想用人文來戰勝自然。……近世西方思想，由他們中世紀的耶
教教義中解放，重新回復到古代的希臘觀念，一面積極肯定了人
生，但一面還是太重視個人，結果人文學趕不上自然學，唯物思想
泛濫橫溢，有心人依然要回頭乞靈於中世紀的宗教，來補救目前的
病痛。就人事論人事，此後的出路，恐只有沖淡個人主義，轉眼到
歷史文化的大共業上，來重提中國傳統天人合一的老觀念。(〈人文
與自然〉)〔註55〕

除了藉「歷史文化的大共業」講人文主義，先生也從心理層面、語言思維來
剖析中西方在天人關係的不同〔註56〕：

西方自然科學是緊張心緒下的產物，他們愛把一切不相干的東西儘
量別除，專從一點上直線深入，因此便有一切科學知識之發現。宗
教也是緊張心緒下的產物，一切西方宗教經驗下之種種見神見鬼，
在心緒鬆弛的人看來，都像是神經過敏。……其他如戀愛心理、戰
爭心理，也都是緊張型的產物，都要火熱地不顧一切地向某一點衝
進。……那種天人交戰的大決鬥，東方人反而看不起，認為是人格
上之不健全與不穩定。

前一種緊張心型，應用在宗教上，是上帝與魔鬼之對立。應用在哲
學上，是精神與物質的二元論。應用在政治社會的組織上，是階級

〔註55〕《湖上閒思錄》，頁 2～3。

〔註56〕此一抽象概念，也許可以容納不同的詮釋，如汪學群認為「天人合一」具有
三個層面的指涉：「錢穆用『天人合一』、『性道合一』來概括中國人文精神特
質。由天人合一、性道合一可知，中國人文的道德精神特點有三：第一、內
在與外在和合。「中國文化是人本位的，以人文為中心的，主要在求完成一個
一個的人。此理想的一個一個的人，配合起來，就成一個理想的社會。所謂
人文是外在的，但卻是內發的。」(《中國文化十二講》，頁 13) 第二，自然與
人文和合。『中國人看法，性即是一自然，一切道從性而生，那就是自然人
合一。換句話說，即天人合一。』(同前，頁 13～14) 第三，道德與宗教和
合。中國人文主義植根於中國原始宗教對于天與上帝的信仰，對于天命、天
道、天性的虔敬至誠之中，因而這種人文主義的道德精神又具有宗教性。這
與西方人文主義是不同的。」(《錢穆學術思想評傳》，北京：北京圖書館出版
社，1998 年 8 月，頁 283)

與法治。應用在人生上，是強力奮鬥與前進。應用在理智上，是多角形的深入與專精。後一種鬆弛心型，應用在宗教上，是天人合一。應用在哲學上，是萬物一體的一元論。應用在政治社會的組織上，是大同與太平的和平理想。應用在人生上，是悠閒恬淡與寧靜。應用在理智上，是物來順應、斟情酌理、不落偏見。東西雙方一切文化形態，全可從此一分別上去悟會。(〈緊張與鬆弛〉)〔註57〕

東方人愛默識、愛深思，較不看重語言文字之分析。在西方崇尚理智的哲學傳統看來，像神秘、又像是籠統、不科學。但在東方人說來，這是自然、是天人合一、是至誠。這是東西文化一異點，而雙方語言文字之不同，仍是此一異點之大根源所在。(〈直覺與理智〉)〔註58〕

賓四先生這些文化比較的說法，今日看來仍然不失開創性與合理性，值得學界進一步深化研究。

(三) 人文科學與情感

與西哲特地標榜人類的抽象理性相反，賓四先生再三強調文化源自於真實的生命經驗，尤其應該具備情感的懇切與激動〔註59〕。《湖上閒思錄》中有不少相關記載，例如：

整個世界根本上就不是冷靜的，又不是純理智的。整個人生亦不是冷靜的，亦不是純理智的。⋯⋯我們要有複雜的變動的熱情的人生科學，來運用那些單純的靜定的純理智的非人生的自然科學。(〈科學與人生〉)〔註60〕

人與人間的生活，簡言之，主要只是一種情感的生活。人類要向人類自身找同情，只有情感的人生，始是真切的人生。⋯⋯人生可以缺乏美、可以缺乏知，但卻不能缺乏同情與互感。⋯⋯人對外物求美求知，都是間接的，只有情感人生，始是直接的。(〈人生與知

〔註57〕《湖上閒思錄》，頁125～130。
〔註58〕《湖上閒思錄》，頁142。
〔註59〕標榜真實情感以與佛教出世思想抗衡，這是唐代韓愈闢儒闢佛的著名論點，可詳其著名的〈送高閒上人序〉。賓四先生懷抱信念與情意，寫作《國史大綱》乃主張讀者應具備「對其本國已往歷史之溫情與敬意」。
〔註60〕《湖上閒思錄》，頁65～68。

覺〉）〔註61〕

> 所貴於人文科學家者，正在其不僅有智識上的冷靜與平淡，又應該
> 有情感上的懇切與激動。要對研究的對象，有一番極廣博極誠摯的
> 仁慈之心。（〈價值觀與仁慈心〉）〔註62〕

引文皆強調人生的熱情。賓四先生認為重視情意為中國文化之特質，有了情感才使得物我一體、泯除主客，如此觀點尤其深受儒家思想之影響。《湖上閒思錄》有云：

> 依照中國人觀念，奔向未來者是欲，戀念過去者是情，不惜犧牲
> 過去來滿足未來者是欲，寧願犧牲本來來遷就過去者是情。中國
> 人觀念，重情不重欲。……其實這種感情亦可是極熱烈、極浪漫，
> 只不是文學的，而轉成為倫理的與道德的。（〈情與欲〉）〔註63〕

> 若由純知識的探討，則彼我死生自成兩體對立。加進了情感，則
> 死生彼我自然融會成為一體。實則此一體，非有情感，則無可經
> 驗。而兼有了情感，則自無主客之分了。……故經驗中必兼情感。
> 而思維則只緊貼在情感上，此則惟中國儒家為能暢發其深
> 義。……惟儒家則經驗思維皆有情，故遂為中國文化之大宗。（〈經
> 驗和思維〉）〔註64〕

鼓吹深情的傳統精神，又與我們在前文提及，先生以儒學為我國文化宗主之說相應。

四、向現代學術的對話與轉化

　　《湖上閒思錄》除了闡釋傳統思想史論（貫通古今）、與比較視域下的文化史論（對照中西）之外，還有一個很值得我們注意的部份，即在於賓四先生如何回應與消化西方（或現代）學術的衝擊，對於傳統學說又如何提出符合當代需求的新詮釋。

　　賓四先生有時被人誤解批評為擁護國粹之保守主義者，事實上並非如此，他十八歲（1912年）於三兼小學教書時，已注意到嚴復翻譯的西洋書，

〔註61〕《湖上閒思錄》，頁97。
〔註62〕《湖上閒思錄》，頁152。
〔註63〕《湖上閒思錄》，頁13。
〔註64〕《湖上閒思錄》，頁82。

並說「遍讀嚴氏所譯各書」〔註 65〕足見他對於時代與新學之關心。先生在《國學概論》中曾提到梁啟超第一次世界大戰後漫遊歐洲，後來寫成《歐遊心影錄》，並於 1920 年 3 月初發表在《時事新報》，先生當時即讀過此書，後來在北平任教時又讀了討論西方文化的相關書籍，因此知道西方文化亦有未盡人意之處。等到第二次世界大戰後，他對梁啟超提出的問題感受更加深刻，故開始在《思想與時代》撰寫有關中西文化的問題。〔註 66〕

正以如此，賓四先生後來在香港創辦「新亞書院」時，其辦學宗旨要特別聲明：「（宗旨）在上溯宋明書院講學精神，並旁採西歐導師制度，以人文精神教育為宗旨，溝通世界東西文化。」雖以宋明理學、人文精神為宗，卻又旁採西歐制度及世界文化為範，是知其講學與著述都具有「寓開新於復古」、在傳統基礎上試圖融會當代思潮的特色〔註 67〕。

〔註 65〕 《八十憶雙親・師友雜憶合刊》，頁 77～78。

〔註 66〕 見《國學概論》，《錢賓四先生全集》，臺北：聯經，1998 年，第 1 冊，頁 385 ～387，及《八十憶雙親・師友雜憶合刊》，頁 412。有研究提出賓四先生早期對於梁啟超西學意見曾密切關注，如謝振賢說：「由現存資料可知，錢穆喜歡撰文討論最流行的西洋哲學。其中，錢穆對於來華演講的外國哲學家尤其注意。……有更多時候，錢穆撰文選題都跟梁啟超有關。梁啟超關心什麼，錢氏均會追步。」（《思想界的邊緣人：早年錢穆治學的心路歷程（1895～1939）》，清華大學歷史研究所碩士論文，指導教授：逯耀東，2000 年 1 月）余英時則說梁啟超等人提出了種種關鍵問題，賓四先生則自闢蹊徑，找尋了新的歷史答安：「我之所以特別介紹『五四』以前這一段學術思想史的發展，主要是想為錢先生治史的動機與方向找出一種比較可靠的歷史說明。梁啟超、章炳麟、《國粹學報》派所提出的種種問題對錢先生實有支配性的影響。他深信中國文化和歷史自有其獨特的精神，這一點無疑是承清末的學風而來。我們可以這樣說：他承繼了清末學人的問題，但是並沒有接受他們的答案。他的一生便是為尋求新的歷史答案而獨闢蹊徑。」（《錢穆與中國文化》，上海：上海遠東出版社，1994 年 12 月，頁 22～23）

〔註 67〕 近期有大陸學者從這方面指出錢穆／余英時學術論見之具有「西方話語權」，例如李長銀說：「無可否認地，大陸學界這一時段關於錢穆研究的敘事與余英時有著莫大的關聯，但錢穆自身的學術價值仍然是一個不能忽視的重要因素。……如果說『國學熱』的未曾消退是導致錢穆敘事持續升溫的必備條件，那麼，其門生弟子們擁有的一部分西方話語權無疑發揮著催化劑的功效。二者異域而同風，交相輝映，共同推進了大陸學界關於錢穆敘事的不斷升溫。而透過這一歷史現象的表層，當代中國學術思潮的『本土化』進程在這一時段的特徵也得以揭示，即『本土化』與『西方化』不僅呈現了齊頭並進而不悖的健康趨勢，甚至出現了匯流的可能。」（〈近 30 年中國大陸「本土化」思潮的縮影──錢穆的身份認同與錢穆敘事的變遷〉，《東吳歷史學報》，第 29 期，2013 年 6 月，頁 140～142）換個方式來說，相較

（一）思辨與對話之西學內容

以下為了討論的方便，姑且權依《湖上閒思錄》相關內容加以分類為：對話之西方哲學、思辨之社會現象、論科學與宗教、論西方心理學等四項，簡要引文加以說明。

1. 對話之西方哲學

《湖上閒思錄》涉及西方社會哲學之相關批評甚多，主要聚焦於以下幾位學者的討論，包括：

（1）黑格爾（Georg Wilhelm Friedrich Hegel，1770～1831）——

（西方人）直要到黑格爾的歷史哲學，始算是正式在人文學上用心思。然而他是用哲學來講歷史、仍不是用歷史來創哲學。他的有名的辨證法，依然是一套象數學的抽象精神在裏面作骨子。（〈推概與綜括〉）〔註68〕

（2）馬克思（Karl Heinrich Marx，1818～1883）——

馬克思的唯物史觀，開始從人文學直接引出行動，而有俄國式的無產階級革命。這是一套運用科學精神的革命。如實言之，是運用一套自然科學精神來在人文社會中革命。先從某一點上直線推演出一套理論，再從這一套理論上用革命手段來求其實現。凡與這一條直線的理論不相適合的一切排除。（〈推概與綜括〉）〔註69〕

（3）柏格森（Henri Bergson，1859～1941）——

西方哲學史大體可說是一部靈魂學史，……法國人柏格森，他偏要說生命在物質中創造，但他不肯說由物質創造出生命。生命的特徵，既是創造，則生命即由創造開始、而演進、而完成。何以定要說另有一生命投入物質之中而始有創造的呢？這還不是一種靈魂思想之變形嗎？（〈歷史與神〉）〔註70〕

（4）羅素（Bertrand Russell，1872～1970）——

西方近代自由呼聲，最先是為科學知識之覺醒所喚起，但後來無限

於大陸幾十年來既有的學術論見，賓四先生之觀點其實更具有現代學術上的詮釋意義。
〔註68〕《湖上閒思錄》，頁134～135。
〔註69〕《湖上閒思錄》，頁134～135。
〔註70〕《湖上閒思錄》，頁107～108。

度引用到政治和經濟方面去，則亦不勝流弊。英哲羅素在第一次世界大戰時，即提出創造衝動和佔有衝動之區別，大概亦是有見於此而發吧。（〈自由與干涉〉）〔註71〕

（5）康德（Immanuel Kant，1724～1804）——

在西方神學瀰漫的思想界，直要到孔德提倡人道教，以及此後的現實哲學，纔算漸漸有些處接近了東方精神。（〈神與聖〉）〔註72〕

2. 思辨之社會現象

此書除了對近代哲學家的觀點加以分析評論外，也對於西方文化、現代社會之深層結構提出針砭。例如：

（1）批評西方文化的內在問題——

（西洋歷史）在其思想傳統上，他們仍保留了一個上帝，神的觀念。……我們若從斯賓諾莎之泛神論、費爾巴哈之無神論，直看到馬克思的歷史唯物論，如此禪遞而下，可見近代西方想把上帝和神和絕對精神等等神秘觀念盡量從人事中排出，是一件費大力的事。……達爾文的生物進化論，自然也和馬克思的歷史哲學有其內部精神之相通處。……達爾文心目中的自然，是強力的鬥爭的。就使如克魯泡特金的互助論，也依然把強力與鬥爭做骨子。（〈鬥爭與仁慈〉）〔註73〕

資本主義與帝國主義已超過物質界而投進了精神界。然而此所謂精神界者，亦僅是一種強力之喜悅而已。……強力人生，有一種最誘人的魅力，便是他使人發生一種無限向前之感。惟其是僅向前，而

〔註71〕《湖上閒思錄》，頁 48。謝振賢指出賓四先生早期對於外國哲學思想的關心：「錢穆對於來華演講的外國哲學家尤其注意。例如羅素，這位被當時中國知識譽為『新時代的大哲』、『世界哲學泰斗』，來到中國後，大受思想界注意，對他報導、介紹的文章極多。而錢穆便加入回應行列，寫下了〈讀羅素哲學問題論邏輯〉。／另外，錢穆很注意梁啟超介紹新知的動向。……其中，他特別注意到梁啟超重視的柏格森。柏格森也是中國思想界相當受注意的哲學家，一九一八年二月，劉叔雅便在《新青年》發表〈柏格森之哲學〉。……柏格森《創化論》是一九一九年張東蓀翻譯出版的，錢穆便曾投稿〈評柏格森沙中插子之喻〉、〈讀張譯《創化論》的我見〉，對柏格森哲學有進一步疏釋。」（《思想界的邊緣人：早年錢穆治學的心路歷程（1895～1939）》，頁 62）

〔註72〕《湖上閒思錄》，頁 76。

〔註73〕《湖上閒思錄》，頁 49～52。

無對象與內容，因此易感其無限。無限本身便是一種美，然而終不免帶有一種茫茫之感。(〈實質與影像〉)〔註74〕

(2) 批評法治主權與資本主義

大都市易於使城市僵化，嚴格的法治主義易於使群體僵化。近代托拉斯企業，資本勢力之無限集中，與夫機械工業之無限進展，易於使工商業生產種種活動之僵化。此乃近代文化之大殷憂。失去了個性自由。(〈城市與鄉村〉)〔註75〕

3. 論科學與宗教

《湖上閒思錄》又對於中國所缺乏、而在西方最具代表性的科學及宗教提出評論。例如：

科學家的生命則寄放在純客觀的物理上，距離實際人生更遠了。(〈象外與環中〉)〔註76〕

(人體解剖) 先把活的當死的看，待你看慣了死的，回頭再來看活的，這裡面有許多危險，你該慎防。……人生中用得到科學，但我們不能要一個純科學的人生。(〈科學與人生〉)〔註77〕

強調面對生命與人體，科學家不帶情感的超離態度，會引起更大的災難。此外又如其批評宗教：

宗教也是緊張心緒下的產物，一切西方宗教經驗下之種種見神見鬼，在心緒鬆弛的人看來，都像是神經過敏。若把心理分析術來說明，其實便是他的邊外意識侵入中心而引起。凡屬熾熱的宗教心理，必帶一種最強烈的天人交戰之感，在其內心深處，必起一番大革命。……在宗教裡算是神感、是天賜，是上帝降靈。(〈緊張與鬆弛〉)〔註78〕

你若一個人一個人分析看，則人類確有種種缺點、種種罪惡。因為一個個的人也不過是自然的一部分而已。但你若會通人類大群文化之總體而觀之，則人世間一切的善，何一非人類群業之所造，又如

〔註74〕《湖上閒思錄》，頁 115～116。
〔註75〕《湖上閒思錄》，頁 91。
〔註76〕《湖上閒思錄》，頁 105。
〔註77〕《湖上閒思錄》，頁 66～67。
〔註78〕《湖上閒思錄》，頁 129。

何說人性是惡呢？

> 西方耶教思想，也正為單注意在一個個的個人身上，沒有把眼光注
> 射到大群歷史文化之積業上去，因此也要主張人類性惡，說人生與
> 罪惡俱來，如此則終不免要抹殺人生復歸自然。佛教也有同樣傾向，
> 要之不看重歷史文化之大群業，則勢必對人生發生悲觀，他們只歷
> 指著一個個的個人生活來立論，他們卻不肯轉移目光，在人類大群
> 歷史文化的無限積業上著想。（〈人文與自然〉）〔註79〕

說明宗教帶給人們的緊張與狂顛，批評宗教往往抹滅人生的價值，看不到歷
史文化的偉大積業。

4. 論西方心理學

在眾多西方現代學術之中，賓四先生對於心理學尤其關注，認為東方哲
學史應該可以從心理學的角度加以闡釋，例如前節論宗教之〈緊張與鬆弛〉
一篇，便全由心理學觀點來探討中西文化之差異，並在文中闡釋近代西方心
理學之意識、無意識、邊陲意識等概念〔註80〕。

基於儒學傳統乃至宋明理學，對於人類心性也多所探討，因此先生對於
西方心理學向來所關注的議題與方法，自有其批評觀點：

> 靈魂和心的觀念之分歧，實在是東西雙方一切關於宇宙論乃至人生
> 論的種種分歧之起點。……西方哲學史大體可說是一部靈魂學史，
> 至少是從靈魂學開始。東方哲學史大體是一部心靈學史，至少是從
> 心理學開始。（〈歷史與神〉）〔註81〕

> 心理學乃近代西方人文園地裡最先進入科學的一門學問。但近代西
> 方的心理學，並不能說它是人文科學。……西方人最先講心理學，
> 只是講些物理學，如眼如何能看、耳如何能聽。後來講的，也只是
> 講些生物學，如制約反應等的實驗之類。我們並不說物理學生物學
> 與心理學不相關，但人類的心理學應該有在物理學與生物學以外的
> 自己園地與生命。（〈價值觀與仁慈心〉）〔註82〕

凡此，皆可以看出賓四先生亟欲與當代知識領域（西學）對話之努力。

〔註79〕《湖上閒思錄》，頁2～3。
〔註80〕《湖上閒思錄》，頁125～130。
〔註81〕《湖上閒思錄》，頁107～108。
〔註82〕《湖上閒思錄》，頁151。

（二）傳統哲思的現代詮釋

《湖上閒思錄》此書主要還是一本哲理散文集，賓四先生在〈序文〉中說：「我這一本閒思錄，並不曾想如我們古代的先秦諸子們，儒墨道法，各成一家言，來誘世導俗。也並不曾想如我們宋明的理學先生們，程朱陸王，各各想承繼或發明一個道統，來繼絕學而開來者。我也並不曾想如西方歐洲的哲學家們，有系統、有組織、嚴格地、精密地，把思想凝鍊在一條線上，依照邏輯的推演，祈望發現一個客觀的真理，啟示宇宙人生之奇秘。……」〔註83〕最初既為報刊發表而作，這些文章最大的特色或成就，未必是為學術思想辯護，筆者認為主要在於先生把傳統學術完善地賦與了現代化的詮釋。

這些精彩的哲思新詮，例如寫生活中之時間感：

> 西方人想像人生，常若一無限；中國人想像人生，則常見為具足。……中國人之時間觀乃環形的、乃球體的，而非線狀的。……你若要抱一種無限向前的人生觀，你必視現實人生為缺陷，為不足，必勇於捨棄，樂於追尋，必懸一遠離現實之理想，而甘願於捨棄一切而奔赴。近代歐洲人之科學精神與其以前之宗教信仰，同為此種捨棄、追尋，永永向前的人生精神之表現。佛教精神雖若消極，然一樣的勇於捨棄，樂於追尋，其為一種無限向前之人生則同。中國人並不肯無限向前，因亦不勇於捨棄，不樂於追尋，徒欲於現實人生中得一種當下現前之圓滿具足。（〈無限與具足〉）
> 〔註84〕

其文章命題雖深，但論述與取材時卻相當生活化，而具有現代感。

又例如先生提及人們偶然興起的一種悠遠澄澈之心境：

> 憧憬太古，回嚮自然，這是人類初脫草昧，文化曙光初啟時，在他們心靈深處最易發出的一段光輝。一切大宗教大藝術大文學都從這裏萌芽開發。……
>
> 有一種空無所有的心境，是最難覯面、最難體到的，但那個空無所有的心境，卻是廣大會通的。你我的心不能相像，只有空無所有的心是你我無別的。前一刻的心不能像後一刻，只有空無所有的心，是萬古常然的。你若遇見了這個空無所有的心，你便不啻遇見了千

〔註83〕《湖上閒思錄》，頁2。
〔註84〕《湖上閒思錄》，頁143～148。

> 千萬萬的心，世世代代的心，這是古代真的宗教藝術文學的共同泉
> 源。最剎那卻是最永恆、最空洞卻是最真切。……這是佛家所謂父
> 母未生以前的本來面目呀！（〈藝術與科學〉）〔註85〕

單純從幽微心境出發以探究人性之感通，乃至追溯一切藝術創作與文化開展
之根源。如此論理彷彿《孟子》的作法，但說法既舊且新，仔細咀嚼這些字句
的義涵，實在令人感到無比的親切與意味深長。

　　平心而論，以中文表達深邃哲思絕非易事，更何況想要能夠同時兼顧古
典哲學語彙與現代思想之通譯，最後不妨來看看賓四先生如何闡述宋明理學
艱深之「性命」：

> 儒家並不在人類自心之外去另找一個神，儒家只認人類自心本身內
> 部自有它的一種無限性，那即是儒家之所謂性。……
>
> 中國儒家主張盡心知性、明心見性，而發見我性內具之善。性與善
> 既屬無限，則無限即在有限之內。因此儒家論道德觀，主張自盡我
> 心、自踐我性，其本身即已是一種無限與至善。
>
> 一個超越我外而無限的性，較之只為我有而有限的心，自然也不免
> 有一種降臨與高壓之感。此一種感覺，在儒家則謂之命。儒家最要
> 工夫一面在知性，一面則在知命。性與命雖是一個東西，而不妨有
> 兩種感覺。一是感其在我之內，為我所有；一是感其在我之外，不
> 盡為我所有。
>
> 宗教上的委心是皈依，儒家的委心便是安命。安命始可踐性，委心
> 安命便要你有所捨卻。命有消極與積極之分，積極的命是一種領導，
> 消極的命是一種規範、一種抑制。宋儒說性即是理，此一理字亦便
> 是命。陸王也說心即理，主宰即在我之內。儒家理論之最要處，正
> 在認得此不為我有者其實即為我所有。而此種境界卻不以祈禱得
> 之，此為儒家與宗教不同之又一關鍵。（〈性與命〉）〔註86〕

此篇以無限、有限的概念來詮釋性與命的義蘊，並從感性經驗來領悟生命；
「不妨有兩種感覺。一是感其在我之內，為我所有；一是感其在我之外，不
盡為我所有。」繼而闡論儒學在性命之際的奧義：「此不為我有者其實即為我

〔註85〕《湖上閒思錄》，頁25～26。
〔註86〕《湖上閒思錄》，頁119～123。

所有」〔註87〕，以此講「安命」與「踐性」，講有限之內的無限具足。

這樣的論理（哲思）散文，內容上可謂深入淺出，但是若想從單篇文章裡掌握先生的系統性詮釋，卻未必足夠。如果將此書通貫地來看，透過篇章的互證補充，賓四先生對於儒學現代化的詮釋，倒是可以見出具有層次分明的理論結構。

五、結　論

綜合前面所述，本論文對於賓四先生《湖上閒思錄》一書，最後應當做個簡單的結語。

這本書寫作於民國三十七年，此期先生之學術觀點，可以見到他有意開新，將問題意識從思想史轉移到文化比較上。此書論及許多中西文化之對比，足證先生當日對於傳統文化的深思，甚且這些洞見，直到晚年未見改變。此其一。

其次，賓四先生之研治國史，本由子學入手，重心在於學術思想史，進而貫串全史。因此，《湖上閒思錄》中仍有許多文章涉及學術思想史的深刻討論，可以看到他對於這些議題的持續關心與深化，論文中分為四個部份說明這本書關於學術思想史之重要理念：一、注重通史的觀念，二、以理學語彙為思辨，三、以儒學立場為宗主，重視人類大群、肯定人生哲學，四、論莊學之自然虛靜。

復次，先生自三十年代先後，已逐漸將學術興趣轉向於文化研究。《湖上閒思錄》一書即有大量關於中西文化比較的議題，從對比間突顯傳統文化之特性。本論文分為三個部份來考察先生於文化史學上之特殊觀點：一、中西文化之比較：兼論文化萌芽之異、多元文化論、與當前文化現象之反省；二、天人合一或分裂；三、人生科學與情感。

最後討論先生此書如何回應與消化西方（現代）學術的衝擊？而對於既有文化又該如何詮釋與薪傳？論文裡亦分兩部份析解文本：一、考察其所思辨與對話之西學內容，二、指出先生對於傳統哲思的現代詮釋。

賓四先生有時被人誤解為擁護國粹之保守主義者，事實上並非如此，他早歲即對於時代與新學產生關心，其治學雖以宋明理學、人文精神為宗，卻也旁採西歐文化不斷思辨，寓開新於復古、在傳統基礎上試圖融會當代思潮

〔註87〕相信這就是賓四先生不斷在講的「天人合一」之基礎。

加以詮釋。當我們通貫地閱讀《湖上閒思錄》，透過篇章之間的徵引佐證，確實不難發現先生對於儒學現代化的開創性，也看見他層次分明的哲理論述。

六、重要參考文獻

（一）專　書

1. 錢穆，《湖上閒思錄》，臺北市：東大圖書，1980 年 9 月；另收入《錢賓四先生全集》，第 39 冊，臺北市：聯經出版事業公司，1998 年。

2. 錢穆，《國學概論》，《錢賓四先生全集》，第 1 冊，臺北市：聯經出版事業公司，1998 年。

3. 錢穆，《先秦諸子繫年‧自序》，臺北市：東大圖書，1980 年 9 月；另收入《錢賓四先生全集》，第 5 冊，臺北市：聯經出版事業公司，1998 年。

4. 錢穆，《中國文化史導論》，臺北市：正中書局，1951 年 3 月；另收入《錢賓四先生全集》，第 29 冊，臺北市：聯經出版事業公司，1998 年。

5. 錢穆，《文化學大義》，臺北：正中書局，1952 年；另收入《錢賓四先生全集》，第 37 冊，臺北市：聯經出版事業公司，1998 年。

6. 錢穆，《八十憶雙親‧師友雜憶合刊》，收入《錢賓四先生全集》，第 51 冊，臺北市：聯經出版事業公司，1998 年。

7. 錢穆，《素書樓餘瀋》，收入《錢賓四先生全集》，第 53 冊，臺北市：聯經出版事業公司，1998 年。

8. 錢穆，《民族與文化》，臺北市：素書樓文教基金會，2001 年 5 月。

9. 余英時，《中國思想傳統的現代詮釋》，臺北市：聯經，1987 年 3 月。

10. 余英時，《錢穆與中國文化》，上海：上海遠東出版社，1994 年 12 月。

11. 李木妙，《國史大師錢穆教授傳略》，臺北市：揚智文化事業，1995 年 6 月。

12. 汪學群，《錢穆學術思想評傳》，北京：北京圖書館出版社，1998 年 8 月。

13. 韓復智，《錢穆先生學術年譜》，臺北市：五南圖書，2005 年 1 月。

14. 〔日〕溝口雄三，《作為方法的中國》，北京：三聯書店，2011 年 7 月。

（二）期刊及學位論文

1. 陳啟雲，〈錢穆師與中西思想文化比較研究——「歷史主義」論釋〉，《錢

穆思想學術研討會論文集》，臺北市：錢穆故居管理處，2003 年 10 月，頁 1～23。

2. 朱寰，〈錢穆天人觀的轉變〉，《青島大學師範學院學報》，第 21 卷第 1 期，2004 年 3 月，頁 12～16。

3. 黃文斌，〈「民族本位」與「學術經世」：論析錢穆學術思想的歷史成因（1904～1950）〉，錢穆故居管理處編著，《錢穆思想學術研討會論文集》，臺北市：東吳，2005 年 10 月，頁 245～284。

4. 〔韓〕白永瑞，〈韓國的中國認識與中國現代史研究〉，《近代史研究》，2011 年第 2 期，北京：中國社會科學院近代史研究所，2011 年 3 月，頁 143～156。

5. 〔韓〕白永瑞，〈對話互動之相映──全球本土學視角下的臺灣與韓國之漢學研究〉，《漢學研究通訊》，第 31 卷第 1 期，臺北市：國家圖書館，2012 年 2 月，頁 23～30。

6. 李長銀，〈近 30 年中國大陸「本土化」思潮的縮影──錢穆的身份認同與錢穆敘事的變遷〉，《東吳歷史學報》，第 29 期，2013 年 6 月，頁 115～144。

7. 劉見成，〈邵庸的天人之學及其合一之道〉，《宗教哲學》，第 71 期，2015 年 3 月，頁 63～88。

8. 謝振賢，《思想界的邊緣人：早年錢穆治學的心路歷程（1895～1939）》，清華大學歷史研究所碩士論文，指導教授：逯耀東，2000 年 1 月。

試析錢賓四先生如何論詩

提　要

　　錢賓四先生雖以研治中國史學及思想名世，然其論歷史則欲講文化、論思想亦不脫人之情意，以辨明中西文化之異同所趨。至於先生講論文學，亦有同樣的特色。其講述中國文學，亦從符號及文化說起，錢先生以「詩」作為我國文學之總體特徵，以與他心目中的西方歷史文化有所區隔。

　　然錢先生之具體論詩，又有所去取。先生雖不作詩，晚年特別喜歡鈔錄理學家之詩作，以寄寓懷抱。此外，其論詩特別重視杜甫、而較少論及王維及李白。在讀詩方法上則重視年譜，從學詩講做人、講道德與修養，此中當有錢先生對於儒、釋、道三家思想之抉擇。

　　從錢先生所偏好的詩作中，一來可以抽繹出他論及中國思想及文化的特殊性，比如他總是強調詩歌的真情實意；如果反省錢先生這些著作中的語境，可以具見我國傳統文史如何因應現代化（西化）的挑戰；二來我們以錢先生論詩為例，也能夠更加認識傳統文人（在理學道統脈絡下）的詩學涵養。

關鍵字：錢穆，讀詩方法，天人合一

一、緒　論

　　錢賓四先生雖以研治中國史學及思想名世，然其論歷史則欲講文化、論思想亦不脫人之情意，以辨明中西文化之異同所趨。至於先生講論文學，亦有同樣的特色。錢先生曾經說：「文字固以代表語言，但中國文字則又越

語言而前，與語言有一距離。中西雙方文字不同，而雙方思想亦隨之有不同。故中國人思想不能有如西方之哲學思想，而中國文學亦與西方文學有不同。」〔註1〕其講述中國文學，亦從符號及文化說起，與其論歷史、思想互為融攝。

進一步爬梳錢先生之論散文、論劇曲及論文化，可從幾端來看：其一，「散文確獲有純文學中之崇高地位，應自唐代韓愈開始。……韓愈於此等散文，本是拿來當詩用，這實在是一個脫胎換骨的大變化。」〔註2〕；其二，「劇曲之與小說，正如詩之與散文。一有韻，自詩騷漢賦來；一無韻，自尚書春秋左氏來。」〔註3〕；其三，「余嘗謂中國史如一首詩，西洋史如一本劇。亦可謂中國乃詩的人生，西方則為戲劇人生。……凡中國古人善言者，必具詩味。其文亦如詩，惟每句不限字數、句尾不押韻，宜於誦，不宜歌。蓋詩樂分而詩體流為散文，如是而已。」〔註4〕可見錢先生以「詩」作為中國文學之總體特徵，以與他心目中的西方歷史文化有所區隔。

然錢先生之具體論詩，又有所去取。先生雖不作詩，晚年特別喜歡鈔錄理學家之詩作，以寄寓懷抱；此外，其論詩特別重視杜甫、而較少論及王維及李白，「主張讀全集，又要深入分年讀。」〔註5〕從學詩講做人、講道德與修養，此中當有錢先生對於儒、釋、道三家思想之抉擇。

從錢先生所偏好的詩作中，一來可以抽繹出他論及中國思想及文化的特殊性，比如文中屢屢強調人生的真情實意，以回到錢先生的語境，思考我國傳統文史如何因應現代化（西化）的挑戰；二來以錢先生論詩為例，可以更加認識傳統文人（在理學道統脈絡下）的詩學涵養。

二、小子何莫學夫詩？

錢先生在談中西文化問題時，主要是從我國的歷史開展與思想傳統立論，他往往欲深探民族的內心與根本，錢先生特別提醒我們應該從文字與文學下手的重要性：

> 覘國問俗，必先考文識字，非切實瞭解其文字與文學，即不能深透

〔註1〕《中國文學論叢》，東大圖書，1983年，頁199。
〔註2〕《中國文學論叢》，東大圖書，1983年，頁68。
〔註3〕《中國文學論叢》，東大圖書，1983年，頁55。
〔註4〕《中國文學論叢》，東大圖書，1983年，頁129。
〔註5〕《中國文學論叢》，東大圖書，1983年，頁120。

其民族之內心而把握其文化之真源。〔註6〕

認為文學更能「深透其民族之內心」，文學中畢竟寄寓了整個民族文化的夢想與價值觀，可以深刻地反映內在心靈。

先生又說：

> 從欣賞中國文學藝術入門，亦最易得直入中國傳統文化之堂奧。讀經史困難、治諸子亦不易，能教人讀詩看畫、聽戲觀劇，從文學藝術入手，應推為教人瞭解中國文化一最通俗、最親切之道路，此尤為有志復興中國文化者所應知。〔註7〕

> 我認為若講中國文化，講思想與哲學，有些處不如講文學更好些。在中國文學中也已包括了儒道佛諸派思想，而且連作家的全人格都在裡邊了。〔註8〕

中國文學，不但是「瞭解中國文化一最通俗、最親切之道路」，從這裡下手，也可以得窺「儒道佛諸派思想」，以及作家的「全人格」。認為在這些文學作品中，兼具有道德及思想等層面的文獻意義。

先生也在許多書中提及他的閱讀心得，從這些詩作中，他思考的還是文學如何具現了文人生命的際遇及時代思考、與歷史對話。例如：

> 晉、宋時代之陶潛，其所為詩辭傳記，如〈歸去來辭〉、如〈桃花源記〉諸文，皆即其一人之史，亦即其一家之言，豈不史與子與集之三部，實可通而為一乎？〔註9〕

> 余嘗愛讀王漁洋詩，觀其每歷一地，山陬水澨，一野亭、一古廟、一小市、一荒墟，乃至都邑官廨，道路驛舍，凡所經駐，不論久暫，無不有詩。而其詩又流連古今，就眼前之風光，融會之於以往之人事，上自忠臣義士、下至孤嫠窮儒，高僧老道，娼伎武俠，遺聞軼事，可歌可泣，莫不因地而興感、觸目而成詠。乃知中國各地，不僅皆畫境、亦皆是詩境。〔註10〕

是知錢先生在讀這些詩集時，仍舊帶有思想與歷史層面的關懷。或者可以說，

〔註6〕《中國文學論叢》，東大圖書，1983年，頁1。
〔註7〕《中國學術通義》，臺灣學生書局，1975年，頁197。
〔註8〕《中國文學論叢》，東大圖書，1983年，頁119。
〔註9〕《中國史學發微》，東大圖書，1989年，序，頁4。
〔註10〕《中國文學論叢》，東大圖書，1983年，頁234。

錢先生之論思想與歷史，往往也帶有一種文學性的視域。

三、論詩以儒道思想為主

在錢先生的學術關懷下，思想畢竟是文學的內在核心。換言之，文學所真正表達的內容及最高境界，正在於我們的民族思想、文化傳統的價值觀。例如先生說：

> 中國文學最先表現在政治上層方面，隨後始移轉到社會全部人生方面來。而作為文學之內在骨幹、或稱為文學主要內容的，卻是儒、道兩家。所以文學與人生合一，是中國文學一條大主流。〔註11〕
>
> 中國自古《詩》三百首，下迄屈、陶，乃至後代全部文學史，惟淡與和，乃其最高境界所在。莊、老教人淡，孔、孟教人和，惟淡乃能和，惟和始見淡。中國全部人情，乃由此淡與和兩味蘊釀而成。而中國文化傳統之大體系，亦必以儒、道兩家為其中心主幹。〔註12〕

因此其論詩，主要也是從儒、道思想的框架，來概括中國「全部文學史」的特質及趨嚮，以試圖掌握「中國全部人情」、「文化傳統之大體系」。

以下且試從儒、道兩方面，析論錢先生如何講論「文學與人生合一」，以及其心目中的詩歌「最高境界」。

（一）儒家有情為主流

錢先生認為文學表現的是人生的過程，人生的悲歡離合、歡喜歌哭，不外是情感的作用。先生說：

> 人生一切悲歡離合、可歌可泣，全是情感在背後作主。夫婦、家庭、朋友、社團，忘寢忘食、死生以之的，一切的情與愛，交織成一切的人生，寫成了天地間一篇絕妙的大好文章。人生即是文學、文學也脫離不了人生。只為人生有失敗、有苦痛，始有文學作品來發洩、來補償。〔註13〕

特別指出文學作品是人們遭逢失敗、痛苦時的宣洩及安慰，在詩歌中所表現的生命，自然是情愛的困頓、騷動與自勉。

〔註11〕《中國學術通義》，臺灣學生書局，1975年，頁53。
〔註12〕《中國文學論叢》，東大圖書，1983年，頁218。
〔註13〕《湖上閒思錄》，東大圖書，1980年，頁98。

詩歌既以情感為主，錢先生乃特別標榜「知其不可而為之者」〔註14〕、「其愚不可及也」〔註15〕的儒家：

> 經驗中必兼情感，而思維則只緊貼在情感上，此則惟中國儒家為能暢發其深義。……道佛兩家，道家屬思維、佛家雜有信仰但亦多偏於無情。惟儒家則經驗、思維皆有情，故遂為中國文化之大宗。〔註16〕

標榜儒家之以情感經驗先於思維信仰，為中國文化之大宗。又如：

> 我們若真要認真接受中國孔孟教訓，同時應該瞭解一些中國的文學和藝術。這些不是老在你背後鞭策你向前、或老在你前面引誘你向前。鞭策你誘導你的是孔孟，猶如家中父兄。退下來有陶淵明、杜工部，這就是慈母和姊姊，可以使你解放得撫慰。〔註17〕

以淵明、工部詩集比擬為家中母姐，而作主的父兄則是孔孟教訓，以孔孟儒家思想為民族精神之主導。

1. 作者優先於作品

子曰：「弟子入則孝，出則弟，謹而信，汎愛眾而親仁；行有餘力，則以學文。」〔註18〕在儒家觀念下，人倫生活應為首要之務，文學則為「行有餘力」之增添精進，此「文」所學之內容，實亦不外人倫生活。錢先生曰：

> 文學不在想像，乃在寫實，而且所寫即是作家自身之現實人生。既具體，亦瑣屑。到此境界，所謂文學，更要者，已不在其作品上，而在此作者本人之實際人生上。故在中國，所謂文學修養，主要乃在作者自己修養其德性人品。務期此作者本身之人格不朽，生活不朽，始是其文學不朽之主要條件。〔註19〕

> 在中國所謂文學最上乘作品，不在作品中創造了人物和個性，乃是由作者本人的人物和個性而創造出他的文學作品來。……杜工部創造了杜詩，杜詩中所表現的，也是杜甫他自己。……在中國是先

〔註14〕語出《論語・憲問篇》。
〔註15〕語出《論語・公冶長篇》。
〔註16〕《湖上閒思錄》，東大圖書，1980年，頁82～83。
〔註17〕《民族與文化》，素書樓文教基金會，2001年，頁148。
〔註18〕語出《論語・學而篇》。
〔註19〕《中國學術通義》，臺灣學生書局，1975年，頁187。

有了此作者，而後有此作品的。作品的價值即緊繫在作者之本人。
〔註20〕

換言之，他認為作品之傑出與否，端在於此一作者是否修養了德性人品，是由作者本人的德性成就、人格生活，決定了作品的價值。孟子說：「頌其詩，讀其書，不知其人可乎？」〔註21〕首先要認識有一創作的人，才能真正想像他的詩作。錢先生又特別標舉杜詩的儒學意蘊：

李白為詩仙，杜甫為詩聖，聖終勝於仙，此亦人更重於詩。〔註22〕

杜詩與王詩又不同。工部詩最偉大處，在他能拿他一生實際生活都寫進詩裡去。……中國文學主要在把自己全部人生能融入其作品中，這就是杜詩偉大的地方。〔註23〕

中國詩人很多，而屈原、陶淵明、杜甫最受後人崇拜。這不僅是崇拜其作品，尤所崇拜的，則在作家自身的人格和個性。若如莎士比亞生在中國，則猶如施耐菴、曹雪芹，除其所表現在外的文學以外，其自身更無成就，應亦不為中國人重視，不能和屈原、陶淵明、杜甫相比。這正因中國文學精神是內傾的。要成一文學家，其精神先向內、不向外。中國人常說「文以載道」，這句話的意義也應從此去闡發。中國文學之最高理想，須此作者本身就是一個「道」。文以載道，即是文以傳人，即是作品與作者之合一。這始是中國第一等理想的文學與文學家。〔註24〕

強調詩人內在心性之光輝、得道深淺，具現於其生活點滴，形諸於詩文，才成就了作品境界之傑出不朽。

2. 詩以道德人格為重

因為強調作者優先於作品，因此一首詩歌優美與否，往往是以其道德情味之深長為慮。如果我們不了解寫作者的人格，也將無法了解他的作品。錢先生乃特別強調詩作中所反映的道德生活：

只有道德生活，乃始確然以各人之個性與人格為主。藝術科學與宗

〔註20〕《中國歷史精神》，素書樓文教基金會，2001年，頁150。
〔註21〕語出《孟子・萬章下》。
〔註22〕《中國文學論叢》，東大圖書，1983年，頁62。
〔註23〕《中國文學論叢》，東大圖書，1983年，頁114。
〔註24〕《歷史與文化論叢》，東大圖書，1979年，頁67～68。

教，其主要對象及其終極境界，大體說來，可以說是非人生的。只有道德對象，則徹頭徹尾在人生境界中。上文所謂別人活在我的心裡、我活在別人的心裡，這完全是一種道德境界。我們只有在道德境界中，可以直接體會到當事人之個性與人格。……中國人崇拜道德人格，尤勝於崇拜宗教人格。崇拜聖人，尤勝於崇拜教主，……中國人崇拜一文學家，亦必兼本於崇拜其道德人格，而後其作品始得被視為最上乘。〔註25〕

此類詩作之美，自然是道德境地的美感，徹頭徹尾在人倫世界中展現。引文中所言之「藝術科學與宗教，其主要對象及其終極境界，大體說來，可以說是非人生的」，大致有中西文化對舉的意味。先生且說：

如或有某作家的作品不需通過瞭解作家本身的人格，而便能予以全部把握，則那些作品在中國人眼裡至多是第二流的。

如屈原與其作品是融合為一的，若不了解屈原其人，便不能了解其作品，這種作品才是第一流。至於如宋玉，其作品雖美，可是我們只了解其作品即可，並不必去了解宋玉之為人，故其作品最多只是第二流。又如陶潛、杜甫、歐陽修、蘇軾，直至近代如曾國藩等人，其詩文都是基於其人格而成，其人格均能表現在其作品中，我們若不了解他們的人格，就無法了解他們的作品，這才是第一流作品。〔註26〕

以人格境界之高下，說明中國文學的核心價值，尤在於道德層面，這當然是根源於傳統的「詩言志」觀念。歷來讀者往往在閱讀詩作中，試圖找尋或追隨一個偉大的心靈。

錢先生又提到詩歌之興寄：

詩之可貴，在乎其有興寄。興寄之可貴，在乎其原本於忠義。是文章本於道，文道相一貫之見解，子昂之言興寄，即涵此旨，而工部乃為明白點出也。〔註27〕

標榜「原本於忠義」之道德實踐，主張「文道相一貫」，這些正是唐初陳子昂於詩歌復古運動中所力陳、奠基於傳統儒學之觀念。

〔註25〕《湖上閒思錄》，東大圖書，1980年，頁105。
〔註26〕《歷史與文化論叢》，東大圖書，1979年，頁374。
〔註27〕《中國學術思想史論叢（四）》，東大圖書，1978年，頁17。

以此，錢先生乃認為抒情的詩歌和散文，更勝於小說、戲曲，是中國「理想文學之上乘作品」：

> 在文學中，只有抒情的詩歌和散文，纔始是把作家和作品緊密地融成一體，在作品上直接表見出作者之心情，以及其個性和人格，直接呈露了作者當時之真生命，而使欣賞者透過作品而直接欣賞之。最空靈的，始是最真切的。最直接的，始是最生動的。最無憑藉的，始是最有力量的。如是始可說是理想文學之上乘作品。中國人總是崇拜陶潛與杜甫，勝過了崇拜施耐菴與曹雪芹。〔註28〕

正因為小說、戲曲多為代言體，不若詩歌與散文可以直出作者胸臆，「直接呈露了作者當時之真生命」，可以把「作家和作品緊密地融成一體，在作品上直接表見出作者之心情，以及其個性和人格」。錢先生此說誠然，我國傳統詩文的核心精神，確實是在表現創作主體的處境與情意。

3. 詩作以唐代為極盛

錢先生對於中國詩歌史的評價，認為唐詩之藝術境界至高無上，主要因為政治社會最理想安定：

> （中國）學術思想最燦爛的時期，是在秦以前。政治社會最理想安定的時期，莫過於漢唐。而文學藝術的普遍發達，則在唐代開國以後。這是中國文化史演進三大歷程。……以整個中國文學史來說，唐興以來才是平民文學的時代。以整個中國藝術史來說，唐初才有平民藝術之生長。我覺得唐代文學藝術境界，像杜工部的詩、韓昌黎的散文、顏真卿的字、吳道子的畫，這都是和先秦孔孟諸子的學術思想一樣，同是達到了一種超前絕後至高無上的境界。〔註29〕

標舉此期文學藝術上的「普遍發達」，錢先生且特別提及唐興以來是「平民文學的時代」。又如：

> 詩文字畫四項，全要到唐代，纔完全成其為平民社會和日常人生的文學和藝術，而唐人對此四項的造詣，亦都登峯造極，使後代人有望塵莫及之想。舉要言之，詩人如杜甫、文人如韓愈、書家如顏真

〔註28〕《湖上閒思錄》，東大圖書，1980 年，頁 103。

〔註29〕《國史新論》，東大圖書，1981 年，頁 318～319。錢先生此說，正如宋人秦觀的看法：「孔子之謂集大成，嗚呼！杜氏、韓氏，亦集詩文之大成者歟！」（《淮海集》，卷22）以唐朝詩文創作，比擬先秦孔聖之制作。

卿、畫家如吳道玄，這些全是後世文學藝術界公認為最高第一流超
前絕後不可復及的標準。……正是唐代社會經濟文物發展到最旺盛
最富足的時期，此下即接著大騷亂驟起，在那時期，社會人生精力，
可謂蘊蓄充盈，而人類內心又不斷受到一種深微的刺激，這真是理
想上文學藝術醞釀成熟的大時期。無恠那時的禪宗，要搶先在宗教
氛圍裡突圍而出，禪宗便是由宗教回復到人生的大呼號，由是一切
文學藝術，如風起雲湧、不可抑勒，而終成為一個平民社會日常人
生之大充實。〔註30〕

認為唐代詩文的精彩，尤在於杜甫、韓愈寫出了「平民社會和日常人生」，又
受到當代戰亂臨頭的騷動刺激，因此作品裡才會呈現出豐富的生活面相、與
深微的生命思考。錢先生又說：

中國文學有一大趨勢，即是愈在作品中能表現出作者個人的內心情
思及其日常生活的，愈被認為文學之上乘作品。……到唐代，乃是
中國社會文學風氣最旺盛的時代。在當時，我們可舉兩大詩家為代
表。一是李白、一是杜甫。李白偏近道家，杜甫偏近儒家。因此後
人稱李白為詩仙、杜甫為詩聖。可見中國文學作品中，被稱為最上
乘的，必其作品與作家自身的人生融凝合一。換言之，中國文學中
之最上乘作品，必然多以作家個人之內心情思及其日常生活為題
材，即以作家之真實人生融入其作品中而始得稱為最上乘。〔註31〕

錢先生特別標舉唐人詩文的「日常生活」寫作，一方面固是肇因於社會條件
的因素、一方面則是李白、杜甫等名家詩作中寫作題材的擴大、文體技巧的
成熟。至於社會結構及寫作內容的轉變，詩人風格的鮮明化，或許又與當代
三教思潮之互相競爭合流有關。

4. 詩史：時代意識與個人出處

既以儒家立場來品評詩歌，錢先生屢屢拿杜甫詩歌作為典範，藉此表現
儒學悲憫淑世的情操。例如：

一部《全唐詩》，作者何限？何以後人只推李白、杜甫？而兩人相
比，李白地位終是差一點。〔註32〕

〔註30〕《中國文化史導論》，正中書局，1951年，頁138。
〔註31〕《中國學術通義》，臺灣學生書局，1975年，頁54。
〔註32〕《中國史學發微》，東大圖書，1989年，頁48。

中國人向來推尊杜詩，稱之為「詩史」，因杜甫詩不僅是杜甫一人私生活過程之全部寫照，而且在其私生活過程中反映出當時歷史過程的全部，杜甫成為當時此一全部歷史過程中之一中心。杜甫在此歷史過程中所表現的他私人內心的道德精神與藝術修養，時時處處與此歷史過程有不可分割之緊密關係。杜甫一人之心，即可表現出當時人人所同具之心。所以杜甫詩可稱為當時之時代心聲。後人把杜甫詩分年編排，杜甫一生自幼到老的生活行歷、家庭、親族、交游，以至當時種種政治動態、社會情況，無不躍然如在目前。而杜甫個人之心靈深處，其所受文化傳統之陶冶而形成其人格之偉大，及其人生理想之崇高真切處，亦莫不隨時隨地，觸境透露。故在杜甫當時所刻意經營者，雖若僅是一首一首詩篇之寫作，而其實際所完成者，乃杜甫個人一生之自傳，及其當代之歷史寫照，乃及中國文化傳統在其內心深處一種活潑鮮明的反射。〔註33〕

所以認為杜甫的詩學地位更高於李白，以其表現時代心聲、反映了文化傳統。又例如：

文學之於時代，時代之於心情，心情之於生活，沆瀣一氣，皆於詠歎淫佚中洩發之。而此種流風餘韻，遂以影響後代，久而彌盛，開文苑之新葩。推其原始，亦可謂由魏武一人啟之也。杜甫詩：「將軍魏武之子孫」。以唐之詩聖，而盛讚魏武之為人，亦見其別有會心矣。〔註34〕

說明詩歌向外可推其極於時代、天命，向內則不失為生活之反省、心情之記錄，在這樣的書寫中，自我與時代沆瀣一氣，交相感攝，影響久而彌盛。

除此外，這種儒家式的詩歌風格，基本上是「著實」的，強調詩人應世之進退得失不失其道。錢先生說：

若杜甫、蘇軾之詩，凡其畢生所遭值之時代，政事治亂、民生利病、社會風氣，君臣朋僚、師生交遊之死生離合，家人婦子、米鹽瑣碎，所至山川景物、建築工藝、玩好服用，不僅可以考作者之性情、而求其歌哭顰笑、飲宴起居、嗜好懽樂、內心之隱，抑且推至其家庭鄉里、社會國族，近至人事，遠及自然，燦如燎如，無不畢陳，考

〔註33〕《中國學術通義》，臺灣學生書局，1975 年，頁 60。
〔註34〕《中國學術思想史論叢（三）》，東大圖書，1977 年，頁 115。

史問俗，恣所漁獵。故中國文學雖曰尚通方、尚空靈，然實處處著
實、處處有邊際也。〔註35〕

（杜甫）年輕時跑到長安，飽看著朱門酒肉臭、路有凍死骨的情況，
像他在〈麗人行〉裡透露他看到當時內廷生活的荒淫，如此以下，
他一直奔波流離，至死為止，遂使他的詩真能達到了最高的境界。
從前人說：「詩窮而後工。」窮便是窮在這個人。當知窮不真是前面
沒有路。要在他前面有路不肯走，硬要走那窮的路，這條路看似崎
嶇，卻實在是大道，如此般的窮，纔始有價值。〔註36〕

錢先生所崇尚的詩歌典型，一方面具現了時代的困境，另一方面卻也從詩人
的出處與抉擇，超越生命的種種局限，成就其崇高的人格胸襟。

（二）道家虛靜為支裔

　　誠如錢先生所論，我們總是在某個時代氛圍中讀詩，而我們對於詩歌閱
讀的索求，終不免是對於時代的回應。那麼，錢先生閱讀時的歷史處境為何？
可能像嚴復說的「觀今日之世變，蓋自秦以來，未有若斯之亟也！」〔註37〕
或者是先生所自述的「今日中國所患，不在於變動之不劇，而在於暫安之難
獲。」〔註38〕在這樣的情境下，作為一個歷史學者，錢先生秉持儒學立場，
思考民族命運之存續問題，自屬理所當然。

　　值得注意的是，錢先生對於儒家思想，並非毫無保留的接受或溢美，同
時他也逐漸從道家思想中，重拾足以療癒儒家缺失之藥方。例如：

余自對日抗戰期間，在雲南宜良寫成《國史大綱》一書以後，自念
全部中國史中之大綱大節，已在書中揭舉。……余之興趣，遂從歷
史逐漸轉移到文化問題上。……余在成都始寫《中國文化史導論》
一書，此為余對自己學問有意開新之發端。及抗戰勝利，……國事
益動盪，日夜讀《莊子》一書，為作《纂箋》。聊可於湖山勝境，遊
神澹泊，自求寧靜。又以其間寫此《湖上閒思錄》一部。〔註39〕

〔註35〕《中國文學論叢》，東大圖書，1983 年，頁 18。
〔註36〕《中國文學論叢》，東大圖書，1983 年，頁 117。
〔註37〕嚴復，〈論世變之亟〉，《嚴復集》，中華書局，1986 年，頁 1。
〔註38〕《國史大綱‧上冊‧引論》，國立編譯館，1940 年 6 月初版，1990 年 3 月修
　　　　訂 17 版，頁 29。
〔註39〕《湖上閒思錄》，東大圖書，1980 年，再跋，頁 7～8。

> 孔子一派的儒家思想，亦有他的缺點，第一是他們太看重人生，容
> 易偏向於人類中心、人類本位，而忽略了四圍的物界與自然。第二
> 是他們太看重現實政治，容易使他們偏向社會上層而忽略了社會下
> 層，常偏向於大羣體制而忽略了小我自由。第三因他們太看重社會
> 大羣的文化生活，因此使他們容易偏陷於外面的虛華與浮文，而忽
> 略了內部的素樸與真實。每逢儒家思想此等流弊襃著的時候，中國
> 人常有另一派思想對此加以挽救，則為老莊道家。〔註40〕

錢先生從戰爭及歷史之關懷，轉向為文化思想的反省。沉潛於道家莊學，使
他暫時摒卻了現實政治的紛擾，找回「素樸與真實」。以道家的虛靜理智，掃
去人事的糾纏困頓，甚至超越有限的人生。例如錢先生說到李白、王維，就
是從這個超越的立場來析論：

> 李太白詩固然好，因他喜歡道家，愛講莊老出世。出世的詩，更不
> 需照著年譜讀。他也並不要把自己生命放進詩裡去。連他自己生命
> 還想要超出這世間。這等於我們讀《莊子》，儘不必去考他時代背
> 景。他的境界之高，正高在他這個超人生的人生上。……我們讀李
> 太白、王摩詰詩，儘可不管他年代。〔註41〕

如此來讀李白、王維詩，其所得意自然在於現實人生之外，而寓有逍遙、解
脫之超凡祈嚮。因此，有時錢先生也會說「以日常生活為題材」、「不復以世
用攖懷」的純文學作品，實導源於道家：

> 文苑立傳，事始東京，至是乃有所謂文人者出現。有文人，斯有文
> 人之文。文人之文之特徵，在其無意於在人事上作特種之施用。……
> 其至者，則僅以個人自我作中心，以日常生活為題材，抒寫性靈、
> 歌唱情感，不復以世用攖懷。是惟莊周氏之所謂「無用之用」，荀子
> 譏之，謂其「知有天而不知有人」者，庶幾近之。循此乃有所謂純
> 文學。故純文學作品之產生，論其淵源，不如謂其乃導始於道家。
> 如一遵孔孟荀董舊轍，專以用世為懷，殆不可有純文學。故其機運
> 轉變，必待之東漢、至建安，乃始有彰著之特姿異采呈現也。〔註42〕

如此解釋，又以自然素樸、無功利性，作為道家思想之特徵。至於道家思想

〔註40〕《中國文化史導論》，正中書局，1951 年，頁 70。
〔註41〕《中國文學論叢》，東大圖書，1983 年，頁 118。
〔註42〕《中國學術思想史論叢（三）》，東大圖書，1977 年，頁 100。

所帶來的安慰，則是覓著了一方開闊的天地宇宙，可以安頓詩人的窮愁困頓。

1. 找回自然融於造化

錢先生從道家思想說詩歌，建立起一套從先秦《莊子》、到唐代禪宗，再到宋明理學的思想脈絡。循著這一條脈絡，讀者可以找回自然、摒除思慮，「添出無限精力、發生無限光輝」。例如錢先生提及：

> 人文本從自然中演出，但人文愈發展，距離自然愈疏遠。……我們
> 要文化常健旺、少病痛，要使個人人生常感得自在舒適、少受綑
> 縛，……何不試去看幾篇《莊子》，或唐代的禪宗、乃至宋明理學
> 家言，他們將為你闡述這一個方便法門，他們將使你接觸上這一個
> 交叉點，他們將使你在日常生活中平地添出無限精力、發生無限光
> 輝。〔註43〕

> 吟詩之與作畫，文學之與藝術，既已歸根復源，匯融於人生實體
> 中，而禪宗時期之人生觀，則外無物、內無我，一是歸於涅槃。
> 王維詩：「雨中山果落，燈下草蟲鳴」，此誠可謂詩中有畫。……
> 在此雨中燈下果落蟲鳴之際，乃不見有人，即是不見有我。明明
> 在雨中燈下，有此人、有此我，而詩中則只有蟲鳴果落，於此乃
> 見禪味。……〔註44〕

既已不見有我，更將何處著心？有何顧忌煩惱？化去了自我膨脹的困擾，也才能重新找回天地的開闊。又例如：

> 《莊子》書裡常頌讚一種虛靜的境界，後來禪宗說的常惺惺，宋儒
> 如周濂溪所謂靜虛動直，程朱所謂居敬。常用這些工夫的人，染不
> 上愛魔、走不上火線，不能戀愛、不能戰鬥。所謂虛靜，並不要他
> 心上空無所有，只是鬆弛，不緊張、無組織、平鋪地覺醒，把全個
> 心態敞開，開著門、開著窗，讓他八面玲瓏，時時通風、處處透氣，
> 外面的一切隨時隨地可以感受，內面的一切隨時隨地可以鬆動，全
> 局機靈沒有壓抑，沒有向往，這時是常惺惺、是敬、也是活潑天機。
> 如是的人，全個心態融和。譬如一杯清水，沒有一些渣滓，不在自
> 己心裡築圍牆，不讓有閾下或圈外過久有壓抑排擯的心能。……那
> 種天人交戰的大決鬥，東方人反而看不起，認為是人格上之不健全

〔註43〕《湖上閒思錄》，東大圖書，1980年，頁27。
〔註44〕《中國學術思想史論叢（六）》，東大圖書，1978年，頁216～217。

與不穩定。〔註45〕

錢先生乃從開闊的宇宙天地間，講心的虛靜與通透，「沒有壓抑，沒有向往」，讓內心恢復機靈與清澄，察覺天機之活潑生新。

2. 外師造化中得心源

錢先生晚年鈔錄了不少理學家的哲理詩，可見他對於宋明理學的體會欣賞，是從思想史延伸到詩歌表現的；雖然他著意於天機之活潑流動，卻不想完全抹滅詩人的主體立場。例如：

> 經驗中必兼情感，而思維則只緊貼在情感上，此則惟中國儒家為能暢發其深義。……至於儒家如何把握此原則、而在其內心上善用一番培養運使的實地功夫，則尤其在宋代理學家後更多採納了道佛兩家之經驗。〔註46〕

> 宋明理學注重人格修養，這正如韓愈所說：「我非好古之文，好古之道也。」尤其如朱子、陽明，是理學家中能文的。他們的文章，也都能把自己的日常生活一切事物及對外應接都裝入其詩文中去。從這裡，我們更看得清楚些，所謂文以載道，其實是要在文學裡表現出作者的人生。〔註47〕

此處引文，可見錢先生是由儒家立場來談宋明理學，強調情感經驗、以及生活應接。又例如：

> 禪學至於唐末五代而大盛，然生民災禍，亦至此而極。若論造化，於造化中終不能抹殺了人生。若論人生，於人生中亦終不能抹殺了有我。此下遂開有宋之新儒學，而理學由此興。

> 今姑舉程明道詩句有曰：「萬物靜觀皆自得，四時佳興與人同。」此乃自造化觀重返到萬物觀。造化中有此萬物，萬物在造化中亦各有所自得。人居萬物之一，豈至於人而獨無所自得？佳興與人同，不僅指我與人同，乃亦指天與人同。四時佳興在天亦在人，故曰與人同也。物各自得，是一物一太極。天與人同，是萬物一太極。理學家乃於造化中主有我，此為與禪家不同處。

〔註45〕《湖上閒思錄》，東大圖書，1980年，頁129～130。
〔註46〕《湖上閒思錄》，東大圖書，1980年，頁82～83。
〔註47〕《中國文學論叢》，東大圖書，1983年，頁69。

> 朱晦菴詩有曰:「半畝方塘一鑑開,天光雲影共徘徊;問渠哪得清
> 如許?為有源頭活水來。」此即張璪之所謂「外師造化,中得心
> 源」,而寓義大不同。天光雲影,徘徊於水塘一鑑之上,是猶謂造
> 化即在我方寸中也。萬物皆有自得,正為得此造化。造化能入吾
> 心,亦正為我心之有源頭活水。而此心源活水之本身,實即是一
> 造化。如是則造化在我,何煩別立無我一義。有我無我,正為禪
> 學與理學之疆界所在。〔註48〕

錢先生析論理學與禪宗之不同,尤在於理學家主張「造化在我,何煩別立無
我一義」,強調造化與吾心實為互相揉攝印證。從這裡,錢先生乃進一步論及
理學中「天人合一」的核心思考。

(三)比興與天人合一

　　錢先生論及詩歌比興的問題時,仍復是以儒家知人與道家知天的思想框
架來討論,從而講到「天人合一」的境界。例如:

> 孔子所說:「詩可以興,可以觀」,即是說詩人的心靈與智慧,能對
> 天地間一切自然現象,有一套精好的觀察與其興發啟悟。即如屈原
> 〈離騷〉,亦多半說的是美人香草,也是運用比興方法來抒寫他內心
> 蘊蓄的。在這一點上,可以說:中國人的內心智慧,自始即含有一
> 套後來儒家所說的萬物一體與天人合一的看法與想法。……我們暫
> 稱此種看法與想法,為詩意的看法與想法。若把此項看法與想法運
> 用到對人群、社會、對歷史傳統,便成為孔孟儒家。若把此項看法
> 與想法運用到對自然界,便成為莊老道家的自然哲學。
>
> 因此中國傳統思想中偏重人文精神的儒家,大體都帶有文學性,即
> 都帶有詩的情調。其對人群社會常富一種深厚的透視和同情,常認
> 社會與他之間可以相通相合,成為一體。孔子思想中特地提出的
> 「仁」字,即是那種心情。……因此中國文學自始即甚富於道德的
> 情味。〔註49〕
>
> 比興二體,實為此下中國文學表達之主要方式與主要技巧。其實比
> 興即是萬物一體、天人合一之一種內心境界,在文學園地中之一種

〔註48〕《中國學術思想史論叢(六)》,東大圖書,1978 年,頁 217～218。
〔註49〕《中國學術通義》,臺灣學生書局,1975 年,頁 52。

> 活潑真切之表現與流露。不識比興，即不能領略中國文學之妙趣與
> 深致。而比興實即是人生與自然之融凝合一，亦即是人生與自然間
> 之一種抽象的體悟。……此乃一種人生藝術也。中國文化精神，則
> 最富於藝術精神，最富於人生藝術之修養。〔註50〕

可見錢先生是以比興做為一種「萬物一體與天人合一的看法與想法」，是外在
世界之於內在情意的觸動領悟。

　　在天人合一的大前提下，錢先生仍經常以儒家知人為主流、道家知天為
旁支的價值判斷，首先重視人心與真情：

> 中國古人說：「詩言志」。用現代語來說，詩的主要作用，應側重在
> 抒情。詩人筆下所運用到的自然界，只把來作比興之用而已。推廣
> 言之，在詩文中一切題材，種種記述與描寫，其背後必寄寓有作者
> 之一番作意。……中國人又說：「言為心聲」。一切語言文字，主要
> 在表現此化為言語作為文字者之活的作者之一顆心。因此必先有此
> 作者，而後始能完成此作品。〔註51〕

因此，錢先生側重詩歌裡的抒情，乃更甚於其比興之用；注目於作者，關懷
文字中的真切心意。可以得見他對於人文之重視，實凌駕於自然之上。

四、對詩經的看法

　　錢先生除了對於唐詩多所討論之外，也在許多著作中提到對於《詩經》
的看法，這些意見當然也與他論詩歌有關。例如他從《詩經》比興，談到「萬
物一體、天人相應、民胞物與諸觀念」：

> 詩人之言性情，不直白言之，而必託於物起於物而言之者，此中尤
> 有深義。竊謂《詩》三百之善用比興，正見中國古人性情之溫柔敦
> 厚。凡後人所謂萬物一體、天人相應、民胞物與諸觀念，為儒家所
> 鄭重闡發者，其實在古詩人之比興中，早已透露其端倪矣。故《中
> 庸》曰：「鳶飛戾天，魚躍于淵，君子之道察乎天地。」此見人心廣

〔註50〕《中國文學論叢》，東大圖書，1983年，頁43。
〔註51〕《中國學術通義》，臺灣學生書局，1975年，頁62。日本學者本間久雄說：
　　　　「關於抒情詩的主觀性與敘事詩的客觀性，美學者海格爾（Hegel，1770～
　　　　1831）之說頗為得要。他說：敘事詩的興味，不是作者，而是那所歌的事
　　　　件。」（《文學概論》，臺灣開明書店，1957年，頁160）與海格爾所言相反，
　　　　中國人讀詩時重視的卻正在於作者，與抒情詩之主觀性。

大，俯仰皆是。詩情即哲理之所本，人心即天意之所在。《論語》孔
子曰：「知者樂水，仁者樂山。」此已明白開示藝術與道德、人文與
自然最高合一之妙趣矣。……類萬物之情者即比，而通神明之德者
則興也。學於《詩》而能觀比興，此《詩》之啟發人之性靈者所以
為深至，而孔子之言，所以尤為抉發《詩》三百之最精義之深處所
在。〔註52〕

以為藉由詩歌比興，可以得見「藝術與道德、人文與自然最高合一之妙趣」，
啟發讀者之性靈。

其次，錢先生也主張由性靈來讀《詩經》，所謂「以文學視《詩》」，而不
採用乾嘉經學考證之法：

乾嘉以下，皆以經學視《詩》。及同治朝滇南有方玉潤，作為《詩經
原始》。因其人僻在邊裔，未染蘇皖經學家習氣，乃亦能繼立方之
後，以文學視《詩》。清代兩百四十年，則亦僅此兩人而已。然朱子
《詩集傳》，亦正為能以文學視《詩》，故使立方、玉潤，同走此路，
而有同異。〔註53〕

可見錢先生也認為讀《詩經》時，不可忽視其為「詩」的本質，只把它當成一
般的經書去訓詁考據。

即使意識到《詩經》的「詩」本質，但是錢先生對於朱子《詩集傳》所採
取的文學性解釋，還是有所疑慮的。許多時候，錢先生又會以「經」的角度來
闡釋問題，反對朱子所論。例如他說：

朱子注《詩》極大膽，徑說風詩中某些篇只是男女淫奔之詩。近人
承其說，說這些只是男女戀愛詩。但朱子闡發風雅頌之意最扼要、
最分明。此詩收入了《詩經》，卻不宜再專以男女淫奔或戀愛來看。
〔註54〕

縱謂〈關雎〉非周公親作，亦必是周公采之於南國之風。其所采
恐亦以音節為主，而其文字，則必有潤飾，或所特製，而建以為
風始也。……近代說《詩》者，又多以〈關雎〉為當時民間自由
戀愛之詩，直認為是一種民間歌，此尤不足信。……故縱謂《二

〔註52〕《中國學術思想史論叢（一）》，東大圖書，1976年，頁142～143。
〔註53〕《中國學術思想史論叢（八）》，東大圖書，1980年，頁184。
〔註54〕《中國學術通義》，臺灣學生書局，1975年，頁355。

南》諸詩中，有采自當時之江漢南疆者，殆亦采其聲樂與題材者為多；其文辭，則必多由王朝諸臣之改作潤色，不得仍以當時之民歌為說。〔註55〕

顯然是以後起王官的「經書編輯意」，取代了詩歌原始的（民間？）「作意」，錢先生在這個問題上，毋寧是更看重於此書選編於王官學的意義，認為詩歌文字皆經周公或王官所改作潤色，故不當以男女戀愛解釋詩意。又例如：

《詩》三百，徹頭徹尾皆成於當時之貴族階層。先在中央王室，流衍而及於列國君卿大夫之手。又其詩多於當時之政治場合中有其實際之應用。雖因於世運之隆污、政局之治亂，而其詩之內容與風格，有不免隨之而為變者；然要之《詩》之與政，雙方有其不可分離之關係。故《詩》三百在當時，被目為王官之學；其傳及後世，被列為五經之一，其主要意義乃在此。〔註56〕

即就《詩經》三百首言，雅、頌可不論，即十五國風，亦已經政府采詩之官，經過一番雅化工夫而寫定。即如周南首篇「關關雎鳩」，其題材縱是采於江漢之民間，然其文字音節殆已均經改寫，決不當認為在西周初年江漢民間本有此典雅之歌辭。采詩之官，亦僅有采集之責，而潤飾修改之者則猶有人在。是則中國古代文學，一開始即求超脫通俗的時地限制，而向較不直接的雅化的趨向而發展，亦可斷知。〔註57〕

強調其為王官之學，有政治的意義；指陳當日有采詩之官，行文已求超脫通俗之雅化型式。錢先生持如此看法，應該與〈毛詩序〉以來的立說框架有關，強調藉詩歌行政治教化的作用。

這種看待《詩經》的意見，顯然是以詩歌作為政治的工具，還是出自於先秦儒家的觀念。錢先生因此認為中國文化進展的歷程，有一個整體的中心，此一中心首先是由政治上層發動，繼之風行而草偃。錢先生說：

中國文化進展，先由整體一中心出發，其次逐漸向四圍分別展開。又其後，乃再各自回向中心會合調整。如文學直到東漢始成獨立觀念，及唐代，詩有李、杜，文有韓、柳，始再回向中心，而創文道

〔註55〕《中國學術思想史論叢（一）》，東大圖書，1976年，頁110。
〔註56〕《中國學術思想史論叢（一）》，東大圖書，1976年，頁136。
〔註57〕《中國文學論叢》，東大圖書，1983年，頁33～34。

合一之新觀念。……此所謂道，乃指整體人生之中心所在，亦即中
國文化之主要精神所在也。故中國文化雖與時俱進，而後之與前，
仍屬一體。後代之開新，僅對前代之成就作更深更廣更高厚之發展，
不為對立之代興，更不見有破壞之攻擊。故中國文化綿亙數千年，
雖亦富有日新，而不失其傳統之一貫。〔註58〕

中國文學最先表現在政治上層方面，隨後始移轉到社會全部人生方
面來。〔註59〕

能夠一貫傳統的道體，有一個主要發起的中心，這個中心主要在於政治上
層，繼之不斷擴大與融合。這樣的歷史解釋，或許還是出自錢先生的天人
合一觀，尤其偏重儒家人文主體的價值判斷。

錢先生又認為《詩經》作品可大致分為三期，以回應〈毛詩序〉中「變風
變雅」的說法。錢先生曰：

《詩》三百首之完成，當可分為三期。第一期當西周之初年，其詩
大體創自周公。……其第二期在厲宣幽之世，此當謂之「變雅時
期」。……其第三期起自平王東遷，列國各有詩，此時期可謂之國風
時期，亦可謂之「變風時期」。至是則不僅無頌，而二雅亦全滅，而
風詩亦變。〔註60〕

這樣的詩作分期法，核心精神在於周朝政治的盛衰，主張詩歌可以具體反映
出時代精神。此猶如〈詩大序〉所謂的「治世之音，安以樂，其政和；亂世之
音，怨以怒，其政乖；亡國之音，哀以思，其民困。故正得失，動天地，感鬼
神，莫近於詩。」如此讀詩法，毋寧還是出自於儒家式的關懷。相對於錢先生
而言，朱子讀《詩》則不僅是大膽，更見出灑脫無礙。

五、關於詩歌的特質、閱讀及創作

前面介紹了錢先生如何以儒道思想框架談詩、如何解讀《詩經》，最後
我們還應該談談錢先生對於中國詩歌特質的看法、以及他認為詩歌該怎麼
讀、該怎麼寫等等意見。下面分成三點試論之。

〔註58〕《中國學術思想史論叢（六）》，東大圖書，1978年，頁215～216。
〔註59〕《中國學術通義》，臺灣學生書局，1975年，頁53。
〔註60〕《中國學術思想史論叢（一）》，東大圖書，1976年，頁122。

（一）中國詩長於直湊單微

　　錢先生論及我國詩歌的特質，很精準地提出我們「只用單微直湊的辦法，徑直把握到人類內心的深處」，其抒寫「抽象而空靈」，不需特別著意於具體的描寫與刻畫。錢先生說：

> 《詩經》三百首，大體上全是些輕靈的抒情詩，不需憑藉像史詩戲曲小說等等具體的描寫與刻畫，只用單微直湊的辦法，徑直把握到人類內心的深處。這一點又是表出了中國傳統文學與藝術之特性。中國史上文學與藝術界之最高表現，永遠是這一種單微輕靈、直透心髓的。我們可以說，中國民族是一個崇尚實際的民族，因此其政治性與歷史性的散文早已發展成熟了，而後始有抒情文學出現。但這一種文學，依然不脫崇尚實際的精神，他們所歌詠的，大部多以人生倫理為背景，只其形式則極為空靈輕巧、直湊單微。換言之，他是以超脫的外表來表達纏著的內容的。〔註61〕

> 建安以降，文學遂分兩大宗。一曰體物之賦、一曰緣情之詩。而緣情之風終勝於體物，蓋前者特遺蛻之未盡，後者乃新芽之方茁。而其同為趨向於一種純文學之境界而發展則一也。其有別者，體物重於外照、緣情重於內映。……內映者，主以一己之內心情感為中心，使作品與作者相交融。此體惟詩最適，而其抒寫必抽象而空靈。……而抒情之作，則貴直湊單微，把捉此最敏感、最深刻之心靈活動之一剎那，而與人以共曉共喻。此既無事於麗采、亦復甚忌作曼衍。故詩體尚單純、尚涵蓄，頰上三毫，傳神阿堵，少許可以勝多許，所謂不著一字、盡得風流。〔註62〕

指出中國詩在內容方面雖然崇尚人倫實際，但表意形式上卻顯得空靈輕巧、直湊單微，藉由簡單而涵蓄的意象，表現「最敏感、最深刻之心靈活動之一剎那」，以與讀者共曉共喻。

　　錢先生還曾經特別舉例說明：

> 中國人追求人生，主要即在追求此人生之共通處。此共通處，在內曰心，在外曰天。一人之心，即千萬人之心。一世之心，即千萬世之心。人身人事不可常，惟此心則可常。……如曰：「牀前明

〔註61〕《中國文化史導論》，正中書局，1951年，頁56。
〔註62〕《中國學術思想史論叢（三）》，東大圖書，1977年，頁116。

月光，疑是地上霜；舉頭望明月，低頭思故鄉。」此詩中若有事、實無事，只是一心一境。作者自述其心情，只在「思故鄉」之一「思」字上。對故鄉之思情，人人共有。所思繫何？則人人各別。詩人所詠，只重人生共通處，故只言思，不言所思之內容。〔註63〕

中國詩人，則儘量把情與事分開，卻把此情移來與天地自然相親即。明月春光，皆天地自然，亦常亦實。把人生略去了許多事，只珍重此一番情，使能與天相即。此是中國人生中大學問所在。簞食瓢飲，孔子既深喜於顏淵。而浴沂風雩，孔子亦同情於曾點。中國詩人，大體上不脫孔門回樂點狂之氣概。〔註64〕

所以中國詩歌在表現方式上，是擺脫了具體細節，而經過淘洗提煉的結果。這樣寫詩的主要功能乃特別在於表意、抒情，刻意簡約或消化了原來的敘事。如此則形式愈簡單，意蘊愈見豐富，能具有普遍性的情感渲染力。

中國詩這種特殊的表現型式，錢先生也從語言文字方面來思考，推衍出與西方哲學不同的文化祈嚮。錢先生說：

理智是較淺較顯的、直覺是較深較隱的。理智是人文的、後天的，而直覺則是自然的、先天的。……人類脫離不了動物與昆蟲之共通性，人類亦脫離不了自然界，僅能在這上增添了一些理智。……東方人愛默識、愛深思，較不看重語言文字之分析。在西方崇尚理智的哲學傳統看來，像神秘、又像是籠統、不科學。但在東方人說來，這是自然、是天人合一、是至誠。這是東西文化一異點，而雙方語言文字之不同，仍是此一異點之大根源所在。〔註65〕

認為中國詩的籠統涵蓄，是由於象形文字不同於西方之拼音，中國詩往往出自於較深較隱的直覺，容易取得天人合一的渾厚包蘊。

（二）讀詩法：編年作註與全集閱讀

由於以儒家立場來讀詩，看重作者之進退出處，更甚於作品，錢先生教我們讀詩時必須留心其寫作時的歷史情境。例如：

若不能由讀編年詩文而進窺此文學家之成就，即為不瞭解中國文學

〔註63〕《中國學術通義》，臺灣學生書局，1975 年，頁 189～190。
〔註64〕《中國學術通義》，臺灣學生書局，1975 年，頁 191。
〔註65〕《湖上閒思錄》，東大圖書，1980 年，頁 142。

> 家之最高造詣與最大成就者。〔註66〕

> 中國每遇具有甚高地位的詩文集，必有人為之編年作註。……文學
> 作品與作者當時歷史之交融合一，此正是中國文化傳統精神所在。
> 〔註67〕

因此強調要由編年詩文來理解詩篇中的作者生命，讀者如能嫻熟於詩人的生
命歷程，對於詩歌的理解自然會更見深刻。

不過，由編年詩文來考察作意，顯然是一種對於詩歌內容的理性推論，
錢先生也覺得詩歌不僅及於此，還有感性層面、以及悟性超越的部分，所以
他主張以一種辯證兩行的方式來讀詩：

> 我們讀杜詩，最好是分年讀。拿他的詩分著一年一年地，來考察他
> 作詩的背景。要知道他在甚麼地方、甚麼年代、甚麼背景下寫這詩，
> 我們纔能真知道杜詩的妙處。……我們固要深究其作詩背景，但若
> 儘用力在考據上，而陷於曲解，則反而弄得索然無味了。但我們若
> 說只要就詩求詩，不必再管它在那年那一地方為甚麼寫這首詩，這
> 樣也不行。你還是要知道他究是在那一年那一地為著甚麼背景而寫
> 這詩的。至於這詩之內容，及其真實涵義，你反可不必太深求，如
> 此才能得到它詩的真趣味。〔註68〕

強調不可拘求詩意，讀詩一旦落入太煩瑣具體的考據及指涉，等於削去了詩
中比興的親切，往往會因此失去了詩歌的真趣味。

至於讀詩時究竟該如何選擇文本，錢先生則認為應當要「讀全集，又要
深入分年讀，一定要照清朝幾個大家下過工夫所註釋的來讀」，這自然也還是
儒家式的觀念，因為作品如此讀法已無優劣先後可言，全集閱覽不加挑選，
只是為了想要全面性地認識詩人的完整生命：

> 陶、杜、李、王四人，林黛玉叫我們最好每人選他們一百、兩百首
> 詩來讀，這是很好的意見。但我主張讀全集，又要深入分年讀，一
> 定要照清朝幾個大家下過工夫所註釋的來讀。……曾文正的《十八
> 家詩鈔》，正因他一家、一家整集鈔下，不加挑選，能這樣去讀詩，
> 趣味才大，意境才高，這是學詩一大訣竅。一首詩作很好，也不便

〔註66〕《中國文學論叢》，東大圖書，1983年，頁40。
〔註67〕《中國學術通義》，臺灣學生書局，1975年，頁61。
〔註68〕《中國文學論叢》，東大圖書，1983年，頁115～116。

是一詩人。……有了人，然後纔能有所謂詩。因此我們講詩，則定
要講到此詩中之情趣與意境。〔註69〕

編年詩文讀得周全了，讀者才有可能理解詩人的內心，讀出詩中的內在情意
以及理想。至於這樣閱讀之所以「趣味才大，意境才高」，自然是因為我們讀
出了詩人的生命、以及他眼光中的整個時代。更甚者，我們也在這樣的閱讀
過程中，偶爾會覷見了自己的生命與時代。

（三）關於詩人：創作天才論

由於以儒家立場來論詩，錢先生並不鼓勵人們寫詩，認為「詩應是到了
非寫不可時纔該寫」，無病呻吟、矯揉造作，則失去了文學表現人生的真實重
量。錢先生說：

我們只該喜歡文學就夠了，不必定要自己去做一文學家。不要空想
必做一詩人，詩應是到了非寫不可時纔該寫。若內心不覺有這要求，
能讀人家詩就很夠。〔註70〕

這樣的說法，自然也使人聯想及孔子「述而不作」的觀念，他同樣主張學習
與闡述聖賢之跡，卻不願意從無中生有的嶄新創作。

錢先生又說：

一部《全唐詩》，作者何限？何以後人只推李白、杜甫？而兩人相
比，李白地位終是差一點。所以說，杜甫詩之聖、李白詩之仙。不
能叫大家學仙人，聖人則大家可學，所以仙不如聖。〔註71〕

在中國，所謂文學修養，主要乃在作者自己修養其德性人品。務期
此作者本身之人格不朽，生活不朽，始是其文學不朽之主要條件。
〔註72〕

認為李白詩不可學、杜甫卻是可學習的，因此杜甫的地位更高於李白。這自
然看重的是儒家式的學習累積之功，而非道家獨樹一幟的自我伸張。因此，
其詩之所以可學者，主要還在於此一德性人品之修養。

錢先生又說到詩如其人，詩歌展現出高尚不朽的生命，從這裡談到詩人
的天分問題。他認為：

〔註69〕《中國文學論叢》，東大圖書，1983 年，頁 120〜121。
〔註70〕《中國文學論叢》，東大圖書，1983 年，頁 124。
〔註71〕《中國史學發微》，東大圖書，1989 年，頁 48。
〔註72〕《中國學術通義》，臺灣學生書局，1975 年，頁 187。

> 中國大詩家寫詩多半從年輕時就寫起,一路寫到老。像杜工部、韓
> 昌黎、蘇東坡都這樣。我曾說過,必得有此人,乃能有此詩。循此
> 說下,必得是一完人,乃能有一完集。而從來的大詩人,卻似乎一
> 開始,便有此境界格局了。……近人提倡新文學,豈亦天如人願,
> 人人得有其一分之天賦乎。〔註73〕

錢先生認為杜甫、韓愈及蘇軾這些作家,幾乎從年少創作一開始時便有非凡的境界格局,而非凡人所能企望可及。因此錢先生主張創作天才論,認為只有天才方能自我創作,一般人還是應該本本份份地學習與欣賞。錢先生面對創作所持的保守觀念,自然還是屬於儒家式的含蓄。

錢先生批評新文學提倡創作,質疑豈是「人人得有其(指杜工部、韓昌黎、蘇東坡)一分之天賦乎」?反對大眾創作的必要性。他面對一個斷裂巨變的新時代,卻始終堅信傳統文學的典雅不墜、崇高與永恆。

六、結 論

綜上所述,本論文對於錢賓四先生如何論詩,於此可以做個簡單的結語。錢先生在談中西文化問題時,主要是從我國的歷史開展與思想傳統立論,他想要深探民族的內心與根本。於此,先生曾特別提及從文學下手的重要性:「非切實瞭解其文字與文學,即不能深透其民族之內心而把握其文化之真源。」

在這樣的視域下讀詩,錢先生是以儒、道二教的思想體系作為框架,建構出一套傳統讀詩的策略及價值觀。先生以儒、道對舉來概括中國「全部文學史」的特質及趨嚮,試圖掌握「中國全部人情」、「文化傳統之大體系」。

錢先生讀詩乃以儒家思想為主流觀點,特質有五:一、強調儒家對於情感的重視,認為詩歌以表現情意為主;二、認為作者優先於作品,詩人的偉大主要表現在其道德人格層面,而非詩篇;三、既以抒情為傳統文學的主流,因此詩與散文的重要性,更勝於戲曲小說;四、主張唐詩為中國歷代詩作之最精彩者,因為此期寫出平民文學的日常生活;五、高度肯定杜甫的「詩史」作法,因為他的詩篇見證了時代興衰。

再者,錢先生又以道家思想的虛靜,作為旁佐主流的支裔:一、以道家思想讀詩,能夠找回自然素樸、無功利性的清澄心境。道家思想所帶來的撫

〔註73〕《中國文學論叢》,東大圖書,1983年,頁123。

慰，可以安頓詩人的窮愁困頓；二、錢先生建立起一套從先秦《莊子》、到唐代禪宗，再到宋明理學的思想脈絡。循著這一條學術脈絡，可以讓內心恢復機靈通透；三、析論理學主有我與禪宗無我之不同，強調造化與吾心互相揉攝印證，從而論及理學「天人合一」的觀點；四、此種「天人合一」的觀點，於詩歌中又多發為比興，錢先生認為比興是「萬物一體與天人合一的看法」。

論文中也分析了錢先生對於《詩經》的看法，一、即使先生已意識到《詩經》的「詩」本質，但是他對於朱子《詩集傳》所採取的文學性解釋，還是有所顧忌。許多時候，先生仍以「經」的角度來闡釋問題，反對朱子所論。二、這種看待《詩經》的意見，係以詩歌作為政治的工具，這也還是先秦儒家的觀念。錢先生又認為中國文化進展的歷程，有一個主要發起的中心，這個中心主要是在政治上層，繼之不斷擴大與融合。三、先生認為《詩經》作品大致可分為三期，核心精神主要還在周朝政治的盛衰，他認為詩歌可以具體反映出時代精神。如此讀詩法，毋寧還是出自於儒家式的關懷。

最後，對於詩歌的形式、閱讀與創作，錢先生也有一些獨到看法：一、他提出中國詩長於直湊單微，常常簡約消化了具體敘事，轉向於抒情與意境；二、強調要由編年詩文來理解詩篇中的作者生命；三、錢先生主張創作天才論，且不鼓勵人們寫詩，認為「詩應是到了非寫不可時纔該寫」，一般人還是應該本本份份地學習與欣賞，此種「述而不作」的保守觀念，仍舊屬於儒家式的含蓄。

文不在茲乎？
——讀《龔鵬程述學》札記

　　業師龔先生新近出版了《述學》一書，以吾師於兩岸學術文化之影響力而言，良為本年度學界盛事。先生責我讀後寫點心得，師命不敢不從，我從就讀中學起即讀老師的書，此後幾經波折學習文史，又跟隨先生讀書遊歷，自是不容推辭。

　　起初披閱龔先生的這本《述學》（2018），我所想到的，就是應該與《四十自述》（1996）拿來對勘，看看龔先生怎麼看待自己生命中的不同階段。《述學》此書，對此確實也作了說明，在「行年」一節，龔先生說：

> 子曰：「吾十有五而志於學，三十而立，四十而不惑，五十而知天命，六十而耳順。」聖人境界，我豈能及？但看來也是十年一轉；大抵十歲之前懵懂無知，十至二十為浪蕩少年，二十至三十勉力成學，三十至四十歷事入世，四十至五十辦學施教，五十以後效孔聖之周遊、世尊之弘化，行走於政、商、學、民之間，六十後將更往涉何種寂天寞地、廣洋大野則不可知，但看來還將繼續折騰下去。
>
> （頁27）

《四十自述》一書，〈自序〉即稱寫就於「鼠輩橫行之年」，書末說明了龔先生1993年離開陸委會之始末，或許因為世道顢頇，志業無法伸張，全書讀來不免慷慨激越、語帶辛酸：「涉世行權、因境為學，我俯仰興感之生命，其底裡實在是蘊涵不少悲哀的。……在我們這個生存的情境裡，甚少涉目成趣的佳境，多的，則是醜陋荒唐愚昧之境。」

而《述學》此書，相對於前書而言，則較少關於俯仰興感的跌宕起伏，或是歲月淘洗，先生此作雖仍有詩人之「憂生」，卻相較平和許多；或許因體例之分殊，《述學》主要在於整理先生龐大的學問藍圖。

龔先生之撰寫此書，想必構思甚早，歷經了漫長之準備。《四十自述》在2002 年的〈新版序〉提及：「當初原本計畫《四十自述》是要寫四十篇的。上半部，稱為『問道』，述為學求道之歷程，計分詩、思、事、史四卷，每卷各五篇，共二十篇。下半部則為『述學』，也有二十篇，細說我學問的各個方面及創獲之所在，因恐篇幅太多，刊印不易，後來就只寫了上半部。至於《述學》嘛，待我五十歲再來寫好了。」可見兩書最初在內容設定上，即有區別。

也因此，這兩本書應該合起來看，對於先生的書寫宏旨，才會有完整的掌握。龔先生嘗說：「生命的歷程與內容，事實上也就是學的內容與經歷，所以值得盤點一番。……故我述學，談學問，跟別人不一樣，談的是生命史。這裡當然仍有主從、有虛實。看起來是以述學方式在講我的生命歷程，然重點在學問而不在我。……故本書又是以我生命為線索來敘述的當代學術史。」可以說，《四十自述》講述了較多求學問道的歷程、存在興感之苦思，本書則聚焦於先生對於學術議題的系統性看法。

一、以六藝為框架

至於《述學》在論學體系上，龔先生以孔門六藝框架之，誠為此書一大特色。他於〈緒言〉提及自己如何接受馬一浮的觀點：「過去馬一浮先生以六藝攝一切學術，不但將中國傳統學問都歸入六藝系統，就連西方學術也是。其說有人贊、有人疑、有人嗤，但我以為是對的。中國學問均出於六經，本不需再做什麼說明；外國學問，大體亦可有哲學史學文學社會學等分類，故也可以六藝之學攝之或通之。……我的學問，根本於經學；後來的發展，漸包四部而貫九流，又與現代後現代諸思潮相激盪相參會，走向正與整個民族文化相似。我的生命，呈現著整體民族文化的內涵與發展進程，便是一大特色。採用這個論述框架，恰好可以把這一點體現出來。」（頁 13）

馬一浮論學極強調結構及次第，例如〈泰和會語〉開篇就有〈論治國學先須辨明四點〉說：

> 諸生欲治國學，有幾點先須辨明，方能有入：
> 一、此學不是零碎斷片的知識，是有體系的，不可當成雜貨；

二、此學不是陳舊呆板的物事，是活潑潑的，不可目為骨董；

三、此學不是勉強安排出來的道理，是自然流出的，不可同於機械；

四、此學不是憑藉外緣的產物，是自心本具的，不可視為分外。

可見其特別強調為學之體系性。繼之究問：現在如何講求國學？曰：「第一
須楷定國學名義；第二須先讀基本書籍；第三須講求簡要方法。」馬氏認為，
國學「唯六藝足以當之。六藝者，即是《詩》《書》《禮》《樂》《易》《春秋》
也，此是孔子之教，吾國二千餘年來普遍承認一切學術之原皆出於此，其餘
都是六藝之支流。……用此代表一切固有學術，廣大精微，無所不備。」換
句話說，在馬一浮之意見，國學必然指向我國一切學術之「源頭」，而此一
源頭也就是「孔子之教」，散見於《詩》《書》《禮》《樂》《易》《春秋》六藝
當中。

馬一浮 16 歲即名列浙江鄉試榜首，戊戌變法之後，科舉式微，西學譯著
漸多。馬一浮為能直接閱讀西方原典，遂與謝无量同至上海學習英、法、拉
丁文。19 歲與馬君武、謝无量在上海創刊《二十世紀翻譯世界》雜誌，引介
西方文化，翻譯作品有《哲學史》、《哲學泛論》、《社會學》、《社會主義》、《宗
教進化論》、《政治學史》、《政治泛論》、《法律泛論》、《最新經濟學》、《教育
史》、《海上大冒險譚》、《地球之最重要新聞》等等，月出一冊。21 歲起，馬
一浮應清政府駐美使館之聘，赴美聖路易斯留學生監督公署擔任中文文牘，
後又赴英國、德國遊歷。

此期間讀亞里斯多德、斯賓塞、黑格爾、赫胥黎、達爾文、孔德、但丁、
拜倫、莎士比亞等西方文學與哲學著作。以英文翻譯《日耳曼之社會主義史》、
《露西亞之虛無主義史》、《法國革命史》。22 歲赴日遊學，與謝无量從日本
友人烏隆謙三學習日文及德文。23 歲返國，居鎮江焦山海西庵，以英文翻譯
西班牙名著《唐‧吉訶德》題為《稽先生傳》。以日文翻譯義大利著作《政
治罪惡論》，以英文翻譯托爾斯泰《藝術論》及俄國杜思退《正藝》等多篇。

1906 年，雖然才 24 歲卻早已閱歷世面的馬一浮，竟開始將治學重點轉
向國學，寄居杭州外西湖廣化寺，該寺近浙江圖書館文瀾閣，馬氏每天閱讀
《四庫全書》，共閱讀三萬六千四百餘冊，並作讀書札記。1939 年，正式成立
「復性書院」，馬一浮以「講明經術，注重義理，欲使學者知類通達、深造自
得，養成剛大貞固之才」作為書院宗旨。

龔先生《述學》與馬一浮先生論國學結構所相同處，應該指出端在語境，

做為國學的守護者傳續者，他們都必須回應西方學術（或現代性）對於中國傳統學術的強大挑戰。至於以傳統六藝分類，能否有效收攝日益複雜的學術發展？即連龔先生亦自承：「重重複複、囉哩八唆之病也不可免。亂世文章，無法雅潔，識者諒之。」（頁 13）

楊儒賓曾經指出：「馬浮的六藝論雖然在文獻學的立場上站不住腳，他這種提法卻有相當豐富的意義。六藝之為儒家經典，可以說有兩個面相，一個是歷史的面相，另一個是意義的面相。六藝原來的面貌如何？它的某字某句當如何訓詁？這些屬於歷史的面相。了解了這些問題對我們『客觀』了解六藝有相當的幫助，但是對接受儒家價值體系的人士來說，六藝這樣解釋，事實上是把六藝的根本核心解釋掉了。……馬浮對六藝論的解釋正是標準的重意義而輕歷史，他一再強調讀六藝要『通』、要懂『大義』，事實上即是要求學者跳開文獻考證的窠臼。……至於六藝怎麼通？什麼才是大義，這當然有理解與詮釋的問題。」

二、現代性或反現代性？

龔先生的時代雖然與馬一浮不同，以筆者淺見，其論學與思考亦如馬先生，是先從現代性之追求，走向對於現代性的深刻反思。

例如龔師提及他在七〇年代「體察到了一種新的時代氣息」，《述學》說到當時龔先生有此體察：「發揚之機是什麼呢？辭章方面，是七十年代比較文學之興起，帶動了方法意識及方法之革新，文學研究也開始有了全球視野。……反省舊方法，主要是對考據與小學之批判；探索舊資源，主要是整理傳統詩話和文論；師夷長技以制夷，則是比較文學在中文系開始廣泛傳播，用西方理論解析古典主義文學蔚為風潮，而卻仍有點中國本位文化主體的堅持，常欲表明洋人或外文系教授們的解析並不準確。三者之合力，遂創造了一個沈謙先生所說『期待批評時代來臨』的時代。」（頁 129）

毛文芳曾經指出：「自葉嘉瑩、葉慶炳，及至呂正惠、龔鵬程、朱耀偉等人論文，基本上可視為文化之新與舊、中與西等相互衝擊與對立的力量牽引下，苦思出路的覺察與呼籲：如何面對西方的強勢主導，而能在消融對立中重估傳統？……就某種程度而言，龔先生的研究路徑見證了臺灣地區 20 世紀後期中國古典文學研究的變貌。」

此處所謂新舊範式的對抗，於八〇年代台灣可以說是舖天蓋地之現象，

影響所及亦不止人文領域，龔先生當日指出：「國學界在思維形態、治學方法、表述方式等方面都未能充分現代化，都不能與整個學界對話，正是它生存發展最嚴重迫切的難題。」（《四十自述》）從八十年代中期起，他陸續發表批評傳統研究方法和學科體系的言論，從而在學術界引起軒然大波，例如他檢討了台灣歷來 149 位文學博士的論文，認為大都不能稱之為論文，因為只會討論生平爵里、著作版本而「比較缺乏方法意識」，因而「惹了不知多少是非，擔了不知多少罵名」（《年輕一代的古典文學研究》，幼獅，1987）。吾人如欲定位龔先生於學術史上的貢獻，首先便該指出其有效將傳統學術作了現代化的轉譯。

至於其《述學》，則欲「把這個時代的文化斷層補齊，斯文復可在茲」，對於傳統文化之復興，龔先生認為：「我是講經世的，要治此末世，起廢疾而興中華，但對現代性卻大有質疑，根本不認為舊學需做現代轉型，以適應現代。傳統學術的價值，毋寧說更在於它可提供批判現代性、反省現代化之癌的思想資源。因此，看起來是我在復興舊學，其實不，旨不在復興舊的，而是要健康地走向新的，走向未來。對現代化論者所說的民主、自由與憲政等等，我也都是有疑慮的，不想比附。」（頁 463）否認傳統學術就無法融入現代，強調復古以開新。

當然，如此說法還是有其但書的，《述學》提及：「五十歲以後，忽覺批判現代性的人不能只避開它，更應迎上前去，戲搦其鋒，……我向來主張『貞不絕俗』或『不離世而超脫』。觀世音要度化凡愚，不可能不下降臨凡。反現代性者，若不能進入現代而轉化之，別人恐怕也不會信服，只會嗤諷你古貌古心，對現代適應不良。所以我離俗之後，還要即俗，在世俗的場域中表現超越世俗的性質。」（頁 153）

相似觀點亦見於早年的《四十自述》中，龔先生說：「這個詮釋與重建之方法的提出，就是順俗而逆俗的。順俗，是說我仍然須用現代經過西方理論方法及意識浸潤過的語言，甚至也要使用西方的論述形式。逆俗，是說我透過順俗的方式而想要推介並說明的，卻是一套與現代或西方不同的價值意義，及依此意義所開啟之人文世界。」（頁 306）

又如說：「我之運用西方理論，早期頗生澀，亦不免錯誤，後來失誤漸少的原因既是深入，也是謹慎。……一般人都對王國維那樣套用西方理論的方式大為讚美，視為文學研究現代化之大道。我不同，重點不是用西方理論，

而是要講明中國之真精神真面貌。西方理論或佛教理論都只是輔助工具，若此類工具不適用，我就會用中國原有的理論去把它講清楚，或者乾脆自己構造一套理論去設法講明它。」（《述學》，頁57）

三、六經皆文

如果「以六藝為框架」是《述學》的一大特色，筆者以為，此書另一個重要的觀點就是「六經皆文」。

雖然龔先生自許「我的學問，根本於經學」（頁 13）。然不能不指出的是，其於六藝，所長尤在於詩教。《四十自述》開篇即從「詩」說起，娓娓敘述自己如何經歷年少時的逆俗、感性生命如何集中於詩藝、追懷歷史或否斥現世的鄉愁、任性遊賞的書寫情懷、又如何從泛覽經傳中構建己說。其於《述學》亦同，開卷是由六藝之「詩」談起，分為「學詩記事」與「詩學述要」二章，其中特別值得注意的是「詩學述要」，除了討論「文學詩經學」、「詩興與詩教」及「現代詩聯結」外，也收錄了「重建中國文論」、「我的文學理論」、「文學詮釋法」及「重寫文學史」等內容。可見龔先生對於詩教之詮釋，是融涉了文學批評的觀點。

有趣的是，龔先生於「文學詩經學」一節，開篇即舉了一則生動的小故事。他說未名湖不肖生作《當代學林點將錄》曾有評語：「雲起樓雅以經學自負，謂平生學業，植根於是。然此蓋誇語，余所不信。區區以為，其書涉獵萬有、充塞天地，而可傳者，厥在文藝批評一道，當行本色，世罕其儔。其於中國文藝，內化之功，萬非常人所及。」（頁74）說他所長並非經學，實在文藝批評。於此，龔先生回應說：「治經成為專業，其實是乾嘉樸學典範下描述的歷史及它影響的結果」、「專業經師這個說法，本身就是種特殊的歷史建構」（頁 76）。試圖從經學史長遠的歷史脈絡下觀察，將近代習以為常的樸學定義，重新加以鬆動。

龔先生既以經學自負，其所認為的經學，可詳《述學》之解釋：「經學在每個時代都是活的，每個時代的經學都是該時代人『適今』的結果。對歷史的詮釋，與他們面對時代的行動，乃是合為一體的。故我們今日治經讀經，也不純是學究或考古，而是可與我們存活在當代的生命相鼓盪，以激揚生發出一些東西，來面對我們的時代的。」從而，龔先生乃提及《六經皆文》（2006）一書：「我說六經皆文，並不遠徵於上古，只從中世講起。」為什

麼？因為中世是文道已分的時代，人們又蘄其相合，於是發展出「以文章來闡述經義的型態，也使文學寫作以六經為典範。……在這個動向中，經學與文學是兩相穿透的，不是某方影響另一方或互相影響那麼簡單。」（頁78）

筆者過去曾有一文討論《六經皆文》此書，略有心得：「就這本書的內容及寫法而言，龔先生其實做了兩個層次的論述：其一是文人也可以說經，原來被視為雜著的篇章中具有經學價值，過去被視為經籍的章句裡也其實具有文學內容，將既有的學術分類模糊化。其二則是試圖將經學收編於文學的框架下，經籍如何在文學『意向性』下被觀照、消融及運用。」

從這樣的問題意識出發，龔先生乃建立起一個重要的詮釋框架，即我國「文字、文學、文化」一體的系統性結構。文字方面，龔先生主要著力於《文化符號學》（1992）中，此書第一卷從漢代確立文字書寫系統談起，解釋「文人」的出現，進而論說我國藝術如何文字化與文學化；第二卷仍以文字為中心，闡述哲學、宗教及史學方面如何走向文學化；第三卷則藉唐代文學崇拜現象及五四運動之解構傳統，探索我國這個文字化的社會。此外，還有《文化符號學導論》（2005）進一步由言、象、數、字等層面析論符號的不同表意層面，由此闡釋比興、境界、意義及結構等，建構起他「文化符號學」的宏大論述。

文學方面，龔先生更有許多重要的論著，如《文學散步》（1985）、《詩史本色與妙悟》（1986）、《文學與美學》（1986）、《文學批評的視野》（1990）、《中國文學史》（2009），討論主體情感與作品之歷史傳統、修辭體式、風格規範如何相互影響等等問題。

文化方面，當然與上述文字、文學層面無法分割，其最重要的著作如《江西詩社宗派研究》（1983）、《思想與文化》（1986）、《文化、文學與美學》（1988）、《唐代思潮》（2001）、《晚明思潮》（2001）、《中國文人階層史論》（2002）等，關心議題包括文學化的社會及文人階層，龔先生力主一種具有歷史文化意識的文學研究，和一種聯貫文學與美學的文化史學。

四、活的經學

承前，龔先生乃順著中世以降「文道合一」的蘄向，主張在講明清學術史時，應該將文人與學人合而為一：「我在〈博學於文：清朝中葉的揚州學派〉一文中，曾推溯此一風氣上及於明代，說明朝嘉靖以後，蘇州就有一種

主張博雅的學風,提倡經學,並希望將文人與學人合而為一。……換言之,文人與經學合一,自明中葉已漸成一學風,在清朝續有發展。……我覺得清朝經學考證學風不必老是放在『漢宋』這個框架裡去鑽研,因為脈絡另有所在。在哪兒呢?就在文人說經這個傳統裡。……由這個大環境大脈絡看,乾嘉期間講經學考證,且或分學問為三途,以考證自居,如戴震者;或以經學自高而卑視文人,如惠棟者,其實只是新興的一個小支脈。到稍晚,章學誠、揚州、常州諸人繼起,就仍走回既講經義考證也講辭章的路子去了。對於明清學術史,我建議用這個新的理解模式來看待。」(《六經皆文》)

除了論說中世以來經學與文學不二之趨勢,以筆者淺見,龔先生最重大的創見,還在於他嘗試從文人傳統來談經學之傳續。前面提過,龔先生主張「活的經學」,今若試問經學如何找回活力與血氣?實需透過文人(經典詮釋者)之參與、之興發。學術史上所謂文化斷裂,多半是概念上的想像與襲用,龔先生每每批評作死學問的學者,例如《述學》有謂:「學者們抄材料、用思維,推理與概念,一套又一套,可是不會傷春,於自然之變,兀無所感,則於人事之遷流,能有實感者鮮矣!若能暇時也看看紅葉、聽聽秋聲,也抒情言志,賦詠一二,又有什麼不好呢?」(頁84)強調文學興感在歷史研究上的必要性。

《述學》又說:「興是自由的心靈在知識宇宙中的翱翔,以獲得美感為樂。如無此心境、無此興致,一切讀書方法的談說,均無意義,都只成了工程技術操作手冊之類東西,靠那些東西,或許可以幫你成就為一位笨學究,卻永遠不能令你成為讀書人。……這不是通博與專精之分,乃是真與假之分、活與死之分、創造者與技工之分。靈源一窒,永世不得超生。」(頁81)

龔先生從文人傳統談經學史/文學史的策略,誠如黎湘萍先生所分析:「龔先生的文論,有意識地吸納了中國哲學(特別是新儒學)中強調生命、心性的思想,由此而上接中國傳統的精神史,使他的文論雖然看似具有非本質主義的特性,實際上卻奠定在生命美學的基礎上。而在表層上,則是回歸文學本身最基本的語言層面進行分析。」(頁64)此故龔先生要特別標榜其述學「談的是生命史」。

從這個角度,自然可以追蹤我國文人傳統的遺跡,與西方文論從文本走向詮釋主體的影響。曾守正學長曾經指出龔先生之學術特色為:「乃起自於存在感受的體貼、傳統意識的伸展,具有濃厚對抗時代與拒絕遺忘的人文色

彩。」說得也很妥貼精確。

五、文不在茲乎？

　　往昔孔子曾有「五十知天命」之說，湊巧的是，《述學》書中也有天命的相關記載，可反映出龔先生如何以當代孔孟自期：「孔孟復生，難道又可以不跟我一樣化民成俗嗎？且此等事，或許就是老天給我的使命，能不做嗎？……何以見得就是有天命？二〇一五年毛靜兄主持重修江西宜春昌黎書院，督我襄理。八月廿日我們去工地把大梁拆卸下來，赫然發現上面舊有硃砂筆寫道：『大清嘉慶十五年，歲次庚午，仲秋月上浣穀旦，袁州府知府邱鵬程、宜春縣知縣龔景沆督理，宜春廩膳生員劉培莊捐貲重修。』大家都很稱奇，因為這恰好記錄了我的名字，而這次重修，捐錢的也仍是劉氏家族。此院與我當有夙緣，因此我亦就老實不客氣地忝顏當起山長來。」（頁283）

　　又如《述學》之末，雖然討論「我們真正的時代課題是什麼？」談「文章華國」的經世策略，卻以一個寓言巧妙地作了全書收束。龔先生自問：「努力迄今，文章華國之道未盡，則我當居何位置耶？」原想找尋自己在學術史、經學史上的定位。結果說他曾經做了一夢，夢見子貢問於夫子：「龔文子何以謂之文也？」子曰：「敏而好學，不恥下問，是以謂之文也。」此夢甚奇，可以窺見龔先生如何以「文」做為畢生志業。當然，如果有人請龔先生解釋這個「文」字，恐怕還會超邁於孔文子之行止，而具有更豐富的意涵。我們不難窺見龔先生以文貫道，以道統自期之誠懇心念。

《詩經》章句中對唱現象之研究

提　要

　　《詩經》大部分作品都有「重章」的作法，或許與早期詩歌之音樂性有關，在重章中形成一種變化流轉、迴環悠遠的氣韻。值得注意的是，此類作品中也有部份詩篇較難以用單一人稱來闡明詩意，卻比較像是一種歌謠對唱的形式。

　　近期在關於《詩經》的漢學研究中，學界已開始使用一些民族學的方法。根據臺灣的原住民歌謠研究，我們發現在許多原住民族悠遠的歌謠中，也有類似的對唱現象；例如泰雅族的音樂組織結構即有領唱與對唱等多種不同的表演方式，蘭嶼島上的雅美族則以單音朗誦式的原則，配合獨唱、領唱與和對唱及異音合唱等歌唱型態，凡此都可見出歌謠的古老表現方式。

　　這種原始歌謠的演唱形式，對我們今日研究《詩經》亦見啟發，過去我們對於詩篇的理解往往奠基於單一作者與作意的尋找、不然就只好放棄原始「作意」，根據〈詩序〉說明其後起之政教意義。其實這些詩篇在經文字寫定之前，詩歌也許還經歷了一段相當長的口傳、或歌唱的歷程，這種演唱的特殊形式，或許在詩句寫定時仍保留了當日對唱之遺跡，而非文字脫離了樂曲後、單一敘事角度（抒情言志的單一作者觀）之理解模式所能牢籠。

關鍵詞：詩經、對唱、重章

一、《詩經》具有詠歌、編纂與詮釋的不同歷程

　　《詩經》是我國最早的一部詩歌選集，其寫定時間大致為自西周初年到

春秋中期五、六百年間；其各篇作者，由於年代久遠，絕大部分已經無法考證。詩中涉及的地域，主要是黃河流域，西起山西和甘肅東部，北到河北省西南，東至山東，南及江漢流域間，各方國詩歌計三百零五篇。到了孔子時，《詩》已經在儒家論學時佔有相當重要的份量，子曰：「不學《詩》，無以言」（《論語・季氏篇》），讀《詩》遂日漸成為一種必備的文化教養、一種各方國在施政及外交上藉以溝通的共同話語。因此到了戰國時，《莊子・天運篇》即已視之為「經」，西漢司馬遷的《史記・儒林列傳》則直稱曰《詩經》。

關於《詩經》的彙編來源，主要來自於「王官采詩」或「獻詩」：根據《漢書・藝文志》記載：「古有采詩之官，王者所以觀風俗、知得失，自考證也。」又《孔叢子・巡狩篇》作：「（天子）命史采民詩謠以觀其風」、《國語・周語》也有：「天子聽政，使公卿至於列士獻詩」的說法，可見《詩經》一書之彙編，應該出自於西周朝廷有意的蒐羅，嘗試建立起帝國共有的風謠經典。孔子曾說：「誦《詩》三百；授之以政，不達；使於四方，不能專對；雖多，亦奚以為？」（《論語・子路篇》）我們若再翻讀《左傳》，看到春秋時期各國君臣多以吟詠《詩經》作為外交辭令，足證此書當為超越於諸方國之上的重要朝政經典。

《詩經》的內容，從最初嗟歎詠歌者的「在心為志，發言為詩」，繼之經王官編纂推廣，再到歷代經師的傳箋註釋，今日也許可以分兩個層面來談。

第一個層面是各篇所涉及的題材，《詩經》中至少包括了愛情、友誼、婚姻、對於孩子的慈愛期待、對於父母逝去的自責、對於紳士淑女的羨企、對於國事征戰的憂心、對於家園與季節的感慨、寫車馬服飾之雕鏤華麗、寫旅程風景之幽邈蒼茫、寫婆娑的舞姿、寫不眠的思念、寫夢境與占卜、寫天命與自省、銘記討逆之檄文、銘記宗族之歷史……等等，我們如果能仔細讀讀這些篇章，當要驚豔於此書的豐富及龐雜。

關於《詩經》內容的第二個層面，則是這些詩篇後來被理解的意思。三百餘篇既被王官蒐錄彙編為《詩經》，而深受儒家教學所重視，那麼在編次去取、傳遞交換之間，自然也會慢慢建立起一套特別的詮釋體系〔註1〕。像

〔註1〕誠如車行健所說的：「在探求本義的過程中，歷代解經者也同時在進行經義創造的工作，而此經義創造又勢必會與其身處的外在整體環境起著雙向互惠的有機關連，從而豐富了該時代的文明生活與文化內涵。從這個角度來重新看待經典詮釋的問題，則吾人所關注的就不完全是本義，而是衍義，也就是經典在歷代的接受流傳過程中，與外在環境互動影響下所衍生出來的新的意

漢代齊、魯、韓、毛的四家說《詩經》，正是典型的例子：如魯、齊、韓三家解釋〈關雎〉，都以此詩為諷刺康王，《毛詩序》則認為是「后妃之德也，風之始也，所以風天下而正夫婦也。」可見漢代人是以政教觀點來詮釋經文。

漢代人以政教閱讀《詩經》的詮釋觀點，在經學史研究上饒富意義，漢唐以來對於詩篇的「誤讀」，具現了當日重要的思想體系。每個時代對於傳統經典的閱讀視野，都不可避免會沾染其當代的文化印痕，也因此必然是有所見、且有所不見的去取。至於以文學角度來讀《詩經》的觀點則可以追溯至北宋，從歐陽修《詩本義》、蘇轍《詩集傳》、鄭樵《詩辨妄》、朱熹《詩集傳》等，才開始指出漢唐人說《詩經》的牽強，試圖回復各篇章句以解說詩旨。

民國以後，經學研究受到現代（西方）學術的影響，研究上乃出現了一番變革。王國維 1925 年在清華研究院講《古史新證》時，首先提出了「二重證據法」的觀點，即：六經、先秦諸子及《國語》、《戰國策》、《竹書紀年》、《史記》等「紙上材料」，和甲骨金文的「地下材料」。稍後郭沫若於 1930 年發表《卜辭中之古代社會》、吳其昌於 1933 年推出《卜辭所見殷先公先王三續考》、陳夢家在 1937 年完成的《商周之天神觀念》等，均從不同角度顯示了第二重證據為考據學方法帶來的根本性變革。〔註2〕

在這種實證趨勢下，《詩經》研究方面也有同樣的新嘗試，例如：聞一多《風詩類鈔・序例提綱》曾經把歷來研究《詩經》的方法歸結為：經學的、歷史的、文學的。將他自己倡導的讀法稱為「社會學的」，並希望「用下列方法帶讀者到《詩經》的時代」：考古學、民俗學、語言學〔註3〕。從這三種學科及方法看，他所嘗試的「社會學」研究，實際上也就是人類學研究。這種文化人類學的《詩經》研究，葉舒憲則稱之為「三重證據法」〔註4〕。

義，而正是這些衍義在相當程度上構成了經學思想史，乃至儒學思想史的主要內涵與基本素材。」（〈自序〉，《漢代毛鄭詩經經解的思想探索》，台北：里仁，2011 年 9 月，頁 2）

〔註2〕 參照葉舒憲：〈自序：人類學「三重證據法」與考據學的更新〉，《詩經的文化闡釋》（西安：陝西人民出版社，2005 年 5 月第一版），頁 2〜3。

〔註3〕 聞一多：《聞一多全集》（武漢：湖北人民出版社，1993 年）第 4 卷頁 293、第 3 卷頁 215。

〔註4〕 葉舒憲：〈自序：人類學「三重證據法」與考據學的更新〉，頁 2〜3。

二、想像《詩經》的詠歌者

　　文化人類學（Cultural anthropology）產生於二十世紀初葉，以人類社會中的行為、信仰、習俗和社會結構為研究對象。最初在英國通常稱為社會人類學，在法國和德國稱為民族學，其學科範疇相當廣泛，學科分支日趨細密，分化為民俗學、神話學、民間文藝學等分支，其視野溝通古今，放眼世界，通過各民族文化的比較研究，探討其共同性規律〔註5〕。

　　1838 年和 1843 年愛德華·比奧（Edouard Boit）的《詩經》專論，便已強調《詩經》是「東亞傳給我們的最出色的風俗畫之一，同時可能是一部真實性最無可爭辨的文獻」，「它以古樸的風格向我們展示了上古時期的風俗民情」，「《詩經》實際上是中國最早的民歌。」1896 年，顧賽芬（Couvreur）在法文、拉丁文對照的《詩經》全譯本序言中說：「《詩經》可能是最能向人們提供有關遠東古老人民的風俗習慣和信仰方面資料的書。」〔註6〕

　　當然這些看法不無值得商榷之處，即以《詩經》算不算得上是「民歌」？海內外不少學者是有意見的，例如錢賓四先生認為：「縱謂〈關雎〉非周公親作，亦必是周公采之於南國之風。其所采恐亦以音節為主，而其文字，則必有潤飾，或所特製，而建以為風始也。……近代說《詩》者，又多以〈關雎〉為當時民間自由戀愛之詩，直認為是一種民間歌，此尤不足信。……故縱謂《二南》諸詩中，有采自當時之江漢南疆者，殆亦采其聲樂與題材者為多；其文辭，則必多由王朝諸臣之改作潤色，不得仍以當時之民歌為說。」〔註7〕，又如日本漢學家岡村繁：「《詩經》中的〈國風〉和〈小雅〉的詩篇中，雖說確實多包含有以當時民間歌謠為素材之作，但即使是這些詩篇，結果也是因合於當時的宮廷詩人們的好尚而被採納，被改作、改編為適合於貴族鑒賞享受的作品，在這樣的意義上，可以說，《詩經》詩篇的創作者，主要是周室和列國的宮廷詩人，《詩經》的本質是宮廷貴族文學。」〔註8〕反對純粹以民歌觀

〔註5〕　林耀潾，〈葛蘭言、白川靜的《詩經》民俗學研究述論〉，《成大中文學報》，第 17 期，2007 年 7 月，頁 50。

〔註6〕　同前註，頁 51。林文參照了王曉平：〈《詩經》文化人類學闡釋的得與失〉，《天津師大學報》1994 年第 6 期，頁 67～68。劉自強：〈《詩經》民俗文化研究的歷史與現狀〉，《蘭州鐵道學院學報》（社會科學版）22 卷 2 期（2003 年 4 月）頁 105。

〔註7〕　錢穆，《中國學術思想史論叢（一）》，台北：東大圖書，1976 年，頁 110。

〔註8〕　岡村繁：〈詩經及其詩人〉，載《中國詩人論——岡村繁教授退官紀念論集》（東京：汲古書院，1986 年），轉引自李慶：〈日本近代的《詩經》研究：以

點看待《詩經》。但是人類學或民俗學的讀《詩》法，不容否認的，卻也開啟了章句文本釋義上的可能性。

為了說明上的方便，我們可以重新檢視漢代詩家的解經方法，即以《詩經·周南》前三篇作品的小序為例：如〈毛傳〉對於〈關雎〉的注解為「關雎，后妃之德也。風之始也，所以風天下而正夫婦也。故用之鄉人焉、用之邦國焉。」〔註9〕其釋〈葛覃〉曰：「葛覃，后妃之本也。后妃在父母家，則志在於女功之事。躬儉節用，服澣濯之衣，尊敬師傅，則可以歸安父母，化天下以為婦道也。」〔註10〕釋〈卷耳〉則曰：「卷耳，后妃之志也。又當輔佐君子，求賢審官，知臣下之勤勞。內有進賢之志、而無險詖私謁之心，朝夕思念，至於憂勤也。」〔註11〕從〈毛傳〉對於三首詩篇的解釋，可以看到其分別強調后妃應有的「德行」、「本份」以及「心志」，於是這樣的解經，所解釋的乃在於「取可施於禮義」〔註12〕的經典編纂者（孔子）的理念，強調的是如何「用之鄉人焉、用之邦國焉」，而不是那些最初「在心為志，發言為詩」的嗟歎詠歌者。

〈十月之交〉為中心〉，張寶三、楊儒賓編，《日本漢學研究初探（五）》，台北：台灣大學出版中心，2004 年 6 月，頁 39。岡村繁所反對的主要意見，或許就是以《詩經》進行比較文學的研究的白川靜。白氏受到法國葛蘭言（M. Granet）把《詩經》作為古代歌謠觀點的影響，在他的論著中，曾把《詩經》和日本的《萬葉集》相提並論：「如果說歷史性的時期，中國古代氏族的解體從西周的後期開始，在我國，那是在《萬葉集》初期的時代。這兩種古代歌謠集中所見的可以說是本質上的類同中，恐怕就有著基於這種古代社會崩潰的社會史實的內容吧。它們從在此以前作為祭祀的共同體中，從帶著絕對的恐懼侍奉著的諸神的咒縛中解放出來，走向現今的歷史世界。人們開始得到自由，可以解放感情，在愛和悲哀中使身心震撼。新發現的自然清新，人們的情感熾烈。那可以說是人類歷史上首次經驗的新生的時代。」「古代歌謠的本質，當然可從《詩經》和《萬葉集》那樣的民眾生活感情的豐富表現中求得。」（白川靜所著：《詩經》（東京：中央公論社，1970 年，《中公新書》（22），第一章〈古代歌謠的世界〉，頁 14～15。轉引自李慶論文，頁 41。）

〔註9〕 毛亨傳，鄭玄箋，孔穎達疏：《詩經》（《十三經注疏》第三冊，台北：藝文印書館，1989 年），卷一。

〔註10〕 同前註，卷一。

〔註11〕 同前註，卷一。

〔註12〕 這是司馬遷的說法，太史公認為孔子曾經有意識地刪削整理了《詩經》：「古者詩三千餘篇，及至孔子，去其重，取可施於禮義，……禮樂自此可得而述，以備王道，成六藝。」（《史記·孔子世家》）

面對漢代以來的政教經解方式，法國現代社會學派葛蘭言（Marcel Granet，1884～1940）宣稱「讓我們拋棄傳統的解釋吧，因為事實證明它會導致對原文的誤解」，這些解釋「絲毫也不能深化對詩歌原義的理解」〔註13〕。進而提出在閱讀《詩經》時，應遵循的十六條規則。這裡且舉其中三條為例：

（1）無須關注經典的解釋及其各種殘留變體。只有當我們想要找出那些源於《詩經》的儀式性用法時，它才是有用的，而絕對不能用來探索詩歌本身的原始含義。

（4）摒棄所有那些象徵解釋或暗示詩人「微言大義」的解釋。

（10）如果有必要求助於外在依據，那麼，與其選擇古典文本，還不如求助於那些包含著民俗事實的東西，當然時代越早越好，但在必要時亦可選擇現代的，這都是從遠東的文明競技場中借來的──它們作為公正思想或宗教思想的結果，遭到歪曲的可能性是最小的。〔註14〕

葛蘭言的《詩經》研究從上古的儀式集會入手，認為民俗事實的遺跡、或尚存之儀式，要比起古典文本更為可信。葛氏的研究主要是以《詩經‧國風》的情歌為分析的切入點，認為它們都是上古青年男女在節慶上的對歌，這些對歌是即興創作，最後完成約婚禮。這些節慶是一種性愛儀禮的活動，是一種社會公約，沒有什麼道德不道德的問題。例如其解釋《檜風‧隰有萇楚》說：「它與邪惡的檜侯毫無關係：它不過是一首訂婚歌而已。在這首歌的一章中，女子用歌聲表達了自己對她選中的年輕人沒有與他人訂婚的喜悅，而輪到那個年輕人時，他也唱出了同樣的心聲；不過，兩個人都要唱第一章，而且毫無疑問，他們還要合唱：『儂無朋友（connaissance），我多麼高興！（樂子之無知）』〔註15〕」就顯然比起〈毛序〉「〈隰有萇楚〉，疾恣也。國人疾其君之淫恣，而思無情慾者也。」〔註16〕的歷史性說明，更能趨近於詩篇「在心為志，發言為詩」的原始作意。

又例如，葛蘭言曾利用雲南拉祜族歌謠、越南東京的玀玀人歌謠，以及

〔註13〕葛蘭言著、趙丙祥、張宏明譯：《古代中國的節慶與歌謠》（桂林：廣西師範大學出版社，2005年11月第1版），〈導論〉頁6及頁3。

〔註14〕同前註，頁13～16。

〔註15〕同前註，頁12。

〔註16〕毛亨傳，鄭玄箋，孔穎達疏：《詩經》（《十三經注疏》第三冊，台北：藝文印書館，1989年），卷七。

台灣客家戀歌之統整比較中〔註 17〕，藉以解釋《鄭風・將仲子》之內容為「外婚制」〔註 18〕，並在《衛風・竹竿》、《召南・草蟲》、以及《齊風・南山》等篇章中找到旁證。有論者指陳此類研究路徑之長處及限制〔註 19〕：「在由口傳文學過渡到書面文學的那些《國風》詩篇中，其詮釋最有效。……他們的研究進路無法詮釋全部的《詩經》詩篇，但他們的研究視角，做為一種新方法論，對《詩經》研究的整體而言，是不可或缺的。」〔註 20〕

三、先民歌謠的對唱形態

孟子曾經說：「王者之跡熄而詩亡；詩亡，然後春秋作。」（《孟子・離婁下》）學者認為，「最初的歷史」需要經過一段漫長的口耳相傳的「傳說時代」，才能進入狹義的書面性之「歷史時代」〔註 21〕。以《易經》與《詩經》而言，這些早期的文字記載中確實蘊涵有相當豐富的「口傳文學」的印痕〔註 22〕。

〔註 17〕 葛蘭言著、趙丙祥、張宏明譯：《古代中國的節慶與歌謠》，頁 133～134、243～244、250。

〔註 18〕 同前註，頁 60～61。

〔註 19〕 參考李璜的說法：「葛蘭言一向在中國古史上有兩個從記載推論得到的假設（Hypotheses）。……他這兩個假設是：（一）在古典書籍所詔示的古中國城市生活，他的貴族式的風俗，宗法式的家族，宮廷式的生活種種狀態之外，古中國還存在有一種鄉村生活，其風俗習慣也有定規，而卻與前者儼然兩樣：這是第一個假設，在葛蘭言的另外一部著作名叫《中國之古節令與歌謠》中曾以《詩經》證之甚詳。（二）這兩種文化—城市的與鄉村的—既如此其不同而且有時相反，則古中國或應有一度大的外族侵略，而城市文化之建設當歸之於侵略者：這是第二個假設。不過葛蘭言對於這第二個假設，不似前一個有把握，因為前一個是言之有據，而這後一個不過設為立論的起點。」（李璜：〈古中國的舞蹈與神秘故事〉，《法國漢學論集》，香港：珠海書院出版委員會，1975 年，頁 166～167）在《詩經》被王官采錄寫定為書面之前，曾有一段歌謠傳唱的口述時期，這或許就是葛蘭言所設想的「宮廷外的鄉村生活」，至於從鄉村過渡到貴族宗法之際的「外族侵略」說，此一設想實令人難以置信。

〔註 20〕 林耀潾，〈葛蘭言、白川靜的《詩經》民俗學研究述論〉，頁 77。

〔註 21〕 徐炳昶，《中國古史的傳說時代》，台北：里仁，1999 年 1 月，頁 1～2。

〔註 22〕 如李鏡池認為「卦爻辭乃卜史的卜筮記錄。……卜史便把它編成一種有系統的卜筮之書。他所用的是長時間積聚的複雜的材料，除了遊牧時代的筮辭之外，還有商末周初的故事，比興式的詩歌；這些都足證明《周易》成書的年代，與其經由編纂而成的痕跡。」（李鏡池，〈周易筮辭考〉，《古史辨》，第三冊，頁 189、207）又如趙沛霖說：「《詩經》作為我國第一部詩歌總集，收錄了公元前 11 世紀至公元前 7 世紀前後五百餘年的詩歌作品，但它的內容卻

　　事實上，如果從這個角度來讀《詩經》，我們也能夠比較妥貼地釐清部份詩篇的敘事問題。這邊且以《周南‧卷耳》為例，這首詩的章句如下：

采采卷耳，不盈頃筐。嗟我懷人，寘彼周行。（一章）

陟彼崔嵬，我馬虺隤。我姑酌彼金罍，維以不永懷。（二章）

陟彼高岡，我馬玄黃。我姑酌彼兕觥，維以不永傷。（三章）

陟彼砠矣，我馬瘏矣，我僕痡矣，云何吁矣！（四章）

如果以《毛傳》的解釋「卷耳，后妃之志也。又當輔佐君子，求賢審官，知臣下之勤勞。內有進賢之志、而無險詖私謁之心，朝夕思念，至於憂勤也。」〔註23〕可知《毛傳》係以后妃為敘事觀點，如此一來，章句中再三重覆「我馬虺隤。我姑酌彼金罍」、「我馬玄黃。我姑酌彼兕觥」、「我馬瘏矣，我僕痡矣」的「我」，究竟指的是誰？就不容易解釋清楚。若依《毛傳》的意思，這邊也許該解釋為后妃「朝夕思念，至於憂勤」的一種象徵性寫法〔註24〕。

　　但如果我們參考前述的文化人類學方法，《毛傳》對於文本這種單一作者觀的僵硬解釋困境，就有了較周全的釋義可能。這邊不妨以台灣原住民阿美族的一首經典情歌〈恩愛夫妻〉為例：

（一）

.malingad yo sato sa cikaka,（哥哥要出門工作了）

ira i amanaw kiya na hawan,（開山刀掛在棚架上）

O hawan sa ni kaka.（那是哥哥的刀）

（二）

.tona malingad yo sato sa cikaka,（哥哥要出門上班了）

　　　遠不限於這個時間範圍，而大量保存了此前社會乃至原始時代的痕跡，諸如思想觀念、生活習俗、宗教禮儀等等。前代文化經過歷史的篩選、轉換和變異，被整合在新的文化中，成為新文化的組成部分，是常見的歷史現象。宗教文化學者泰勒把這些保存下來的前代文化的產物稱為文化『遺留』。從歷史發展和文化性質的角度看，可以說《詩經》是保存文化『遺留』最多的典籍之一。」（趙沛霖：〈20世紀《詩經》研究與文化人類學〉，《詩經研究叢刊》第六輯，北京：學苑出版社，2004年3月，頁27。）

〔註23〕毛亨傳，鄭玄箋，孔穎達疏：《詩經》（《十三經注疏》第三冊，台北：藝文印書館，1989年），卷一。

〔註24〕葛蘭言稱傳統的《詩經》研究為「象徵主義的解釋」，白川靜稱《毛傳》、《鄭箋》以下的《詩經》研究為「故事化解釋學」。他們宣稱，要認識《詩經》歌謠的「本來面目」，這種歷史化、故事化、政治化、道德化的詮釋觀點，必須反對。詳林耀潾，〈葛蘭言、白川靜的《詩經》民俗學研究述論〉，頁63。

ira i tansu kiya waysiacu,（白襯衫疊放在衣櫃裡）

waysiacu sa ni kaka.（那是哥哥的白襯衫）

（三）

.tona mi' adop yo sato sa I kaka,（哥哥要出去打獵了）

Matating I mocu' kiya na idoc,（鏢槍掛在牆上）

O 'idoc sa ni kaka.（那是哥哥的標槍）

（四）

.tona malingad yo sato sa ci lingiw,（妹妹要出門工作了）

Ira i kingkang kiya santalu,（涼鞋放在玄關上）

santalu sa ni lingiw.（那是妹妹的涼鞋）

（五）

.tona malingad yo sato sa ci lingiw,（妹妹要出門工作了）

Ira i tansu kiya wanpisu,（洋裝在衣櫥內）

wanpisu sa ni lingiw.（那是妹妹的洋裝）〔註25〕

　　《詩經》大部分作品都有「重章」的作法，或許與早期詩歌之音樂性〔註26〕有關，在「重章」中形成一種變化流轉、迴環悠遠的氣韻。以《周

〔註25〕吳明義，《哪魯灣之歌——阿美歌謠選粹——120》，台東：交通部觀光局東部海岸風景特定區管理處，1993年，頁190。阿美族以外，根據臺灣的原住民歌謠研究，我們發現在許多原住民族悠遠的歌謠中，也有類似的對唱現象；例如魯凱族多納部落也有對唱情歌，泰雅族的音樂組織結構有領唱與對唱等多種不同的表演方式，蘭嶼島上的雅美族則以單音朗誦式的原則，配合獨唱、領唱與和對唱及異音合唱等歌唱型態，凡此都可見出歌謠的古老表現方式。（可以參考許常惠，《多采多姿的民俗音樂》，台北：行政院文建會，1984年；吳榮順，《高雄縣境內六大族群傳統民謠叢書（四）：魯凱族民歌》，高雄：高雄縣立文化中心，1999年；賴靈恩，《泰雅 Lmuhuw 歌謠之研究——以大漢溪流域泰雅社群為例》，台北：國立台灣師範大學音樂學系碩士論文，錢善華教授指導，2002年6月。）

〔註26〕《詩經》之合樂，如《尚書·舜典》有「詩言志，歌詠言，聲依詠，律和聲」（卷三）的說法；《禮記·樂記》提及「詩其言志，歌詠其聲，舞動其容，三者本於心，然後樂器從之。」（卷十九）；〈毛詩序〉也說到：「在心為志，發言為詩，情動於中而形於言，言之不足，故嗟歎之，嗟歎之不足，故詠歌之，詠歌之不足，不知手之舞之足之蹈之也。」皆可以為例。另我們從《左傳》襄公二十九年季札於魯國觀樂的記載，可以知道當日風雅頌詩皆係合樂。至於《詩經》多重章，誠如余培林所說的：「《詩三百篇》章節多複疊，當是受音樂的影響。」（余培林，〈三百篇分章岐異考辨〉，刊於《國立臺灣師大國文學報》，第20期，1991年6月，頁1）

南・卷耳》為例，此類作品不易以單一人稱來闡明詩意，卻比較像是一種歌謠對唱的形式〔註 27〕。過去我們對於詩篇的理解往往奠基於單一作者與作意的尋找、不然就只好放棄原始「作意」、根據〈詩序〉說明其後起之政教意義。其實這些詩篇在經文字寫定之前，詩歌也許還經歷了一段相當長的口傳、或歌唱的歷程。

即以阿美族這首歌謠的成文形式為例，也像《周南・卷耳》有簡單的分章，有雷同的重覆句式，在各章（或小段落）內有押韻，而分章時（或不同小段落間）有轉韻的特徵，這些都間接表明了《詩經》當中高度重覆的句式，主要正是因為其合樂可歌〔註 28〕。最重要的，我們今日可以知道阿美族在吟唱〈恩愛夫妻〉這首作品時，是採用了對唱的形式（第一段到第三段是「先生」唱，第四、五段則是「太太」唱）。那麼，〈卷耳〉篇、或其他的《詩經》作品中，是否可能也有這種出於「對唱」的表現形式呢？

簡單地說，〈卷耳〉此詩在經王官采詩寫定時，應該也是出於一種對唱的形式：第一章是由「嗟我懷人」的太太所吟唱，第二到四章，則當為慨歎「我馬虺隤」、「我馬玄黃」及「我馬瘏矣」的丈夫之心聲。整體而言，表現出一對夫妻的離別苦思。這種對歌或對語的形式，在原始歌謠中所在多有，與後起文人為表現自我情志的書寫，並不相侔。

《詩經》中有部份作品保留了對歌的形式，此一設想或許是可信的。例如《鄭風・蘀兮》〔註 29〕有「叔兮伯兮，倡予和女」、「叔兮伯兮，倡予要

〔註 27〕大陸學者郭杰指出早期歌謠的對話性：「從藝術發生學的角度看，歌謠原本誕生在早期人類基於生存實踐所必需的交往活動中。《淮南子・道應訓》云：『今夫舉大木者，前呼邪許，後亦應之，此舉重勸力之歌也。』這段話雖然指明漢代之『今』，但卻揭櫫出詩歌起源的一般規律，所以眾多文學史著作以此為例來說明原始歌謠的起源。其中『前呼邪許，後亦應之』二句表明，就其內在生成機制而言，歌謠應該是彼此交流的『對話』，而不是沉思默想的『獨白』。」（郭杰，〈《詩經》對答之體及其歷史意義〉，《文學遺產》，北京：中國社會科學院文學研究所，1999 年第二期，頁 20～27）。

〔註 28〕可以參考李炳海的統計：「根據《詩經・國風》演唱曲調的運用方式，將《國風》劃分為兩種類型：一種是同調歌詩，整首歌詩用同一種曲調演唱；另一種是異調歌詩，同一首歌詩用幾首曲調演唱。無論是演唱方式還是歌詩的文本形態，同調歌詩體現的是整一、重覆，而異調歌詩體現的則是差異、變化，代表兩種不同的風格。如前所述，《詩經・國風》同調歌詩居多，占總數的 60% 以上。」（李炳海，〈《詩經・國風》生成期的演唱方式〉，《中州學刊》，河南：中州學刊雜誌社，第 163 期，2008 年 1 月，頁 215）他所謂的「同調歌詩」，即句式一致且重覆者。

〔註 29〕毛亨傳，鄭玄箋，孔穎達疏：《詩經》（《十三經注疏》第三冊，台北：藝文印

女」（阿弟啊阿哥，我來領唱，你們應和！）的字句，又如《陳風・東門之池》〔註30〕亦見「彼美淑姬，可與晤歌」（那位美麗的好姑娘，可以和她對歌！）之記載，足見在《詩經》編纂成書前的口傳時代，曾經出現過類似的對唱形式，這是相當合理的推測。

四、《詩經》中的對歌遺跡

《詩經》編纂成書時應該保存了早期對唱形式的遺跡，以下且就幾篇相關作品，嘗試作一些粗淺的說明。

（一）

與〈卷耳〉在主題上及形式方面極為類似的，我們首先注意到《魏風・陟岵》此篇：

> 陟彼岵兮，瞻望父兮。父曰：「嗟予子，行役夙夜無已，上慎旃哉！
> 猶來無止！」（一章）
>
> 陟彼屺兮，瞻望母兮。母曰：「嗟予季，行役夙夜無寐，上慎旃哉！
> 猶來無棄！」（二章）
>
> 陟彼岡兮，瞻望兄兮。兄曰：「嗟予弟，行役夙夜必偕，上慎旃哉！
> 猶來無死！」（三章）

此詩分為三章，每章形式大致雷同，前二句皆作：「陟彼○兮，瞻望○兮」，透過登高的艱辛，表現想要望見親人的渴求。《詩經》中常見類似作法，例如《周南・卷耳》有「陟彼崔嵬」、「陟彼高岡」及「陟彼砠矣」，《召南・草蟲》有「陟彼南山」，這些詩篇裡登高企眺的動作，皆與期盼歸人的題材有關。

書館，1989 年），卷四。引文之翻譯見滕志賢，《新譯詩經讀本（上）》，台北：三民書局，2009 年，頁 231。

〔註30〕同前註，卷七。翻譯見滕志賢，《新譯詩經讀本（上）》，台北：三民書局，2009年，頁 370。白川靜以為，像〈陳風・東門之池〉此類詩（包括〈鄭風・溱洧〉、〈野有蔓草〉、〈出其東門〉、〈有女同車〉、〈東門之楊〉、〈東門之枌〉、〈宛丘〉、〈月出〉等）都是古代的歌垣之歌。所謂的「歌垣」（uta-gaki）的意思是：兩個群體聚集在公共廣場上，面對面排成隊輪流合唱，合唱不時被即興歌謠打斷。先是某隊中有一人站出來，向對方即興唱一首歌，而對方的一個成員也會以同樣的方式即興演唱一首。年輕人用這種辦法向意中人表達愛情或求愛。她也以歌謠來應答。有時這會演變成對立雙方間的一場詩歌競賽。（林耀潾，〈葛蘭言、白川靜的《詩經》民俗學研究述論〉，頁 67）

在前二句敘述征夫欲瞻望親人的苦悶之後，詩章卻轉換了敘事角度，改為被眺望者在對他說話：「嗟予子，行役夙夜無已，上慎旃哉！猶來無止！」（唉！我的兒子，你早晚服役忙個不歇，還要多加小心呀！還是早點回來別在外久停！〔註31〕）哀憐自己的子弟行役艱苦，要他在外小心，務必平安歸家。

就作法而論，《魏風·陟岵》的三章重唱，等同於《周南·卷耳》的末三章，形成一種再三唱歎的愁思。章句中敘事觀點的轉移，有兩種可能性值得考慮：第一種是作法上的虛實不同，也就是征夫的苦悶是真實、親人的囑咐或許是虛構想像的；第二種則是表演方式的變化，此類詩歌最初在詠唱時，極可能是採取了一種對唱或多人詠歌的方式展現。以《詩經》寫定年代之早，或許後者的解釋會更為合理些。

（二）

類似的對話表現形式，又如《鄭風·女曰雞鳴》：

> 女曰雞鳴，士曰昧旦。子興視夜，明星有爛。將翱將翔，弋鳧與雁。
> （一章）
>
> 弋言加之，與子宜之。宜言飲酒，與子偕老。琴瑟在御，莫不靜好。
> （二章）
>
> 知子之來之，雜佩以贈之。知子之順之，雜佩以問之。知子之好之，
> 雜佩以報之。（三章）

這首詩分為三章，全篇主要以對話體來書寫。第一章開頭便是這對情侶（而非夫妻）的對話：女子說雞啼了，男子卻說天還沒亮，希望再留一下，她卻說：「子興視夜，明星有爛。將翱將翔，弋鳧與雁」（你快起身看看夜色，啟明星已在東方發亮，快出去遊遨巡視，射幾隻野鴨大雁〔註32〕），希望他趁天剛亮去狩獵鳧雁。

第二章也是對話，接著前面的話頭，女子特別解釋為什麼催他去獵雁：等你獵來了我們可以烹煮飲酒，兩人琴瑟和鳴，豈不是情味靜好？如果深一層推敲詩意，「弋鳧與雁」的字句也可以當成是女子的暗示，根據《儀禮·士婚禮》的記載，先秦時本有執雁以求婚的儀式〔註33〕，由這個理路帶到章句

〔註31〕翻譯見滕志賢，《新譯詩經讀本（上）》，頁289。
〔註32〕翻譯據滕志賢修訂，《新譯詩經讀本（上）》，頁224。
〔註33〕為什麼求婚要執雁？漢代經學家鄭玄（127～200）解釋為「取其順陰陽往來」，

中「與子偕老，琴瑟在御，莫不靜好」的婚姻想像，就顯得自然而美妙。再往下看，男子饋贈的玉佩也就成了定情之物。

前二章以女子為敘事觀點，第三章則陳述男子這邊的心聲：「知子之來之，雜佩以贈之。知子之順之，雜佩以問之。知子之好之，雜佩以報之。」重複強調自己想贈玉佩以回報女子的愛情。這首詩中敘事觀點的移轉，在當日詠歌之時，自然也該出以一種對唱的形式。

（三）

又如另一首夫妻對語詩《齊風·雞鳴》：

雞既鳴矣，朝既盈矣。匪雞則鳴，蒼蠅之聲。（一章）

東方明矣，朝既昌矣。匪東方則明，月出之光。（二章）

蟲飛薨薨，甘與子同夢；會且歸矣，無庶予子憎。（三章）

此詩分為三章，前兩章以相同的句式陳述事件，第三章作結語。第一、二章在內容上大致雷同，皆是妻子與丈夫的對話：「雞已鳴、天也亮，朝會已開始了吧？」提醒他該快點起床參與朝會。但是丈夫卻答以：「不是雞啼、天也還沒亮呀。」表示自己還想再多陪陪妻子。第三章則全是妻子的對白（聽那蟲子飛得薨薨響亮，一定是天色大明了！我也希望能再陪你同枕共眠，多睡一會兒。可是朝會已快要結束，別為了我讓別人因此而討厭你。）寫出女子對於丈夫的溫婉關心。

就形式上來看，此篇與《鄭風·女曰雞鳴》一篇頗有相似之處，那首詩在開頭稱：「女曰雞鳴，士曰昧旦。」即完全與此篇的一、二章內容雷同，且第三章仍復以絮絮對話作為全詩之結論。整體而言，此類作品頗似短篇詩劇。在當日之表現形式，也該是夫妻對唱之歌謠。

意思是說大雁是一種隨著季節日照而南來北往遷徙的鳥，用雁為禮，象徵順乎陰陽之意。另《白虎通·嫁娶》也說：「取其隨時而南北，不失其節，明不奪女子之時也；又是隨陽之鳥，妻從夫之義也；又取飛成行，止成列也，明嫁娶之禮，長幼有序，不相逾越也。」主張大雁南北往來遵從時序，猶如結婚也不可違背天時；而且雁鳥若失配偶則終生孑然，以此象徵婚姻之堅貞；此外，大雁飛行有序，說明女子婚嫁應遵循長幼次序。可以想見雁鳥在古人眼中，是如何與婚姻建立起譬喻的相關性。裴普賢、糜文開解釋此篇，認為「蓋贈佩委禽，都是定情訂婚的手續。」其說引用了《齊詩》遺說，舉《易林·豐之艮》「雞鳴同興，思配无家，執佩持鳥，莫使致之。」及〈漸之鼎〉「无家而思配」為證。（裴普賢、糜文開著，《詩經欣賞與研究（二）》，台北：三民，1969年8月，頁50）

（四）

《召南・野有死麕》也是一首對唱之情詩：

　　野有死麕，白茅包之，有女懷春，吉士誘之。（一章）

　　林有樸樕，野有死鹿，白茅純束，有女如玉。（二章）

　　舒而脫脫兮，無感我帨兮，無使尨也吠。（三章）

關於這首詩的主題，傳統社會以父系宗族為主，往往壓抑了女子對於情愛的感受。所以《毛詩序》會說：「〈野有死麕〉，惡無禮也。天下大亂，強暴相凌，遂成淫風。被文王之化，雖當亂世，猶惡無禮也。」鄭玄的《箋》亦云：「『無禮』者，為不由媒妁，雁幣不至，劫脅以成婚，謂紂之世。」可知漢代詩家恰好從禮法觀點來解讀此詩〔註34〕。

　　就形式上來看，這首詩的有趣，尤其在於三章的敘事觀點。此詩第一章「野有死麕，白茅包之，有女懷春，吉士誘之。」的寫法，讀來只是平實敘事。第二章，則像是從「吉士」如何「誘之」的觀點，來寫男子對於女子的愛慕之意。第三章則進一步描寫陷入了情網的女子，她並沒有推拒，從兩個語尾助詞「兮」中，彷彿也可以聽見她對戀人溫柔低語的口吻。

　　此詩於分章中採取了三種敘事角度，自然也可能是當日對唱形式之遺跡。

（五）

　　以歷史人物為題材之《豳風・九罭》，亦可見出對歌之形式〔註35〕：

〔註34〕 到了講究理學的宋代，王柏（1197～1274）所著的《詩疑》則更把此詩刪黜，直斥此篇為《詩經》三十二篇淫詩之首。不過，這首作品到了強調戀愛自主與標榜女權的現代社會，反而受到了更多的討論及青睞，如臺灣大學糜文開、裴普賢教授所合著的《詩經欣賞與研究》認為：「此篇是二南二十五篇中唯一的男女相悅調情之作，第三章三句，寫女子心理，出之以白描最為傳神。而歷來經學家不敢斥其為淫詩，即以朱熹之深識文學，猶曲為之說，指第三章為『女子拒之之辭，凜然不可犯之意可見。』真是掩耳盜鈴，硬充聾子以自欺。第三章三句，語雖含蓄，意則甚明，乃偷情時戒慎之辭，讀者玩味，自能得之。」（裴普賢、糜文開著，《詩經欣賞與研究（一）》，台北：三民，1964年5月，頁101）而葛蘭言則從文化人類學的觀點說：「中國注釋家們只在歌謠中看到了淫邪，而外國人則在其中發現了遠勝於現代道德的古代道德的痕跡。」（葛蘭言著、趙丙祥、張宏明譯：《古代中國的節慶與歌謠》（桂林：廣西師範大學出版社，2005年11月第1版），頁123）

〔註35〕 郭杰認為此類「貴族之作」延續了早期民間對唱情歌的表現形式：「作為上古歌謠的主要表現方式之一，對答之體雖然最初多用於男女情愛的歌唱中，隨著時代的前進和詩歌藝術的發展，其功能也不局限於此，而在更廣泛的生活場合中得以體現。如《大雅・江漢》，『敘寫周宣王命令召虎領兵征伐淮夷，

> 九罭之魚，鱒魴。我覯之子，袞衣繡裳。（一章）
> 鴻飛遵渚，公歸無所，於女信處。（二章）
> 鴻飛遵陸，公歸不復，於女信宿。（三章）
> 是以有袞衣兮，無以我公歸兮，無使我心悲兮。（四章）

這首詩分為四章，每章大致為三句。比較費解之處，在於詩句中人稱的複雜，包括了：我、子、公及女。人稱之所以複雜，原因來自於敘事觀點的轉移，或許這首詩在當日是以兩人對唱的形式以呈現。

　　過去對於這首詩的理解，《毛詩序》以為是讚美周公的詩：「〈九罭〉，美周公也。」有的學者則認為這是周公將歸西都，東都人表示挽留的詩，如豐坊（1492～1563？）《詩說》云：「周公歸於周，魯人欲留之不可得，作是詩。」傅恆（1720～1770）等的《詩義折中》曰：「〈九罭〉，留周公也。夫東方非公久居之處也，東人非不知之而又心悲者，則其情有所不能已也。」此詩之「無以我公歸兮」，是否果真為歌詠周公？或許未必見得。但漢代以來的這種歷史詮釋法，倒確實合用於印證本篇詩意情境。

取得勝利，因而冊命召虎，賞賜他土地及圭瓚秬鬯等，酬答他的功勞。召虎乃作簋，銘記其事。』……此詩語言典雅，格調莊重，除開頭兩章敘述原由外，其中周王冊命之詞將近三章，召虎拜答之詞一章有餘，兩相結合，看似一篇結構完整的對答體敘事詩……。它明顯是貴族之作，表現的又是重大的社會政治事件，當然與來自民間的情歌對唱之類迥然不同，但其對答之體是否與上古歌謠之間存在著某種間接的淵源關係呢？我想答案應該是肯定的。《左傳》曾記載上層貴族與下層民眾對歌的史事。宣公二年，宋將華元對楚戰敗被俘，宋人以兵車百乘、文馬百駟將他贖回。後來宋國築城，華元為總督，役人們便唱歌嘲笑他：『睅其目，皤其腹，棄甲而復。于思于思，棄甲復來。』華元命其驂乘對唱辯解：『牛則有皮，犀兕尚多，棄甲則那？』役人們又唱：『從其有皮，丹漆若何？』華元只好狼狽而去，還自我解嘲說：『夫其口眾我寡』（注：見《左傳》宣公二年。又，同書隱西元年鄭莊公母子在隧洞內外所賦之詩，也可看作是對答之體的特例。）這件事情發生在《詩經》時代的末期（春秋中期），它表明，當時貴族對民間對答歌唱的形式早已達到運用自如的程度。」（郭杰，〈《詩經》對答之體及其歷史意義〉，《文學遺產》，北京：中國社會科學院文學研究所，1999 年第二期，頁20～27）。李炳海曾指出《魏風・十畝之間》（十畝之間兮，桑者閑閑兮，行與子還兮。十畝之外兮，桑者泄泄兮，行與子逝兮。）的句法，與《左傳・隱公元年》鄭莊公母子之對唱（「公入而賦：『大隧之中，其樂也融融。』姜出而賦：『大隧之外，其樂也泄泄。』」）有相承之跡，此種對唱形式實可以溯自《詩經》。（李炳海，〈《詩經・國風》生成期的演唱方式〉，《中州學刊》，北京：中國人民大學文學院，2008 年第 1 期（總第 163 期），2008 年 1 月，頁 217）

這首詩的第一章，首出以「九罭之魚，鱒魴」的意象，是說小網子卻捕到了大魚，猶言小廟來了個大佛，有驚訝欣喜之意。「我覯之子，袞衣繡裳」，我見到了你呀，穿著絢麗華美的衣裳來。這四句話，都在表現來客地位之不凡。我們如根據前述豐、傅等人的觀點，那麼這位貴客，可能就是來自於朝廷的使者；使者突然造訪，是為了召請周公回朝。

第二章、第三章，出以雷同的句式〔註36〕，皆作：「鴻飛遵渚／陸，公歸無所／不復，於女信處／宿」。先說第二、三句，「公歸無所」、「公歸不復」，是說先生回程途中沒有居所、一去不返；「於女信處」、「於女信宿」，已表明先生只是暫住，還是要回歸朝廷的。會說出這些話的人，自然並非本地人，而是那位朝廷來訪的貴客。至於「鴻飛遵渚」、「鴻飛遵陸」的起興意象，表現出鴻鳥從河床飛至高地，暗示了此位先生（周公）的胸襟遠大，非為「知效一官，行比一鄉」（《莊子·逍遙遊》）的小人物。

第四章，「是以有袞衣兮，無以我公歸兮，無使我心悲兮！」作為結語（難怪您這樣身分的人會特地造訪！請不要帶走我們敬愛的先生呀，請不要害我們心裡悲傷！）此章連用了三個「兮」字，以見魯人依戀不捨之語氣意態。

五、糜文開、裴普賢的《詩經》對歌觀點

關於《詩經》的對唱現象，過去糜文開、裴普賢兩位教授也曾經注意及此，做過相當重要的討論。這裡且嘗試加以歸納介紹。

（一）認為部份詩篇在吟唱時有獨唱、合唱之分別

早在民國五十三年，糜、裴兩位先生發表《詩經欣賞與研究（一）》時，即已持此論〔註37〕。如其於《周南·螽斯》譯曰：

〔註36〕李炳海提出「同調歌詩」與「異調歌詩」的概念：「根據《詩經·國風》演唱曲調的運用方式，將《國風》劃分為兩種類型：一種是同調歌詩，整首歌詩用同一種曲調演唱；另一種是異調歌詩，同一首歌詩用幾首曲調演唱。無論是演唱方式還是歌詩的文本形態，同調歌詩體現的是整一、重複，而異調歌詩體現的則是差異、變化，代表兩種不同的風格。如前所述，《詩經·國風》同調歌詩居多，占總數的60%以上。也就是說，《國風》在音樂和文本形態方面的主導風格是整一、重複，而差異、變化則是次要的。」李氏且認為《豳風·九罭》是屬於異調歌詩之一種：「首章和末章採用各自的曲調，中間幾章採用同一曲調」。（李炳海，〈《詩經·國風》生成期的演唱方式〉，頁214～216）
〔註37〕糜、裴二位先生著作此書時，還無法想像日本學者白川靜相關的民俗學著作（《詩經—中國の古代歌謠》遲至1970年始出版），卻在一些讀詩理念上暗

螽斯羽，	（獨唱）	螽斯撲翅膀，
詵詵兮；		聲音陣陣響；
宜爾子孫，	（合唱）	祝你子孫啊，
振振兮！		又多又像樣！
螽斯羽，	（獨唱）	螽斯撲翅膀，
薨薨兮；		成群飛上天；
宜爾子孫，	（合唱）	祝你子孫啊，
繩繩兮！		綿綿永綿延！
螽斯羽，	（獨唱）	螽斯撲翅膀，
揖揖兮；		一齊飛攏來；
宜爾子孫，	（合唱）	祝你子孫啊，
蟄蟄兮！		昌盛一代代！

糜先生在賞析此篇的小序特別提及：「在適當場合由眾人合唱，便成為祝賀多子多孫的歌詠。」〔註38〕可見他已不從單一作者觀點，來解讀詩篇。類似此篇重現出獨唱及合唱的譯法，又見於其書《周南‧麟之趾》之賞析〔註39〕。

這種獨唱、合唱的設想，到了民國五十八年發表《詩經欣賞與研究（二）》時，又進一步分化為：女聲、男聲及眾聲（對答又有和聲）的複雜型式，例如其於《鄘風‧桑中》譯文〔註40〕作：

合。所以裴普賢說：「我們寫《詩經欣賞》續集時，尚未見到白川靜之書，所以解《王風‧揚之水》時，還只說是東周初年王畿之民遠戍申、甫、許三國，久不得歸，望水感歎之詩。後來普賢為時報出版公司寫中國歷代經典寶庫的青少年版《詩經》時，就加入了水占的故事。而這篇《唐風》的〈揚之水〉，也就不從《毛序》《朱傳》，而由玩味詩文，解為一對男女相戀，已私訂終身，但議婚時，女方父親堅不同意，要將她許配別人。……」（裴普賢、糜文開著，《詩經欣賞與研究（四）》，台北：三民，1984年1月，頁8。）

〔註38〕譯文及引文見裴普賢、糜文開著，《詩經欣賞與研究（一）》，台北：三民，1964年5月，頁10。

〔註39〕同前，頁108。

〔註40〕裴普賢、糜文開著，《詩經欣賞與研究（二）》，台北：三民，1969年8月，頁98。此詩每章七句，糜先生以為是基本形式（前四句）加上顧炎武所稱章餘之句（後三句）合併而成。

爰采唐矣，	（女聲問）你到那兒去採蒙菜啊？
沫之鄉矣。	（男聲答）我到沬邦的鄉下採啊。
云誰之思？	（女聲問）你想追的是誰家姑娘啊？
美孟姜矣。	（男聲答）漂亮大姐她姓姜呀。
期我乎桑中，	（眾聲合唱）她約我在桑中
要我乎上宮，	她邀我去上宮，
送我乎淇之上矣。	她送我送到淇水上啊。

爰采麥矣？	（女聲問）你到那兒把小麥採啊？
沫之北矣。	（男聲答）我到那沬邦北門外啊。
云誰之思？	（女聲問）你想追的是誰家姑娘啊？
美孟弋矣。	（男聲答）弋家大姐頂漂亮啦。
期我乎桑中，	（眾聲合唱）她約我在桑中
要我乎上宮，	她邀我去上宮，
送我乎淇之上矣。	她送我送到淇水上啊。

爰采葑矣？	（女聲問）你到那兒採蕪菁啊？
沫之東矣。	（男聲答）我到沬邦東門東啊。
云誰之思？	（女聲問）你想追的是誰家姑娘啊？
美孟庸矣。	（男聲答）庸家大姐我看上啦。
期我乎桑中，	（眾聲合唱）她約我在桑中
要我乎上宮，	她邀我去上宮，
送我乎淇之上矣。	她送我送到淇水上啊。

乃由前一本書的「獨唱／合唱」中，進一步析分出男女問答、及眾聲合唱的形式，同樣的譯文形式，又見於其賞析《邶風‧北風》[註41]。糜、裴之書對於這樣的詩篇吟詠設想（女聲／男聲），倒未見清楚的說明。《鄘風‧桑中》因為是首情歌，此篇的想像自有其可信之處；但將《邶風‧北風》篇中獨唱進一步設想為某段是男聲、某一段又是女聲，就未必見得出其理據。

〔註41〕裴普賢、糜文開著，《詩經欣賞與研究（四）》，台北：三民，1984年1月，頁89～90。

（二）主張「一唱三歎」與「章餘」合唱

　　糜先生歸納《詩經》章句的基本構成形式，曾經提出所謂「一唱三歎」的說法，他認為：

　　《詩經》三百零五篇，雖然沒有統一格式的規定，但細加考察，隱然有一個基本形式，存在於其間，呼之欲出。三百篇的作品，在無意之中，都環繞著這個基本形式而變化。這個基本形式是：四字成句，四句成章，三章成篇。而一篇的三章，有如環之相連，結合成靈活的一體，完美的典型。〔註42〕

　　周代樂歌，往往疊詠三章，然後樂成。蓋「一唱三歎」而後感情得充分抒發；亦即《鄭箋》所謂「申殷勤之意」也。是以後世絕句入樂，亦必「陽關三疊」而後已。三章相疊，自應換韻，而不必多改字句，此三百篇各章多成連環式也。〔註43〕

糜先生所謂「一唱三歎」、「疊詠三章」的基本形式，如前述《周南・螽斯》及《鄘風・桑中》等篇，皆是也。在此類詩作中，糜先生以為每章最後一句或幾句話，若採用了同樣的字句，則可以視為是眾聲合唱。裴普賢說：

　　〈麟之趾〉……每章三句。興體。二南之中，祝福慶賀的詩特別多，而以這篇最簡短而突出。三章的最後一句，都用「于嗟麟兮」四字還讚歎作結，文開疑其為祝賀時合唱的和聲〔註44〕，檢閱二《南》各篇，〈騶虞〉三章與此篇相仿，均以「于嗟乎騶虞」五字作結。〈殷其靁〉三章均以「振振君子，歸哉！歸哉！」二句作結。還有〈漢廣〉三章後四句也相同。因而推想二《南》之為合唱詩，大概先是每章末句和聲合唱，後來和聲發展成兩句，或竟四句之長。最後繞有全篇合唱的風氣。

　　全篇各章結句相同的，除二《南》外，《邶風》有〈北門〉、〈北風〉兩篇，《鄘風》有〈柏舟〉、〈桑中〉兩篇，《衛風》有〈芄蘭〉、〈木瓜〉兩篇，《王風》有〈黍離〉、〈君子陽陽〉、〈揚之水〉三篇，《鄭

〔註42〕糜文開，〈《詩經》的基本形式及其變化〉，《詩經欣賞與研究（一）》，台北：三民，1964年5月，頁467。

〔註43〕同前註，頁517。

〔註44〕朱光潛也持相同看法：「……其次是『和聲』，一詩數章，每章收尾都用同一語句，上文『吁嗟麟兮』便是好例。」（《詩論》，台北：漢京文化，1982年，頁14。）

風》有〈緇衣〉、〈褰裳〉、〈溱洧〉三篇,《魏風》有〈園有桃〉一篇,《唐風》有〈椒聊〉、〈杕杜〉、〈有杕之杜〉、〈采苓〉四篇,《秦風》有〈黃鳥〉、〈晨風〉、〈權輿〉三篇,十五《國風》之各章結尾相同者,計共二十四篇,其中〈君子陽陽〉篇各章的「其樂只且!」〈揚之水〉篇各章的「懷哉!懷哉!曷月予還歸哉!」〈褰裳〉篇各章的「狂童之狂也且!」〈椒聊〉篇各章的「椒聊且!遠條且!」〈權輿〉篇各章的「于嗟乎!不承權輿!」都是和聲式的結尾。足證《詩經》時代的民謠,是曾流行著以和聲為結句的,就是〈魯頌有駜〉篇三章都以「于胥樂兮」四字作結句,也沾染著這一民謠形式了。〔註45〕

眾聲和唱為歌謠特色之一,《詩經》之有章餘,即為合唱和聲之痕跡。其辭,或為讚美,或為悲歎,或為諷刺,均為內在強烈情感之發洩……惟章餘之體,每章章末附有相同之句,尚可推知其為和聲之一種。蓋此皆和聲之有辭且有義者,其有聲無辭與有辭無義之和聲,不加記錄,就都已遺失了。〔註46〕

糜、裴二氏之說,主要以各章重複的結尾幾句,稱之「章餘」,視為早期合唱和聲之痕跡。兩位先生標舉「章餘」其來有自,主要是採用了顧炎武《詩本音》的看法:

古人之詩,言盡而意長,歌止而音不絕也。故有句之餘、有章之餘。……章之餘如「於嗟麟兮」、「其樂只且」、「文王烝哉」之類是也。〈記〉曰:「言之不足,故長言之;長言之不足,故嗟歎之。」凡章之餘皆嗟歎之辭,可以不入韻。然分三數章而歌之,則章之末句,未嘗不可自為韻也。〔註47〕

顧炎武主要從詩韻的角度立言,指出章餘為嗟歎之辭,或可自以為韻。然顧說在考慮這個問題時,未必跳脫了單一作者敘事立場的既有概念。至於糜、裴二氏,則進一步加入了「合唱和聲」的新想法。

糜、裴兩位先生對於詩篇和聲的新想法,雖然找到了傳統的理據,但也

〔註45〕裴普賢、糜文開著,《詩經欣賞與研究(一)》,台北:三民,1964年5月,頁108～109。

〔註46〕裴普賢、糜文開著,《詩經欣賞與研究(三)》,台北:三民,1979年6月,頁5～6。

〔註47〕顧炎武,《詩本音》,卷一,臺灣商務印書館四庫全書,第241冊,頁37。

會遭遇到一些解釋上的困難，例如：合唱為什麼一定得是「章餘」？在稍早之前，朱自清解讀《豳風‧東山》一詩時，即曾指出每章均重複的開頭四句「我徂東山，慆慆不歸；我來自東，零雨其濛。」從歌唱的角度而言，「很像是和聲」〔註48〕。再者，兩位先生對於詩篇合唱的概念既是架構在「章餘」，也就無法想像合唱與獨唱有可能在於以「章」為單元，我們如從前面所舉的阿美族歌謠為例，吟唱之區別與分章（分段）顯然是相關的。

（三）認為部份詩篇是由兩位人物以對唱形式呈現

除了「獨唱／合唱」的區別以外，糜、裴譯詩時也會運用一種類似「對口山歌」的形式。如其分析《召南‧采蘋》篇說：「全詩用問答體，即今日民間對口山歌之類」〔註49〕。又如其譯《豳風‧狼跋》〔註50〕篇曰：

狼跋其胡，	你說：「肥狼前腳踩下巴，
載疐其尾。	要想坐下後腿踩尾巴。」
公孫碩膚，	我道：「公孫大腹好度量，
赤舄几几。	走路健步橘紅皮鞋几几響。」
狼疐其尾，	你說：「肥狼後腿踩尾巴，
載跋其胡。	要想走路前腳踩下巴。」
公孫碩膚，	我道：「公孫心廣體胖好福相，
德音不瑕。	聲如洪鐘真響亮。」

就是以兩人問答的方式，來設想此詩之吟唱。同樣的作法，又可見於其賞析《小雅‧鴻雁之什》的〈庭燎〉篇。

此種既有的山歌對語形式，在糜、裴書中實無礙於與小序合觀並用。例如其書在賞析《邶風‧式微》篇時，即認為「此篇為莊姜（即黎莊夫人）與其傅母所合作，……可視此篇為我國詩人聯句之先河。」〔註51〕視此篇為民間歌謠形式往後代書面詩作（詩人聯句）之過渡期創作。

〔註48〕朱自清，《中國歌謠》，台北：世界書局，1958 年初版，頁 178。
〔註49〕裴普賢、糜文開著，《詩經欣賞與研究（四）》，台北：三民，1984 年 1 月，頁 349。
〔註50〕裴普賢、糜文開著，《詩經欣賞與研究（一）》，台北：三民，1964 年 5 月，頁 331。
〔註51〕同前註，頁 162。

六、結　論

　　《詩經》大部分作品都有「重章」的作法，這或許與早期詩歌之音樂性有關，在重章中形成一種變化流轉、迴環悠遠的氣韻。值得注意的是，此類作品中有部份詩篇較難以用單一人稱來闡明詩意，卻比較像是一種歌謠對唱的形式。

　　過去我們對於詩篇的理解往往奠基於單一作者與作意的尋找、不然就只好根據〈詩序〉說明其後起之政教意義。其實這些詩篇在經文字寫定之前，詩歌也許還經歷了一段相當長的口傳、或歌唱的歷程，這種演唱的特殊形式，在詩句寫定時應該仍保留有當日對唱之遺跡，而非文字脫離了樂曲後、單一敘事角度（抒情言志的單一作者觀）之理解模式所能牢籠。

　　為此，當代《詩經》研究開始嘗試運用文化人類學或民俗學的方法，以釐清文本的原來面貌與表演形式。例如法國學者葛蘭言及日本學者白川靜等人的《詩經》研究，他們認為民俗事實的遺跡、或尚存之儀式，要比起古典文本更為可信。他們的解讀方式，不但具有現代性，且帶給讀者許多啟發。有論者指出此類研究路徑之長處：「在由口傳文學過渡到書面文學的那些《國風》詩篇中，其詮釋最有效。……他們的研究進路無法詮釋全部的《詩經》詩篇，但他們的研究視角，做為一種新方法論，對《詩經》研究的整體而言，是不可或缺的。」

　　本論文因此舉台灣原住民歌謠〈恩愛夫妻〉為例，與《詩經》中幾篇作品相互對照，試以說明《詩經》之重章現象：我們應該注意《詩經》原具有歌謠的吟唱背景，寫定當時或許具有獨唱、對唱、合唱之種種可能，因此在詩章的敘事觀點上屢見轉移。

　　討論了對歌形式之後，篇中復試舉糜文開、裴普賢的文本典型與「章餘」說法為例，介紹他們如何以歌謠和聲來解析《詩經》篇章及其理據，兩位先生的研究路徑或許並非人類學式的，部份論述也仍有侷限，但是在釐清詩篇最初的表現形式上，其觀點還是很有開創性、值得肯定的。

《周易》興象繫辭之作法初探

提　要

　　本論文嘗試分析《周易》卦爻繫辭如何興象：其卦爻辭之興象實際上或離或合：有時在某卦之下其爻辭有一致之意象，有時則各爻興象看似全然無關。如果卦爻辭是一人所繫，那麼何以在一卦之下，爻辭竟會冒出不同意象呢？對比於《詩經》，這種表意形式是很奇特的現象。從這個問題進一步去分析，可以發現《周易》之興象在卦爻間有流動的現象、與特殊的錯綜變化體例。此外，卦爻辭中也保存了繫辭當時之習用語、原始的物種分類觀念、及珍貴的上古史料。

關鍵字：周易、卦爻辭、興象

一、問題意識：《周易》興象是否有道理可說？

　　《周易》與其他經書之異，尤在其有一套巧妙的象學。初讀《周易》的學者，免不了需要去面對此經書中所涉及的「象」，例如：乾卦之爻辭為何會去寫龍、坤卦卦辭又為何會寫牝馬？乃至於其解經，竟衍伸至《說卦傳》複雜的形象系統，如其說乾之象徵可以「為天、為圜、為君、為父、為玉、為金、為寒、為冰、為大赤、為良馬、為老馬、為瘠馬、為駁馬、為木果。」

　　如果《周易》蘊藏的是人與天地萬物間之通感，那麼如何在天、圜、君、父、玉、金、寒、冰、大赤、良馬、老馬、瘠馬、駁馬及木果之上，試圖去掌握創作（闡發）《周易》者當時所具有系統性的「抽象精神」，或許仍然是我們可以理解《周易》哲理、以及古人的感性思維方式上，一個重要的途徑。

限於學力與篇幅所及，拙文並不想旁及過遠〔註1〕，於此僅想就《周易》卦辭及爻辭所涉及之「象」，略加考察其關聯性，欲藉此標舉《周易》以易象詮說義理之特殊性。

二、卦爻辭之制作

《周易》闡明義理的特殊性，就史書所載此經之制作過程而言，可以略分三個部分來看：第一是伏羲氏畫卦、第二是文王周公之繫辭、第三是孔子的《易傳》解釋。這三個環節環環相扣，如王夫之就說：「即象以見理，即理之得失以定占之吉凶，即占以示學，切民用、合天性，統四聖人於一貫，會以言以動以占以制器於一原。」（《內傳》發例）特別強調治經義需「統四聖人於一貫」、「即象以見理」。孔子於《易傳》之說理，不能逸出卦爻繫辭的吉凶判斷；而文王、周公之繫辭興象，自然也緊密扣合著六十四卦的陰陽變化而來。

在這漫長的占卜體系發展時，筆者相信最重要的還是卦爻辭的書寫，伏羲重卦或許只是記數符號體系的擴大，其最初尚未具有重要意義；但在卦爻辭書寫的過程中，當時卻已建立了一套價值觀，而有吉凶可辨。到了《易傳》時，才會更進一步聚焦在儒學立場對於人的處境之關懷。

卦爻辭之制作，《漢書‧藝文志》云：「殷周之際，紂在上位，逆天暴物，文王以諸侯順命而行道，天人之占，可得而効，於是重《易》六爻，作上下篇。」認為卦辭、卦序乃出於文王；《周易正義‧序》則臚列二說：

> ……其《周易‧繫辭》凡有二說：一說所以卦辭、爻辭，並是文王所作知者。案繫辭云：易之興也，其於中古乎？作易者其有憂患乎？又曰：易之興也，其當殷之末世、周之盛德邪？當文王與紂之事邪？又乾鑿度云：垂皇策者犧，卦道演德者文，成命者孔。通卦驗又云：蒼牙通靈昌之成，孔演命明道經。準此諸文，伏犧制卦、文王繫辭、孔子作十翼，易歷三聖，只謂此也。故史遷云：文王囚而演易，即是作易者其有憂患乎！鄭學之徒並依此說也。

〔註1〕中外有不少學者指出《易經》興象與《詩經》的關聯，例如裴普賢、糜文開說「《詩經》的賦比興三體，在爻辭中也已應用」、「《詩經》三百篇和《易經》爻辭有著血統上的關係」。（《詩經欣賞與研究》，台北：三民書局，1964年，頁122）

二以為驗爻辭多是文王後事，案升卦六四：王用亨于岐山，武王克殷之後，始追號文王為王，若爻辭是文王所制，不應云王用亨于岐山。又明夷六五：箕子之明夷，武王觀兵之後，箕子始被囚奴，文王不宜豫言箕子之明夷。又既濟九五：東鄰殺牛不如西鄰之禴祭，說者皆云：西鄰謂文王、東鄰謂紂，文王之時紂尚南面，豈容自言己德受福勝殷？又欲抗君之國？遂言東西相鄰而已。又左傳韓宣子適魯見易象云：吾乃知周公之德，周公被流言之謗，亦得為憂患也。驗此諸說，以為卦辭文王、爻辭周公，馬融、陸績等並同此說。今依而用之。

所以只言三聖，不數周公者，以父統子業故也。案禮稽命徵曰：文王見禮壞樂崩、道孤無主，故設禮經三百、威儀三千，其三百三千即周公所制周官、儀禮，明文王本有此意，周公述而成之，故繫之文王。然則易之爻辭，蓋亦是文王本意，故易緯但言文王也。

可知司馬遷及鄭玄等，是將《周易》繫辭，置於文王幽囚的憂患意識來看。而馬融以降、至孔穎達，則以爻辭所載內容判斷：先有卦辭，為文王所作，爻辭後起，則出於周公之手。

三、卦辭書寫應具有體例

照常理來設想，卦辭之設計當先於爻辭。如漢學家 R.G.H.Siu 於〈The Man of Many Qualities——A Legacy of the I CHING〉中，認為六十四卦為人生六十四種不同處境，卦辭為對各處境之綜合判斷，六爻則為針對各處境中不同發展方式所作之簡述。李鏡池〈周易卦名考釋‧補記〉也說：「每卦有一個中心思想，卦名是它的標題。」黃沛榮《易學乾坤》曾將六十四卦據其名義分類為七種，包括：生存環境、社會形態、社會制度、生活細節、人際關係、處世態度及人生際遇等。黃氏認為：「（卦義系統）儼然一個社會之縮影。……古人心目中往往有此構想，不過未能作清晰而系統化之論述而已。蓋因卦形乃是嚴密無缺之系統，無論以八卦自重、相重，或是以陰、陽爻畫排列於六位之中，所得之結果必為六十四卦，是故古人訂立卦名、卦義之時，自不可能隨意拾掇、信手安排，亦必有其體例蘊含於其中也。」〔註2〕

換言之，據上述學者的看法，應該是卦義先確立了其為一完整之系統，

〔註2〕黃沛榮，《易學乾坤》（台北：大安出版社，1998），頁118。

先建立其「不同處境」與「中心思想」後，才有後續爻辭之分析安排。黃沛榮所言訂立卦名、卦義時之「體例」，向來是研究《周易》者所關心的問題，其最顯著例證，可以〈雜卦傳〉的論述為例：

> 乾剛坤柔，比樂師憂。臨、觀之義，或與或求。屯見而不失其居，蒙雜而著。震起也，艮止也。損、益，盛衰之始也。大畜時也，無妄災也。萃聚而升不來也，謙輕而豫怠也。噬嗑食也，賁無色也。兌見，而巽伏也。隨無故也，蠱則飭也。剝爛也，復反也。晉晝也，明夷誅也。井通，而困相遇也。咸速也，恆久也。渙離也，節止也。解緩也，蹇難也。睽外也，家人內也。否、泰，反其類也。大壯則止，遯則退也。大有眾也，同人親也。革去故也，鼎取新也。小過過也，中孚信也。豐多故也，親寡旅也。離上，而坎下也。小畜寡也，履不處也。需不進也，訟不親也。大過顛也，姤遇也，柔遇剛也。漸女歸待男行也，頤養正也，既濟定也。歸妹女之終也，未濟男之窮也。夬決也，剛決柔也。君子道長，小人道憂也。

可知六十四卦在設計定名之時，確實具備意義上的關聯性，〈雜卦傳〉至少認為：（一）卦與卦之間所涉「處境」，存有一種對比性，可茲對照。（二）其釋六十四卦，以「乾剛坤柔」之對比始，然刻意以夬卦「剛決柔也，君子道長，小人道憂也」終，可知作傳者在對比之不同情境下，已寓有價值選擇。

卦義處境之兩兩相對，歷代治《易》學者皆已論及。如王弼說：「卦以反對。」（〈周易略例〉「明卦適變通爻」）孔穎達說：「六十四卦，兩兩相耦，非覆即變。」（《周易正義‧序卦傳》）江永認為：「文王之《易》，以反對為次序。……不可反者八卦，可反者五十六卦，上下經以此為序，天道人事，恆以相易而相反，又以相反而復初，此《易》中一大義。」（〈卦變考〉）即以卦辭來看，前述的說法也可以得到印證，如泰卦卦辭曰「小往大來」，否卦卦辭曰「大往小來」；需卦卦辭：「有孚，光亨，貞吉，利涉大川」，訟卦卦辭：「有孚窒，惕中吉、終凶。利見大人、不利涉大川。」顯見卦辭確實具有對反之書寫體例。

四、爻辭書寫尤重興象

值得注意的是，卦辭與爻辭在書寫上，確實相當不同：卦辭常常不見具體的形象，有時只做吉凶之聲明；而爻辭卻往往透過鮮明形象來表述不同

階段。例如乾卦之初九曰「潛龍勿用」、九二「見龍在田」、九三「君子終日乾乾，夕惕若」、九四「或躍在淵」、九五「飛龍在天」、上九「亢龍有悔」、用九「見群龍无首」，就可以很明顯看到爻辭鮮明的形象，不同爻辭間往往借助這些具有關聯的形象來表意。然乾卦之卦辭則但曰「元亨利貞」，主要斷言一卦之吉凶，未再特別興象以表意。類似的例子，又如大有卦卦辭但曰「元亨」、隨卦卦辭但曰「元亨利貞，无咎」、賁卦卦辭但曰「亨，小利有攸往」、剝卦卦辭但曰「不利有攸往」、遯卦卦辭但曰「亨，小利貞」、大壯卦卦辭但曰「利貞」等等，凡此可以判斷，卦辭或許只是大概斷言一卦吉凶，至於不同「處境」的具體描述，對於實際占卜操作上，實有待不同階段的爻辭來析論。

至於爻辭之書寫，其內容及興象實為相當複雜，我們大致上可以分成幾種來觀察：

（一）爻辭興象與卦辭興象有一致性

即以井卦為例：

卦辭：改邑不改井，无喪无得。往來井井，汔至，亦未繘井。羸其瓶。凶。

初六：井泥不食；舊井无禽。

九二：井谷射鮒，甕敝漏。

九三：井渫不食，為我心惻，可用汲。王明，並受其福。

六四：井甃，無咎。

九五：井洌，寒泉食。

上六：井收，勿幕；有孚，元吉。

從其爻辭及卦辭來看，繫辭者皆以井水之使用為象，如此表意自然會比較清晰完整。理論上來看，這種作法應該算是最典型的例子，也就是以某個特定意象，表達一個特殊的處境，這個特定意象自然也就成為卦名。相同的例子，又如履卦之卦爻辭皆以「履行」興象，如同人卦之卦爻辭皆以「同人聚合」興象。前面曾提及，六十四卦中有許多卦辭只有吉凶之判斷語，並未有特別興象。只要卦名與其爻象相符，皆可以併入此一類下。

（二）爻辭興象有一致性，然與卦辭興象沒有直接相關性

例如觀卦：

卦辭：盥而不薦。有孚：顒若。

初六：童觀，小人無咎，君子吝。

六二：闚觀，利女貞。

六三：觀我生，進退。

六四：觀國之光，利用賓于王。

九五：觀我生，君子無咎。

上九：觀其生，君子無咎。

此卦之爻辭皆具有一致意象，即「觀看」之意，但卦辭卻旁出以「盥而不薦」之意象，以表現置身其中卻又未及核心的臨場觀點。

　　類似的例子，又如漸卦各爻皆取「鴻漸于○」之象，而卦辭卻別出以「女歸」之意象，以婚嫁引伸需依禮循序漸進。如損卦各爻皆言「損下益上」之情境，而卦辭卻旁及「曷之用？二簋可用享」，借此強調禮饋厚薄並不重要，重要在奉獻時心態之虔敬。

（三）卦象、爻象之流通呼應

　　明顯的例子如泰卦與否卦：

泰卦卦辭：小往大來，吉亨。

初九：拔茅茹，以其彙，征吉。

九二：包荒，用馮河，不遐遺，朋亡，得尚于中行。

九三：無平不陂，無往不復，艱貞無咎。勿恤其孚，于食有福。

六四：翩翩不富，以其鄰，不戒以孚。

六五：帝乙歸妹，以祉元吉。

上六：城復于隍，勿用師。自邑告命，貞吝。

否卦卦辭：否之匪人，不利君子貞，大往小來。

初六：拔茅茹，以其彙；貞吉，亨。

六二：包承，小人吉，大人否亨。

六三：包羞。

九四：有命無咎，疇離祉。

九五：休否，大人吉；其亡其亡，繫於苞桑。

上九：傾否，先否後喜。

對比兩卦之爻辭，實具有高度相似之意象，如二卦初爻皆作「拔茅茹，以其彙」，以此意象借喻「同類相聚」，然綜考《周易》六十四卦，僅於這兩卦作此

意象。又繫爻辭者對於「包」字〔註3〕、「祉」字之刻意使用，乃至於二卦之上爻，亦皆有「傾覆」意象。可知我們在讀個別爻辭時，切不可單純視各卦為一個意象體系，而把卦與卦之間的義理關聯性加以切割、忽略，否則我們將無法完全掌握繫辭者微妙之用意。

與泰、否二卦這種爻辭系統相關作法類似的，又如既濟卦與未濟卦，其爻辭皆見「小狐汔濟」之渡水意象；又如夬卦九四與姤卦九三，巧妙並用了「臀无膚，其行次且」的衰弱意象。然以上皆為爻位相異之卦，義理（處境）相似而對反，其繫辭興象之近似，自屬合理。

（四）由爻變或卦畫之錯綜興象

此類取象相當複雜，具見際遇之變動。

以爻變所成之卦取象，例如乾卦九三曰：「君子終日乾乾，夕惕若」，其爻辭興象何以如此？主要是因為九三爻變為兌卦，卦象乃一變為兌下乾上之履卦，而有「履踐、行走」之義；爻變使得爻象具備轉移互釋之可能。

又例如坤卦六四，爻變後成為九四，以卦形來看彷彿囊封了下三爻之坤卦，故有「括囊」之象；坤卦上六爻辭為「龍戰于野」，是以上六爻變為上九，乃形成坤下艮上之剝卦，故有陰陽相剝之象，故曰「戰」。而其所以取象於「龍」者，殆為六陰爻之坤卦，錯卦為六陽爻之乾卦，故取象於龍。

類似的錯卦取象法，例如屯卦六三曰：「即鹿无虞，惟入于林中。君子幾，不如舍，往吝。」屯卦原為震下坎上，錯卦後一變為巽下離上之鼎卦，據〈說卦傳〉，巽為入、離為明，故此卦六三乃有「入」象及「見幾」之象。又同人卦九五曰：「大師克相遇」，實為離下乾上之同人卦，錯卦後變為坎下坤上之師卦，所以才突然會有取象於「師」之說法。

此外，還有以綜卦取象的手法。錯卦是一卦之陰爻陽爻完全轉變，綜卦則是將某卦中六爻之排序逆向倒反。例如賁卦初九曰：「賁其趾，舍車而徒」，乃為賁卦（離下艮上）初九爻變為初六而轉成艮卦（艮下艮上），由艮卦一綜而變為震卦（震下震上），據〈說卦傳〉解震為足、為動，可知此爻

〔註3〕包引申有「中」義，屈萬里先生說：「二為初、三所包，五為四、上所包，故又有包義。蒙九二：『包蒙吉。』泰九二：『包荒。』九五：『繫于苞桑。』（原注：苞一作包，古通用。）否六二：『包承。』姤九二：『包有魚。』九五：『以杞包瓜。』臀以二五為包，包亦中也。又為幽隱，履九二：『幽人貞吉。』歸妹九二：『利幽人之貞。』幽隱深藏，亦中義包義也。」（《先秦漢魏易例述評》，頁16）

取象之流轉。又如困卦初六曰：「臀困于株木，入于幽谷。」，是因為困卦（坎下兌上）初六爻變為初九而成兌卦（兌上兌下），再經綜卦變為巽卦；據〈說卦傳〉，巽為股、為木、且有入義，據此始見其爻象所從興。

　　無論是由爻變、或以卦畫之錯綜興象，看來這些手法確實為繫辭者所習見，然此法若非深諳於爻位變動及八卦象徵體系者，實難以窺見其取象之妙詣。相關的易象體系，可以參詳明代來知德之《易卦啟蒙》、或近人徐芹庭的論著。

（五）爻辭中所見之內嵌卦象

　　爻辭興象之具有呼應關係，也並不僅侷限於爻位相錯的卦與卦間。還有一種常見的作法是於爻位間以八卦取象者，例如以乾卦第二、三、四爻來看，九三爻變為六三後，此三爻即形成離卦，離為日，故九三爻辭有「終日乾乾」之象。乾卦九四曰：「或躍在淵」，以二、三、四爻觀之，爻變為六四乃成巽卦，〈說卦傳〉稱巽為「入」、為「進退」，而有進退之憂慮。

　　爻辭中所言及之動物，根據〈說卦傳〉所建構之形象系譜，亦往往有理可循。例如巽卦具有魚之意象，因此姤卦九二會說：「包有魚」、九四爻變為巽曰：「包无魚」；井卦九二曰：「井谷射鮒」；剝卦六五爻變為巽曰：「貫魚以宮人寵」；又中孚卦以其外卦為巽曰：「豚魚」。

　　同樣動物興象體例，又如離卦具有牛之意象，是以无妄卦六三爻變為下離，其爻辭乃曰：「无妄之災，乃繫之牛。」大畜卦六四爻變為上離，其爻辭乃曰：「童牛之牿。」又睽卦六三曰：「見輿曳，其牛掣。」乃因卦畫於二、三、四爻內嵌了離卦。如兌卦具有虎之意象，是以兌下乾上之履卦卦辭會說：「虎尾。」其九四經綜卦後乃變為小畜卦，就其二三四爻合看為一兌卦，故其九四爻辭會特別陳說：「履虎尾。」革卦之九五爻變為六五，其三四五爻合觀成一兌卦，所以才會特別提及「大人虎變」。

　　又如〈說卦傳〉曾特別載及離卦具有雉的意象，所以旅卦本為艮下離上，其六五爻辭乃稱「射雉」；鼎卦九三爻變為離卦（二三四爻），故其爻辭曰「雉膏不食」。事實上不只是雉，《周易》爻辭中具有鳥意象者，往往從離卦興象，如旅卦外卦為離，其上九爻辭乃曰：「鳥焚其巢。」解卦上六爻變為上九，形同離卦，故其上六爻辭曰：「公用射隼于高墉之上。」小過卦震上艮下，初六及上六爻變皆成為離卦，故其初六爻辭曰：「飛鳥以凶」、上六曰：「飛鳥離之」，皆可見其興象與卦爻位置有相關性。

這樣的興象與卦爻辭關係，可以推衍成為相當繁複的象徵體系。例如，不僅只以動物興象，就爻辭字面所及來細看，八卦也與方位、肢體、倫常、顏色、工具、植作等等相關。例如從矢興象者，多為坎卦，噬嗑卦因三至五爻形同坎卦，故其九四爻辭曰：「得金矢」；解卦之內卦即為坎卦，其九二乃曰：「得黃矢」；旅卦經錯卦後上離乃成上坎，其六五乃曰：「一矢亡」。〈說卦傳〉也曾特別提及坎卦意象可「為弓輪」。

又考《周易》之載及黃色者，多半從離卦取象，例如離卦六二曰：「黃離」；內卦為離之革卦初九曰：「鞏用黃牛之革」；外卦為離之噬嗑卦六五曰：「得黃金」；外卦為離之鼎卦六五曰：「鼎黃耳」；遯卦經綜卦後，內卦成為乾卦，其中爻一變而為離卦，故遯卦六二曰：「執之用黃牛之革」；解卦之下坎錯卦為離，故其九二曰：「得黃矢」；坤卦上坤錯卦為乾，其中爻一變乃為離卦，故坤卦六五曰：「黃裳」。

五、繫辭意象之習用語及典故

就《周易》卦爻辭所涉意象考察，其書寫除了前述之流轉體例外，大致上應該還可以分成兩類來看：

（一）書寫卦爻辭當時之習用語

卦爻辭在寫作上，自然無法避免夾帶了繫辭當時的語言印痕。例如小畜卦卦辭曰：「密雲不雨，自我西郊。」同樣的句子，又出現於小過卦六五爻辭。以這句子之重複出現，或許不應視其為巧合，但今日又說不出有什麼深意，大概可以詮釋為對於自然氣候的一種觀察與理解，為當日之習用語。又如小畜卦九五、泰卦六四及謙卦六五皆載及「富以其鄰」或「不富以其鄰」，顯見此可做為當日之成語。又如遯卦六二曰：「執之用黃牛之革」、革卦初九曰：「鞏用黃牛之革」，藉黃牛之革用以說明堅韌，應為當日一約定俗成之套語。

（二）卦爻辭載及上古史料之典故

《周易》卦爻辭中也涉及許多上古的史實，成為當日繫辭表意之典故。例如大壯爻六五曰：「喪羊于易」、旅卦上九曰：「喪牛于易」，據王國維、顧頡剛先生的研究，考證「喪羊于易」、「喪牛于易」指的是商人先祖王亥在有易放牧，後來被有易部落首領殺害的故事。

此外，如未濟卦九四曰：「震用伐鬼方，三年，有賞于大國。」根據王國維結合甲骨文對彝書中的同名異文進行考察，才知道原來震就是《史記·殷

本紀》中的振，為契的七世孫。振也作核、胲、該，亦即前述的王亥。至於「用」，即指洛伯用，也就是史籍中所載王亥之子上甲微。原來所謂「震用伐鬼方」，也是在說王亥、上甲微父子率眾攻打有易（即狄）的典故〔註4〕。而「有賞于大國」，據長沙馬王堆所出土帛書所見，應作「有商于大國」，說明震用父子於討伐鬼方之戰爭中獲勝，使得有商成為強盛的大國。既濟卦九三又有「高宗伐鬼方」的記載，此處所稱高宗即為武丁。

卦爻辭所見，另一個值得特別注意的史實記載是「帝乙歸妹」，此一典故重覆見於泰卦六五及歸妹卦六五中，帝乙是商紂王之父，歸妹就是嫁女，顧頡剛先生據《詩經·大明》篇推論，此處所婚配之對象即為周文王姬昌。這自然也是殷周之際一重要史實，而為繫辭之人引以為典故，藉此表意。

又如晉卦卦辭曰：「康侯用錫馬蕃庶」，朱熹時猶未明所以，釋曰：「康侯，安國之侯也。」顧頡剛先生則據《康侯鼎》銘文，認為康侯就是衛康叔封。至平心先生進一步考證〔註5〕，始認為康侯應是周武王之子、周成王之弟唐叔虞。康、唐古音同，唐叔虞的兒子燮父時，以封地南有晉水，改稱晉侯。據平心之推論認為，叔虞奉命領兵出征，由於唐人長於騎戰，叔虞乃徵用有易（即卦辭中的錫字，錫、易、狄古時相通）地區的戰馬，組成騎兵，並動員蕃族（即卦辭之「蕃庶」）軍隊參戰。此類卦爻辭之所以費解，正因上古史料往往闕如；然從這個觀點來考察，我們不能輕忽卦爻辭確實具有上古史料的重要價值。

六、結　語

〈繫辭傳〉提及：「聖人設卦觀象，繫辭焉而明吉凶，剛柔相推而生變化。是故吉凶者，失得之象也。悔吝者，憂虞之象也。變化者，進退之象也。剛柔者，晝夜之象也。六爻之動，三極之道也。是故君子所居而安者，《易》之序也；所樂而玩者，爻之辭也。是故君子居則觀其象而玩其辭，動則觀其變而玩其占，是以自天祐之，吉无不利。」孔子所謂「觀象玩辭」的觀點，迄今仍是我們研治《周易》之不二門徑。透過卦爻辭及其興象借喻之理解，自然會有助學易者對於宇宙人事的深刻領悟。

〔註4〕《竹書紀年》嘗載及：「殷王子亥，賓於有易而淫焉。有易之君綿臣殺而放之。是故殷主甲微假師於河伯以伐有易，克之，遂殺其君綿臣也。」（《大荒東經》注引）

〔註5〕平心：〈周易史事索隱〉，《歷史研究》1963年第1期，頁140～160。

就前面所耙梳，拙文嘗試指出《周易》在繫辭上之興象特徵：其卦爻辭興象或離或合，有時在某卦之下其爻辭有一致之意象，有時則各爻興象看似全然無關。何以在一卦之下，爻辭竟會冒出不同意象呢？從這裡進一步去分析，可以發現其興象在卦爻間有流動之現象、與特殊的錯綜變化體例。

卦爻辭所興之象，有時是約定俗成的分類，如以八卦對應各種動物、顏色、器具及倫常關係等，有時則可見當日之習用語，有不少更可具見上古史料，繫辭時乃據為典故，借此以為例證說明吉凶。

自上世紀二〇年代以來，疑古風氣大熾，再加上晚近不斷有出土文獻可資對勘修訂，現代學者對於卦爻辭之寫定方式及時代，有了更新的看法。如余永梁先生認為：「卦爻辭是逐漸增易，到後來纔完整。」〔註6〕李鏡池先生說：「卦爻辭乃卜史的卜筮記錄。……卜史便把它編成一種有系統的卜筮之書。他所用的是長時間積聚的複雜的材料，除了遊牧時代的筮辭之外，還有商末周初的故事，比興式的詩歌：這些都足證明《周易》成書的年代，與其經由編纂而成的痕跡。」〔註7〕嚴靈峰先生認為：「爻辭的結構也和〈文言傳〉一樣，也不是由單純的一種本子，而是由許多本子混合編纂成的」〔註8〕。今日我們研治《易經》，既必須掌握此書一以貫之的繫辭體例，以考其興象與卦義爻位的關係；也應該究明此書中複雜意象，確實具有許多史料積澱之印痕。

〔註6〕余永梁，〈易卦爻辭的時代及其作者〉，《古史辨》，第三冊，頁162。

〔註7〕李鏡池，〈周易筮辭考〉，《古史辨》，第三冊，頁189、207。

〔註8〕嚴靈峰，《易學新論》（台北：正中書局，1969年），頁65。

新北市文化局五股守讓堂
文獻調查與策展規劃

提　要

　　本論文嘗試介紹過去八年來明志科技大學通識教育中心如何推動大學社會責任（USR）計畫，乃至於今（2020）年與新北市文化局合作進行「新北市歷史建築五股守讓堂展覽資料蒐集企劃案」之文獻調查所得。論文中首先說明此案與本校 USR 三年期計畫（北臺首學帶狀文物館行動計畫）之相關性；復次說明策展空間之主題規劃；復次整理前此針對五股守讓堂及吳愚家族人物所做的研調採訪情形，包括徐裕健等（2007）與張仁甫（2017）所採用的相關文獻，以及他們的歷史詮釋。最後，試從守讓堂三間常設展覽室的布展，略分出吳愚家族發展的重點階段，嘗試介紹其家族事業於日治時期的興衰轉變。

關鍵字：吳愚、守讓堂、歷史建築

一、前　言

　　明志科技大學自 101 學年起，經劉祖華校長之指示，責由通識教育中心開始推動大學社會責任（USR）計畫，最初啟動的重點工作大致有二：一是拜會在地重要的公部門與文化性社團（包括區公所、泰山娃娃館、泰山文史協會、泰山藝文協會等），二是想要與前述部門或社團的代表人物建立聯繫，共同深耕在地議題，因此在計畫初期本人及中心同仁便嘗試經營在地社區報。

在這樣的契機下，我們在 104 年有幸邀請到泰山文史協會張仁甫老師，於通識教育中心電子報「社區報導」擔任文史專欄主筆，每月發表一篇專題，其中也包含了關於〈守讓堂：吳家鄉賢〉的主題報導。

106 年 4 月，我校有幸通過教育部第一期 USR 計畫審核，通過了以明志書院為基地的〈山腳下的老幹新枝〉案，希望搶救在地「記憶」與「技藝」。我們期盼在地耆老的記憶與相關文獻，能與作為文化地標的明志書院建立起聯結。於是當年年底（2017 年 12 月 16 日）我校即為張仁甫老師出版了《泰山豐華——泰山地區文史專輯：人物篇》〔註1〕，並於隔年年初（107 年 1 月 20 日）在校內舉辦了新書發表會〔註2〕，邀請書中所涉及的家族代表蒞會參與盛事。

《泰山豐華——泰山地區文史專輯：人物篇》此書，分為十六章，依序介紹了泰山末代生員陳獻琛、開泰山現代教育先河的林弼卿、吳愚家族及其守讓堂、吳愚家族人物介紹、出身泰山的知名泥水匠師吳水、名書法家胡玉樹、戮力從公的謝文程、泰山婦運先驅林蘇隨、勤奮向上的周亦妙、智勇雙全的夏超、仁心仁術的曾東燦、妙手回春的詹火塗、寬誠正忠的李昆賢、泰山嬰兒守護者林潘雪梅、能詩擅書的林知義、以及日治後期任期最長的新莊街長黃淵源。張仁甫老師不只嫻熟於史事，亦精擅於史筆，透過介紹不同領域的這些代表人物，即扼要勾勒出泰山百餘年來的發展歷程。

出乎我們意外的是，此書發表後的影響。例如我們 108 年在泰山區公所謝文祥區長的支持，以及張仁甫老師及明志國小蕭又誠校長的協助下，有幸進一步以明志書院為名，出版了以明志書院為主題的繪本（《北臺首學朱夫子‧客家先賢胡焯猷》）〔註3〕；今（109）年又將協助區公所，與明志國小、泰山國小合作出版兩部以頂泰山巖與下泰山巖為主題之繪本，希望能將鄉土教材活潑化，吸引小朋友與家長們願意親近在地的文化場域。可以說，由於

〔註1〕張仁甫：《泰山豐華——泰山地區文史專輯：人物篇》（新北市：明志科大），2017 年 12 月。

〔註2〕https://news.taiwannet.com.tw/c7/54656/%E3%80%8A%E6%B3%B0%E5%B1%B1%E8%B1%90%E8%8F%AF%EF%BC%9A%E6%B3%B0%E5%B1%B1%E5%9C%B0%E5%8D%80%E6%96%87%E5%8F%B2%E5%B0%88%E8%BC%AF-%E4%BA%BA%E7%89%A9%E7%AF%87%E3%80%8B%E6%96%B0%E6%9B%B8%E7%99%BC%E8%A1%A8%E6%9C%83.html

〔註3〕https://www.ntpc.gov.tw/ch/home.jsp?id=e8ca970cde5c00e1&dataserno=9b295d04fedf7c897755b525ecd5530f

耆老專刊的發行,使我校與公民營部門建立起更緊密的合作關係。

又例如今年 2 月我校與頂泰山巖合辦的「前台北縣第 4 屆縣長謝文程先生紀念展」﹝註4﹞,也是由前揭書中關於老縣長的主題作進一步策劃,在鄉親們的努力下,甚至引起了現任市長侯友宜的青睞,特地撥冗參與盛會,期許泰山先賢的功績能夠被更多市民緬懷感念。

此期間有一則插曲,亦值說明。107 年《泰山豐華──泰山地區文史專輯:人物篇》新書發表會後,9 月 12 日,國立宜蘭大學吳柏青校長來訪,會晤過程中經解釋,原來吳校長是守讓堂吳家之後代,他相當感謝我校出版了這麼一本重要的專刊,特別對於他們家族後人而言,意義很重大。並告以新北市文化局所主持的「百年歷史建築」守讓堂重建案正在進行中﹝註5﹞,邀請我們和張仁甫老師抽空可以去重建中的守讓堂參觀。

基於如此因緣,我們和文史協會張仁甫老師、宜大吳校長不只去工地實地觀察重建過程,並獲邀參與了新北市文化局 2019 年 11 月 26 日的守讓堂上樑儀式,由於今年(2020)第三季守讓堂即將重建完成,後續該如何經營規劃?官方與我們都很關心。

特別是五股並無鄰近大學可以支持未來文物館之發展,又吳家早期在家族事業發展上本即涵括了五股、泰山與新莊一帶,也符合我校所申請的 USR 第二期三年計畫範圍(計畫名稱:「北臺首學帶狀文物館行動計畫」,109～111 年)。後來我們又陸續請教了五股陳明義議員、與新北市兩任文化局局長(前任蔡佳芬與現任龔雅雯局長),表達我校希望積極參與此案的意願。

經過去新北市文化局裡作簡報、提案與審核,我校行動導向辦公室有幸承接了守讓堂 109 年度「展覽資料蒐集與授權取得」的限制性招標案,目前正在進行相關的文獻整理與訪談工作。

二、策展規畫

展場規劃上,希望呈現自 1785 年起至二十世紀,吳愚家族產業在各領域的發跡和轉變,如吳愚家族子弟們陸續經營的「和豐商行」(1897 年),由雜貨買賣晉身為大盤米商,乃至購置汽船致力於出口貿易、後又伴隨台灣社會發展而涉足於不同行業。希望藉由吳氏家族的主題展覽,能夠引導民眾以另

﹝註 4﹞ https://cnews.com.tw/175200217a08/
﹝註 5﹞ https://www.cna.com.tw/news/acul/201911260194.aspx

一種視角重新認識在地發展與人文風光。

由於重建後的守讓堂基地，大致規劃出四間展覽室作常設主題展覽，文化局希望我們保留右廂房的一間（特展室），主題上希望能夠作在地聯結。因此我們針對主廳與左廂房的三間展覽室，初步規畫了以時間分期的三個階段：

（一）概述吳家清代發展渡台遷移時期。（展覽室一）

（二）梳理吳家日治時期資本經濟發展時期。（展覽室二）

（三）探究吳家光復前後產業發展情況。（展覽室三）

圖 1　守讓堂展場規劃圖

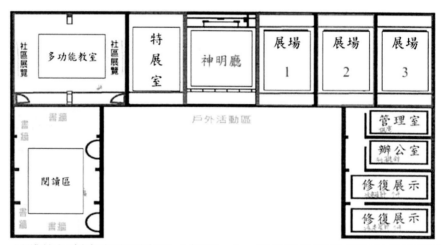

具體的規劃書與空間配置（如圖一），初步提供了我們對於吳家發展脈絡、與文物館基地空間的想像。

三、研究概況與相關文獻

目前為止，關於守讓堂與吳家的文史調查，有兩份比較重要的出版：

（一）徐裕健等：《台北縣歷史建築「五股守讓堂」調查研究計畫》（台北縣板橋市：北縣文化局），2007 年。

（二）張仁甫：《泰山豐華——泰山地區文史專輯：人物篇》（新北市：明志科技大學），2017 年。

前者，全書分為六章，包括：前言、「五股守讓堂」的歷史背景調查、「守讓堂」建築特色、破損模式調查、修護依據及工法材料準則、以及「五股守讓堂」移築重建及再利用計畫地方案評估。可以看得出來此書之關心，特別在

於美學上的建築特色與修護評估。

至於其第二章「五股守讓堂的歷史背景調查」下，又分為兩小節：

1. 米業起家的吳氏家族發展；

2.「守讓堂」之興修過程。

所以書中所作的文史調查，主要是想說明吳家當初為何興建「守讓堂」此厝，介紹吳家當時事業之興隆。

至於後者，關於吳家及守讓堂的記載，具見於書中第三、四章。

1. 在第三章「吳愚家族及其守讓堂」，分為四節：

（1）新庄山腳吳愚家族興建五股守讓堂；

（2）新庄山腳吳愚家族家譜上之相關記載；

（3）五股成泰路旁的昔日守讓堂，此節下又分七目：

A 慶賀吳愚七十大壽，興建守讓堂；

B 內外兩座院門門額：「古梅里」、「三讓遺風」、「福星拱照」

C 正廳門額：「守讓堂」

D 正廳門聯：「願臣忠子孝，永傳禮樂家聲；喜水秀山明，如親商洛勝境。」橫批：「門外尚留餘地多」

E 廳堂神龕兩旁對聯：「百世箕裘，克紹祖德；千秋俎豆，貽厥孫謀。」

F 正廳神龕左港門門額：「開來繼往」，右港門門額「裕後光前」

G 左護龍門額：「和為貴」

（4）今日守讓堂。

2. 在第四章「吳愚家族人物介紹」，分為七節整理家族中具有代表性之人物，依序為：

（1）吳愚（1847～1936）；

（2）吳銀生（1872～1913，吳愚長子）；

（3）吳澄波（1878～1919，吳愚次子）；

（4）吳澄淇（1880～1949，吳愚三子）；

（5）吳培銓（1893～1976，吳愚四子）；

（6）吳培標（1894～1976，為吳愚弟弟吳金鼻之子）；

（7）吳錫洋（1917～1990，為吳培銓之子）。

簡要言之，張書中所分二章，先從空間面言「守讓堂」之興建、陳設及損毀狀

況，佐以珍貴的老照片加以印證；再從人事面介紹吳家三個世代裡的重要代表人物，嘗試說明吳家致富與事業轉型的過程（從 1847 吳愚出生到 1990 吳錫洋過世）。

至於二書所使用的文獻資料，茲以主題列表如附件一、附件二。除了爬梳早期相關文獻外，徐裕健《台北縣歷史建築「五股守讓堂」調查研究計畫》書中也針對吳家後人與家族事業相關耆老，進行了 11 次的口述訪談，相關訪問主題歸納整理如附件三。

此外，經國立宜蘭大學吳柏青校長介紹該校通識教育中心劉怡伶老師，亦協助提供了一些與吳家策展有關的資料，整理如附件四。

四、守讓堂分期重要展覽主題

以下略依吳愚家族事業發展之時間先後，根據前此之研究、文獻與訪談所得，初步理出幾個子題作規劃：

（一）展覽室一

1. 吳愚家族如何發跡

（1）據徐書研究，主要有幾個論點：

A 吳植耿（1822～1895）之子吳愚（1847～1936）與其弟吳金鼻（1853～1909），日治初期因樹林「十三公」反抗激戰（1895）〔註6〕，吳氏家族因此輾轉遷徙至山腳（泰山大窠坑庄土名半山子二番地，1902），興建頂厝（讓德堂）。

B 據口述歷史訪談鄉民黃再發所言，日治時期大正六年（1917）10 月 13 日「山腳信用組合」創立於下泰山巖內，組合員數 436 人，出資口數 1128 人，運轉資金 100,042 圓，創會組合長即為吳愚（相當於現在的農會理事長），吳愚任「山腳信用購買販賣利用組合」組合長直到其過世（1936）〔註7〕。

C 從昭和十五年（1940）《臺灣產業地圖》來看，當時新莊、五股、泰山

〔註6〕吳家遷至山腳係因為樹林「十三公」案，主要來自於吳愚姪孫吳進財先生 2007 年接受訪談時所述，請詳徐書附錄一，頁 47。清光緒 21 年（1895）6 月 1 日，樹林抗日義勇志士十三人遭日軍殺害，時稱「十三公」。據吳氏家譜，吳愚之父吳植耿亦於此年辭世。

〔註7〕「山腳信用購買販賣利用組合」為吳愚設立石碑於其墓旁，為目前保留較為完整的信用組合所遺留文物，詳張仁甫，《泰山地區老照片專輯》，頁 82，又徐書頁 20。

一帶的產業，主要仍以稻米為主，經濟作物包括林口、龜山之茶葉、柑橘，據黃再發所言，吳氏家族（吳維邦）曾任於林口之「茶葉傳習所」經理，可見當時吳氏家族產業分佈範圍及類型，應具有相當的規模〔註8〕。之後吳氏家族繼續發展鴉片、酒、釀造業、新觀自動車株式會社、米、茶等行業。

　　D 值得注意的是，吳氏家族所擔任職務，均為當時民間重要的組織機構，後吳培標擔任新莊庄長及五股庄長，可能與其原始為地方角頭有關〔註9〕。

　　E 吳氏家族經過吳愚等輩之努力已擁有大片的耕作，遍及五股、泰山、觀音山、林口、龜山一帶〔註10〕，家內擁有佃農代為耕作，已屬當地的大戶人家。日本政府亦因其為地方鄉紳，任其為貴子坑區之庄長（1908）、與其二子吳澄波擔任書記（1910），後吳愚又擔任五股庄協議會員（1920）。

　　（2）據張書研究，主要論點為〔註11〕：

　　A 關於吳愚在1847～1902遷頂厝（讓德堂）之間的記載闕如，未見吳氏參與公眾相關事務〔註12〕。

〔註8〕徐書，頁21。據張仁甫考證此處錯誤：1930年殖產局茶「業」（不是「葉」）傳習所成立後，只有一位本島人周亦妙（參閱《人物篇》頁100），1930年擔任職員，1938年他考上普通文官考試，1941年派任高雄稅關監吏，並請參閱1930年代總督府職員錄與《泰山地區老照片專輯》頁269～273。（2020年6月12日明志科技大學第八屆通識教育學術研討會評論意見）

〔註9〕徐書記載了吳愚於清領時期曾任八里坌堡長（徐裕健等：《台北縣歷史建築「五股守讓堂」調查研究計畫》，台北縣板橋市：北縣文化局，2007年，頁35、38），張仁甫考證此處記載有誤：「一、新莊是街，沒有庄長。吳培標擔任過五股庄長與林口庄長，沒擔任過新莊街長，倒是擔任過新莊街助役。二、吳愚於清領時期曾任八里坌堡堡長是記載於徐書頁38，是根據訪問吳進財時吳所言。清朝時，八里坌堡（應該寫成『保』）沒有『保長』之職位，一保設有總理，職權最大。吳愚生卒年為1847～1936，而1847～1895時，他家住擺接堡西盛庄柏子林，依據其組合履歷表，他沒有擔任過任何堡總理（或『保長』）的紀錄。三、清治末期至日治前期，西盛庄隸屬於擺接堡。1920年該庄改制為『西盛』大字，隸屬於新莊郡新莊街，『西盛』大字下設有『西盛』、『柏子林』兩小字名。」（出處同前註）

〔註10〕張仁甫認為還應增加「板橋、大溪」，參見張仁甫珍藏民國39（1950）年吳沃仁桌曆。（出處同前註）

〔註11〕請詳張書，頁36～45。

〔註12〕遠藤克己《人文薈萃》中對於吳愚的生平記載為「少修漢學，家世業農，後移住新莊街，與季弟經營米商，選任保正，……凡公共事業，莫不盡力，現今當村皆目為長者，聲望最佳。」（1921，中央研究院台史所檔案館臺灣研究古籍資料庫典藏）

B 自 1903 年起標示「吳愚開始參與地方事務」（這一年 56 歲），從當年捐建新庄山腳公學校校舍，參加該校新建校舍落成式，說起。

C 此後吳愚旋即成為日本政府刻意支持的地方仕紳代表。1904，獲任命為台北廳新庄支廳第 43 保保正。1905，擔任帝國義勇艦隊建設台灣委員部台北支部委員囑託，後因翼贊「建設義金」有功，獲頒帝國海事協會特別會員徽章。又獲新庄支廳長勸諭，擔任大窠橋興建工程「募集委員總代」。1906～07，因捐款救災、造橋修路，獲台北廳賞與木杯六次。1908，獲聘半山子地區保正、貴仔坑區庄長、台北廳農會貴仔坑區地方委員囑託、日本赤十字社臺灣支部台北委員部分區委員囑託〔註 13〕、台北廳公共埤圳聯合會徵收事務囑託等要職。1909，擔任圓山公園管理評議員、台北廳農會地方委員、台北廳農會貴仔坑區代表。1910，被任命為貴仔坑區區長等。……

據張書所記載，吳愚自 1903 起開始參與地方事務，這可能也跟政府邀請或要求有關，例如：參加新庄山腳公學校新建校舍落成式（1903）、新年祝賀式（1906）、證書授與式（1906、1907）、貴仔坑區役場落成式（1907），當然此類儀式不乏公眾表演性質，例如 1912 年 6 月 17 日新庄山腳公學校慶祝「始政紀念日」，儀式中特地安排了吳愚長孫吳錫爵等代表學生斷髮，進行斷髮放足宣傳〔註 14〕。

在吳家早期所參與的公開儀式中，規格層級較高的，應屬吳愚長子吳銀生於 1906 年獲邀參與了兩次國家級的公開宴會：分別是 9 月「後藤（新平）男爵送別會」〔註 15〕（本島人委員有 126 名）、以及 12 月「祝（辰巳）民政長官歡迎會」〔註 16〕（本島人委員計 92 名），在這兩次宴會中，吳銀生皆列

<hr />

〔註 13〕據張家綸的研究，日本政府為了籠絡地方菁英，除以頒授紳章外，也給予保正、協議會員等公職，將菁英勢力拉攏至地方行政制度，另外在土地調查時也多以地方菁英為委員。……使得菁英不僅被拉攏至容易管轄的制度下，而且延續的家族勢力也代替政府穩定地方。除上述外，菁英甚至把觸角深入地方團體包括：光明會、興農倡和會、愛國婦人會和紅十字會等等，擴張自己的影響力和人際關係。……地方職位由固定菁英出任，並以血緣紐帶為中心延續菁英家族在政治層面的地位，但實際上對於政府而言，如協議員的選任由州知事或廳長選任之，因此真正權力掌握在政府手中，菁英不過擔任形式上的榮譽職。（《草屯社會發展與地方菁英（1751～1945）》，國立臺灣師範大學歷史研究所碩士論文，2008 年 6 月，頁 92～95）

〔註 14〕張書，頁 39。

〔註 15〕《漢文臺灣日日新報》，1906-09-20，版次 02。

〔註 16〕《漢文臺灣日日新報》，1906-12-06，版次 02。

名其中，擔任「接待掛」委員〔註 17〕。可見吳愚家族實力之不容小覷〔註 18〕。

如果從政策面或大時代背景來看，日本政府之依賴台米，早已有跡可循。1900 年兒玉總督對米作曾發表政策性談話：「台灣目前最急要的工作是開發資源，尤其為農業最為優先，以利食糧與原料輸出日本，因此欲提高台灣農業生產量，大量出口提高經濟，以做為與西歐國家經濟競爭的立足點。」次年（1901）又在關於殖產政策的演說中指出：「現在台灣的生產以米居首位，……若能興水利、慎耕作，則將可擴大收穫為現今之三倍並不困難，如此居民可飽三餐，還可將剩餘稻米輸出海外，使之成為一項大宗貿易品。」1904 年，兒玉源太郎以台灣總督府的身份出任對俄戰爭（1904～1905）的參謀長，下令三井物產繳納台灣米 30 萬石為軍用米，看出獎勵開拓台灣米銷路之意義〔註 19〕。在這樣的局勢下，吳愚家族之受到政府重視，自是必然。

2. 地方菁英的多面向經營（社會、教育、信仰、公職）

吳愚家族做為日治時期的地方菁英，其事業版圖涉及層面可謂相當寬廣。茲以國史館臺灣文獻館王學新研究員對於簡阿牛崛起過程的相關研究

〔註17〕 除總督送迎活動以外，其他具有類似意義者，如送迎高官、立像、祝祭活動及應酬誇示宴等活動，逐漸培養出一群本島新權貴階級，為取得殖民者信任，必須透過支持政策之奉公與捐獻、奉迎祝祭儀式的參與、立像紀念物之籌建、應酬誇示宴的舉行等，以換取「道德」裝飾物及類比頭銜，而換得仕紳之權力、身分及地位。「對殖民政府而言，是高超的統治技術；對本島紳商而言，可謂必要的生存技術。」（詳王學新，〈從辜顯榮與送迎總督活動—談本島人士紳在官方儀式中的角色〉，《臺灣文獻季刊》，國史館台灣文獻館，第 62 卷第 4 期，總 234 期，頁 281～346）

〔註18〕 台灣總督府民政部殖產局 1907 年出版的《台灣移出米概況》，記載了 1904～1906 年和豐商行自大稻埕合計輸出了 6659 袋米輸往日本，生意自 1906 年起大躍進。（《台灣移出米概況》，頁 133，詳網頁 https://dl.ndl.go.jp/info:ndljp/pid/804327?tocOpened=1）到了 1910 年時，吳銀生（和豐商行）移出米數量已躍居本島人經營者之冠（《漢文台灣日日新報》，1910 年 4 月 7 日 3 版）。這還只是「移出」的調查而已，和豐商行還有「輸出」的業務，例如《臺灣米穀移出商同業組合月報》曾報導「與對岸汕頭商談千袋糯米的生意」（1917 年 7 月 10 日，頁 18），吳銀生自 1908 年起即購得自家汽船（臺灣總督府《府報》，第 2386 號），往來兩岸載運糧米貨物。吳俊夫先生於受訪時表示：「做（米）出口時，就是蓋那間大厝時用自己的船，從福建運送石ㄚ（石材）進來，自己的船運石ㄚ。」（徐書，附錄一，頁 16）

〔註19〕 轉引自陳煜稜，《台灣日治時期產業合作事業經營之農業倉庫研究》（國立成功大學建築學系碩士學位論文，2004 年 7 月，頁 2-8～2-9）

為例[註20]，論文中歸納地方仕紳如何換取「文化及社會資本」，大略提出
了三套策略：

　　（1）回饋鄉里
　　（2）跨足地方紳士場域——文藝與應酬活動
　　（3）宗教廟會活動——社會資本的凝聚

吳愚家族相較於簡阿牛，其崛起過程亦有相近之處。惟此處為節省篇幅，每
項下僅簡要列舉三五重要事蹟，以備佐證。

表一　吳愚家族的多面向經營

分　類	事　蹟
社會面向（回饋鄉里）	● 吳愚建大窠橋（1905） ● 大稻埕炮店爆炸案，吳銀生捐款救災（1908） ● 新莊洪災，吳愚率先捐最高金額 70 圓（1911） ● 吳澄波重建大窠橋（1915）
跨足地方紳士場域——文教與應酬活動	● 吳愚捐建新庄山腳公學校校舍，參加該校新建校舍落成式（1903） ● 吳銀生擔任「後藤男爵送別會」以及「祝民政長官歡迎會」接待掛委員（1906） ● 吳銀生寄附大稻埕公學校（今太平國小）建築費 100 圓（1911） ● 吳澄波慶祝討蕃應援隊凱旋歸來（1913） ● 吳澄波等四位區長向總督府提出設立新庄山腳公學校菁埔分校之申請（1915） ● 吳培銓參加歡迎新任高等法院長的台北懇話會（1917） ● 吳培標增建菁埔公學校臨時教室（1933）
宗教廟會活動[註21]——社會資本的凝聚	● 吳愚擔任下泰山巖重修總董事（1912） ● 下泰山巖祈安建醮，主醮吳愚，吳培標與其姪兒吳錫田共同擔任總董事，屠豬 600 餘頭（1926）

[註20] 王學新，〈日治時期臺灣本土菁英的社會流動之路——以簡阿牛崛起過程為例〉，逢甲人文社會學院：《逢甲人文社會學報》，第 33 期，2016 年 12 月，頁 53～92。

[註21] 傳統漢人社會中，社區水利維修大多由地方公廟管理組織監控，一方面可假神明信仰之力，凝聚彼此合衷共濟之心；一方面也能將水利事宜置入整體公共事務中考量，更周延的協商綜理。（吳振漢，〈水利、祭祀、豪強三者之連動關係——以大溪南興與八德霄裡為中心〉，《經緯桃園：2018 桃園學》，2019 年，頁 104）

	●雕塑家黃土水製作「釋迦出山像」敬獻艋舺龍山寺，共同寄附者除辜顯榮等外，亦含吳培銓（1927） ●吳澄淇任台北保安宮五穀先帝遶境爐主（1930）
類（偏）公要職	●吳愚接任半山子地區保正（1908）、貴仔坑區庄長（1908）、貴仔坑區區長（1910）、五股庄協議會員（1920） ●吳澄波任貴仔坑區區長役場書記（1910）、區長（1913）、公共埤圳聯合會徵收委員（1916） ●吳培銓任五股庄協議會員（1922）、台北州協議會員（1934） ●吳培標任新莊街協議會員（1920）、五股庄長（1922）、新莊山腳青年會會長（1930）、林口庄庄長（1932）、林口庄聯合青年團總團長（1938） ●吳錫洋當選臺北市第 1 屆與第 3 屆市議會議員（1951、1955）〔註 22〕 ●吳錫堃任山腳壯丁團團長〔註 23〕 ●吳李罔腰（吳錫堃之妻）當選五股鄉第 7 屆鄉民代表（1961）〔註 24〕

（二）展覽室二

1. 移出米的市場需求

茲從江夏英藏《臺灣米研究》的統計數據擇要摘錄，以便考察：

表二　1916～1929 米商移出米數量表摘要

商行 ＼ 年份	1916	1917	1918	1919	1916～1929 合計
瑞泰（台）	31,342	115,399	93,132	111,705	9,589,836
三井（日）	120,683	348,850	547,291	405,976	6,541,604
方協豐（台）		33,889	88,569	146,292	2,204,526
和豐（台）	74,909	152,571	155,329	146,560	1,987,237

（來源：江夏英藏《臺灣米研究》，頁 331～333）

針對此表稍做說明：

（1）從江夏英藏《台灣米研究》（1930）所做的移出米數量調查表可見，

〔註 22〕吳錫洋曾任大稻埕永樂二區青年團團長，年代待查，請參見張書，頁 75。

〔註 23〕年代待查，參見張仁甫，《畫中有話——泰山地區老照片專輯》，頁 28。

〔註 24〕吳李罔腰曾任五股婦女會創會理事長，年代待查，參見《五股志》，頁 739。

吳澄淇的和豐商行從 1916 到 1919 年，都位居台灣本土移出米商中之數量最高者；如果追溯更早之前〔註25〕，《台灣日日新報》1910 年 4 月 7 日曾報導台北米市「本島人經營者以吳銀生 498 袋居冠」，又 1911 年 11 月也記載米市「以和豐商行為標準」，可見和豐商行於移出米市之重要性〔註26〕。

（2）台灣米商也有各路人馬集資成立商號合作經營者，例如「大同商事株式會社」由林柏壽、林熊祥、吳澄淇、吳永金等人共同出資，標榜純然台灣人的移出米株式會社，資本方面，林柏壽 1,400 股，林熊祥及吳澄淇各 1,000 股，吳永金、蔡法平、楊海勝各 200 股，共計 4,000 股，資金 20 萬圓。社長為林柏壽，專務為吳澄淇。〔註27〕

（3）之所以要標榜「純然台灣人的移出米商」，當然是因為台日米商間激烈的競爭，可以看 1927 年的交易情形，此年台灣米價暴落，日商三井、三菱、加藤與杉原開始慢慢壟斷了米的移出〔註28〕。

（4）移出米數量的暴增，可從圖表得見，以 1917～1919 三年移出「合計」數量觀察，大致都在 1000 袋出頭，不過到了 1927～1929，數量已擴大到 3000 袋以上，可見移出市場規模日大。至於這個現象，主要與 1922 年台灣移植蓬萊米的成功有關〔註29〕。

〔註25〕為什麼江夏英藏的資料會從 1916 年開始起算？或是因為「台灣米移出商同業組合」自 1916 年 3 月始得總督府認可。

〔註26〕根據臺灣總督府 1916 年的調查，臺北吳澄淇的和豐在打狗也有交易點。（臺灣總督府民政部殖產局，《產米及檢查狀況》，臺北：臺灣總督府民政部殖產局，1916 年，頁 105）。三房後代吳俊夫先生接受訪談時表示：「我父親（註：吳維邦）說，我阿公（吳澄淇）到下港（中南部）一趟，就知道今年生產多少。」（徐書，附錄一，頁 15）

〔註27〕轉引自李力庸，〈日治時期臺灣正米市場與期貨交易（1924～1939）〉，頁 496。

〔註28〕至於為什麼三井自 1920 年會突然減少移出量，而讓出市場給台灣米商？根據李力庸的研究，主要是因為「1920 年第一次世界大戰後，世界經濟不景氣，日本政府斷然採取金融緊縮政策，嚴重打擊財界，日本米商有的倒閉、有的重新評估臺灣米穀出口利潤。在這空檔，臺灣米商漸漸抬頭。」（〈日治時期臺灣正米市場與期貨交易（1924～1939）〉，頁 494）

〔註29〕蓬萊米移植成功，交易量越來越多，1927 年已突破百萬石。（李力庸，〈日治時期臺灣正米市場與期貨交易（1924～1939）〉，頁 472）又根據台灣總督府米穀局《台灣米穀要覽》：「蓬萊米耕作面積佔總耕作面積的比例，1922 年只有 0.08%，到了 1927 年已成長為 17%，1935 年更高達 43.59%」（台北：台灣總督府米穀局，1939 年，頁 4～7。）另一方面，許介鱗〈台灣米與地主階級的興衰〉指出「蓬萊米的產量比在來米高出 17% 到 20%」，也是原因。

2. 米市金融之發展（從山腳信用組合到正米市場）

（1）山腳信用組合

表三　吳家與山腳信用組合關係表〔註30〕

年　代	事　　蹟
1908	0330 台北廳農會聘任吳愚為貴仔坑區地方委員囑託 0401 吳愚接任貴仔坑區庄長，並兼台北廳農會貴仔坑區地方委員囑託 1101 吳愚擔任台北廳公共埤圳聯合會徵收事務囑託
1909	0601 吳愚當選台北廳農會地方委員 1101 吳愚當選台北廳農會貴仔坑區代表
1910	0201 吳愚獲任命為貴仔坑區區長
1911	0926 吳愚擔任公共埤圳組合大窠口圳主事
1913	0827 吳澄波接任貴仔坑區區長 0901 吳澄波接任台北廳農會貴仔坑區地方委員
1914	0106 吳澄波擔任公共埤圳組合大窠口圳主事
1916	0525 吳澄波受聘為公共埤圳聯合會貴仔坑區徵收委員
1917	0703 貴仔坑區聯合五股坑區紳商農民申請設立「有限責任山腳信用組合」，吳澄波、吳培標獲舉為創會理事 1011 總督府裁准設立山腳信用組合 1210 上午 10 時，有限責任山腳信用組合假下泰山巖召開創立總會，吳愚任創會組合長 1224 有限責任山腳信用組合借下泰山巖場地正式營業
1920	0127 山腳信用組合在下泰山巖召開第三屆通常總會，組合長吳愚請專務理事吳培標報告開會辭、營業成績等，共三百多人出席 1001 吳培標擔任第 1 屆新莊街協議會員
1922	0909 吳培標接任五股庄長
1926	1001 吳培標擔任第 4 屆新莊街協議會員
1927	0117 山腳信用組合召開第 10 回通常總會，吳培標理事代表 81 歲的組合長吳愚主持會議，並慶祝成立十週年
1928	1001 吳培標擔任第 5 屆新莊街協議會員
1932	0422 吳培標受命擔任林口庄庄長 1016 吳培標獲任命為新莊郡出席全島產業組合大會〔註31〕代表

〔註30〕引用自張書，頁 38～73。

〔註31〕1924 召開第一次全島產業組合大會以來，年年會中皆請求組合間得調度資

1933	0819 山腳信用購買販賣利用組合舉行臨時總會，吳培標代理吳愚組合長主持會議，通過該組合事務所將從山腳字大窠口 157 番地，遷移到山腳字溝仔墘 103 番地
1934	0109 吳培標代理組合長主持「山腳信用購買販賣利用組合」事務所新築落成
1935	鷺州庄三重埔成立「保證責任新莊郡物產信用購買販賣利用組合」，吳培標擔任理事
1936	0516 台北州新莊農業倉庫〔註32〕變更為「保證責任新莊郡倉庫信用販賣購買利用組合」，由吳培標擔任組合長
1937	0116 山腳信用購買販賣利用組合為吳愚舉辦告別式、與組合葬
1938	吳培標擔任保證責任山腳信用購買販賣利用組合組合長
1944	2月，山腳信用購買販賣利用組合與新莊信用購買販賣利用組合合併為「新莊街農業會」〔註33〕，山腳信用購買販賣利用組合改稱為「新莊街農業會山腳事務所」，吳培標卸任組合長

A 源自於殖民時期的信用組合，於明治時代（1867）初期，日本開始規劃近代金融制度的過程中，農民及零細的工商業者為尋求擁有營運資金，而積極發起建構屬於自己的金融機關運動。明治 33 年（1900）日本政府乃以德國的制度為本，制定「產業組合法」而始有信用組合母體之產業組合誕生。……臺灣總督府於大正 2 年（1913）2 月 10 日，以律令第 2 號發佈「臺灣產業組合規則」〔註34〕，提供區域性細小產業營運資金。1914 至 1919 年

金，但臺灣總督府恐在地勢力過度結合、擴張，可能會影響臺灣銀行營運，甚至衝擊殖民統治的基盤，而以各組合意見尚分歧、難統合為由不予許可。（涉谷平四郎，《台灣產業組合史》，產業組合時報社，1934 年，頁 125～140）

〔註32〕臺灣總督府體認到土壠間的信用、品質問題對台米外銷造成極大阻礙，而米穀檢查制度僅是消極的把關，因此希望透過設立由農會主管的農業倉庫提供倉儲，並由日方掌握製造過程、提升米穀交易品質達到標準化，方便商品化及出口。（李力庸，《日治時期臺中地區的農會與米作（1902～1945）》，台北縣板橋市：稻香，2004 年，頁 176～180）

〔註33〕基於殖民統治上的需要，農會的法律地位逐漸被提高。從 1908 年的州廳一級制到 1938 年的州廳農會與台灣農會的二級制，乃至於 1944 年為加強控管農業經濟，成立統合各種農業團體（包括農會、產業組合、畜產會、山林會、青果同業組合、肥料配給組合、鳳梨同業組合、農機製造公司之販賣部、糧食協會之全部業務）的三級制「農業會」，其層級包括市街庄、州廳與總督府，並由台灣總督任命台灣農業會的會長。（請參曾立維，〈評介《日治時期臺中地區的農會與米作（1902～1945）》〉，《台灣學研究》，新北市：國立中央圖書館台灣分館，第 10 期，2010 年 12 月，頁 111）

〔註34〕《臺灣總督府公文類纂》，00002148007。

經濟景氣熱絡、物價上漲時期，產業組合的設立有較為迅速的現象。

B 遑論是否真正有助於產業的發展，但此組織確實為庶民經濟需求注入嶄新、有效的金融管道。特別是藉由地方有力人士的集結，凝聚區域可運用的資金及提供參與地方事務的機會。臺灣信用組合架構或可謂是各自該當地方勢力之縮影、或民況之反映。在臺灣總督府嚴格督導下，因廣納當地有力人士，並以晉身為誘惑，換言之，信用組合是臺灣人躍升龍門的踏板。而台灣人精打細算理財性格及巧妙變通態度，在組合制度內如魚得水，加上高額配息而獲臺灣人認同。〔註35〕

C 產業組合的宗旨在利益農村小農，養成農民自治自助習慣，然而，一般小農與庶民並無法進入決策核心，產業組合的運作多由區長、保甲、資產家擔綱，成為地方勢力活動的舞臺。此外，信用組合的放貸，城市多於農村，赤貧之農還是無法順利得到信用組合的借貸，結果，來自農村的儲蓄卻成就了都市的商業。〔註36〕

D 台灣總督府的金融統制政策，以「信用組合」體系，逐漸取代傳統農村「土壟間」放款業者的勢力。這樣以日本勸業銀行為代表的外來金融力量，更造成地主勢力的衰退。而且在總督府的統制經濟體系內，加強對台灣的土地和地租的統制，更進一步限制了地主勢力的發展。〔註37〕

（2）正米市場〔註38〕

〔註35〕詳顏義芳，〈支撐庶民產業經濟金融機關信用組合之解析〉，《第九屆臺灣總督府檔案學術研討會論文集》，國史館臺灣文獻館，2017 年 5 月，頁 525～540。

〔註36〕李力庸，《日治時期臺中地區的農會與米作（1902～1945）》，收錄於林明煌主編，《戀戀桃仔園—桃園文史研究論叢》（中壢：萬能科技大學通識教育中心），2008 年，頁 33。

〔註37〕詳許介鱗，〈台灣米與地主階級的興衰〉，《海峽評論》，第 179 期，2005 年，頁 47。許介鱗認為：「勸業銀行採取土地為抵押品的放款方式，因此『土壟間』的勢力自 30 年代總督府統治米穀以來式微，到了 1940 年，勸業銀行已經成為台灣地主階級的最大債主。雖然地主階級經由參與『信用組合』而取得了一定的金融力量，但是地主階級只是『農業信用組合』的構成份子而分配到部分利益而已，各級『農業組合』的首長乃由日本官吏兼任。於是各地農村的『信用組合』，變成由官僚控制地主，地主控制農村農民，而成為戰時殖民地官僚與台灣地主的利益分配結構。」

〔註38〕正米市場是日治時期臺灣最大的米穀集中交易市場及米價中心，也是臺灣第一個米穀期貨市場，宛如「日治時期台灣的華爾街」（李力庸，〈日治時期臺灣正米市場與期貨交易（1924～1939）〉，頁 460）。

　　台灣米穀出口商大致在 1904～1905 年間漸漸形成勢力。「臺灣米移出商同業組合」於 1913 年 3 月 12 日成立，由荻野萬之助擔任組合長，但未被認可。1914 年 10 月，總督府頒布「臺灣重要物產組合關係律令」，1915 年 3 月，依照同業組合法，以全島為組織區域，6 月創立總會。組合長為崛內明三郎，吳澄淇即獲任為評議員。1916 年 3 月得總督府認可，成立之初乃以日人為主的團體〔註39〕。該組合旨在矯正營業弊端、保持交易信用、增進組合員福利、調停仲裁營業紛爭等，為臺灣米界的支配團體〔註40〕。

　　1918 年 4 月，臺灣米穀移出商組合向總督府提出設置正米市場的要求：為達成交易標準，公定米價，防止變態炒作，發展公平安全的米穀交易，適當地點為大稻埕〔註41〕；另需設置米券倉庫以使金融機關的運用順利。市場不採股份制，而以會員制，必須嚴格篩選會員〔註42〕。

　　正米市場經歷第一次設置（1924 年 6 月）的失敗，因為 1927 年的「瑞泰事件」〔註43〕，復於 1928 年重新開市，發展出以期貨為主的遠期交易〔註44〕。總督府為了重新建立公信機關，於 1929 年 7 月，又成立「臺灣米穀代行株式會社」，以管理正米市場的金錢出納，提供組合員的金融融通服務。由吳澄淇擔任社長、吳培銓擔任該會社的常務取締役（常務董事）。

　　正米市場未成立前，米商及一般百姓以摸索的方式賭米，但市場成立後，因有公開價格，市場的遠期交易變成投機客一顯身手的舞台。農產品期貨價格通常會受政府政策、氣候、生產量、年度結存量、商品競爭及消費習慣的影響〔註45〕。期貨價格既為實物買賣的參考值，然而有些投資人利用前揭因

〔註39〕江夏英藏，《臺灣米研究》，頁 189～190。

〔註40〕佐佐英彥，《臺灣の產業と其取引》，頁 240～241。

〔註41〕之所以選擇在大稻埕，乃因正米市場初設時仍有相當多的實物交易，必須位於具備便利交通、倉儲等設施的農產品集散中心。

〔註42〕〈日治時期臺灣正米市場與期貨交易（1924～1939）〉，頁 4（臺北：臺灣產業研究會，1936），頁 6，總督府擁有對組合員的認可權力（頁 8）。

〔註43〕臺灣的移輸出米集中在少數出口商，各地的米穀經過移輸出之手，動不動就被獨占壟斷價格，反受日本米商拒買，蒙受損失。1927 年發生臺灣史上最大的米穀商破產的「瑞泰事件」，連累不少仲介商及土壟間。（〈瑞泰的倒產後，臺中米界的混亂〉，《臺灣民報》，第 187 號，昭和 2 年 12 月 18 日，第 3 版）

〔註44〕據李力庸的研究，日本第一個期貨交易所成立於 1730 年，19 世紀末，日本正式運作「正米市場」（〈日治時期臺灣正米市場與期貨交易（1924～1939）〉，頁 466）。

〔註45〕劉坤堂、詹庭禎、陳錫祺著，《期貨市場——理論與實務》，頁 224、227～229。

素大玩賭博遊戲（賭米繳〔註46〕、跋米筊），這些投機行為造成的價格波動，也會對實際從事生產者、加工及運輸者產生干擾。

正米市場組合員的職責雖在維持市場價格及買賣公信，但其本身就是大型米商，因此要其不運用商場權謀或炒作米價似乎強人所難。組合員監守自盜的行為司空見慣。臺灣米穀代行株式會社方面，1936年也曾經發生職員謝根樹偽造出貨證明，騙取22萬圓貨款事件，其委託買賣的組合員陳天來還被懷疑涉嫌〔註47〕。此案管理疏失，造成吳澄淇與吳培銓的總辭，並承諾負責賠償10萬圓，吳家元氣大傷〔註48〕。

因為「戰時糧食統制」，1939年正米市場關閉，1940年總督府介入米穀管理，米穀移出商同業組合亦於7月解散〔註49〕。

3. 四房為主的自動車事業

除了輔佐三房吳澄淇經營米業，四房吳培銓亦發展家族中的自動車事業〔註50〕，下表茲列出其相關職銜與年代，以備參考：

〔註46〕陳守仁於訪談中提及「我阿公陳天來也賭過『米繳』輸掉整塊田」（徐書，附錄一，頁49）

〔註47〕〈日治時期臺灣正米市場與期貨交易（1924～1939）〉，頁42～44

〔註48〕張書，頁57。1936年的10萬圓日幣，如依陳柔縉〈王永慶早年的兩百圓有多大〉（2008年10月26日《聯合報》A4版）推估1933年的200圓「大約是一般職業的十幾個月薪水」，以及依行政院主計處所發布2019年國民平均年所得以800,542計，則至少約合現在新台幣值40億元以上。

〔註49〕劉志偉、柯志明〈戰後糧政體制的建立與土地制度轉型過程中的國家、地主與農民（1945～1953）〉指出1930年代乃至戰爭時期，臺灣總督府積極介入租佃關係，遂造成地主階級的弱化。柯志明認為實施米專賣的米管案，只有臺灣實施，因此臺灣米穀移出管理案的背景，本為內部因素，亦即臺灣島內日人米出口商、本地地主及土壟間資本與糖業資本的利益衝突所引發，並非來自於外部因素——日本減產壓力（《米糖相剋：日本殖民主義下臺灣的發展與從屬》，臺北：群學出版社，2003年，頁203～210）。高淑媛則從總督府的立場指出，「臺灣米穀移出管理案」係為中日戰爭前所提出的方案，其目的在於解決臺灣島內以米、糖為中心的產業結構，並試圖進行臺灣內部的產業轉換，將農業轉向工業，促成臺灣的工業化發展。（高淑媛，〈日治後期臺灣產業政策的轉換：米穀管理政策的重要意義〉，頁105～138）

〔註50〕吳錫祿先生（四房吳培銓之子）說：「後來分家產時，四房就分得動產中的『巴士』產業，土地就三房分的最多。」（徐書，附錄一，頁30）

表四　吳家自動車事業發展年表

年　代	吳 家 自 動 車 事 業 發 展
1922	新莊自動車會社舉行創業式，由吳培標擔任式場主席（座長），資本額五萬圓，初期自動車 3 輛，司機與車掌各 4 人，公司長吳培銓，營業區域為新莊、山腳、大橋頭、和尚洲之間。
1923	吳培銓以新莊自動車名義響應勸募，捐獻 10 圓，興建下泰山巖的泰山橋。
1927	「臺北自動車營業組合」在台北州廳內創立總會，吳培銓當選第一屆常務理事。
1929	吳培銓當選臺北自動車營業組合第 4 屆組合長，主持「臺北自動車營業組合」第 5 屆定時總會，更名為「臺北州自動車營業組合」
1930	吳培銓當選臺北州自動車營業組合第 6 屆評議員，臺北州自動車營業組合第 7 屆總會一致推舉吳培銓等 11 人為基隆支部預備委員。
1933	新莊自動車公司 12.5km 的營運路線與 11 輛公車，遭到台灣總督府交通局鐵道部自動車課以 60069.78 收購，加入局營巴士的營運行列。
1935	吳培銓、王連喜等併購李俊啟 1931 年創設的觀音山乘合自動車公司，改組為新莊觀音山自動車株式會社，吳培銓任社長〔註 51〕，新觀巴士營運路線擴至大臺北地區。吳培銓創設「興利自動車工作所」（輪胎廠）
1942	大新、巴（tomoe）、海山、三和、新莊觀音山、天母等六家自動車會社合併，改名為「台北近郊乘合自動車株式會社」，資本額為 65 萬圓，由菊元百貨公司老闆重田榮志經營，吳培銓任常務理事，總公司設在衡陽路，營業部設在前台北西站處，保養廠在三重三和路。
1954	228 事件後，「台北近郊」改由公路局經營〔註 52〕，設置「台北西站」。

　　（1）台北公車於 1915 年 8 月 17 日開駛，直到 1919 年 4 月 17 日才由小松楠彌出而組成台北自動車會社〔註 53〕。1919 年台灣另出現了兩家稍具規模的運輸專營企業，即台灣自動車株式會社、與蓬萊自動車株式會社，前者法

〔註 51〕吳沃疇先生（三房吳澄淇之孫）受訪時說：「新觀巴士時我阿公（案：吳澄淇）董事長、叔公（吳培銓）社長，爸爸（吳維源）做廠長，我爸爸愛摸這些車，在三重的工廠，在三和路那兒。」（徐書，附錄一，頁 3）

〔註 52〕吳沃疇先生感慨說：「近郊巴士公司後來被公路局接收，我們也是 228 受害者，被徵收掉，補助一點點僅夠市面上買幾條輪胎，然後就各人去發展了。」（徐書，附錄一，頁 7）吳沃基（二房吳澄波之孫）對於家族運輸產業也留有記憶：「我記得國民黨來收去，我爸爸還在那兒做司機開車。……我懂事時他已經在公路局做司機了，我相信跟這個自動車有關係，我爸爸對車子很內行。我印象是這樣，還是被公路局沒收了以後，我們是真的有比較沒落了，可是我記得阿叔也很難過，不是嗎？」（徐書，附錄一，頁 34）

〔註 53〕許雪姬，〈台灣華僑投資福州復興汽車公司始末 1931～1936〉，《臺灣史研究》，2（1），1995 年，頁 54。

定資本額約 30 萬圓，後者約 50 萬圓。兩家企業的投資者多為富有盛名的台、日企業家。〔註 54〕同年，台北廳也發布「自動車取締規則」。

（2）「局營自動車」的源頭來自日本本土的「國營自動車」（鐵道省所經營），旨在消除汽車運輸業興起後對國有鐵道的威脅，特別是指跟國有鐵道平行者。局營自動車於 1933 年 7 月開業，共分「北部線」、「中部線」、「南部線」三階段，以相當不合理的價格〔註 55〕收購民營業者。若是同樣對照 1931 年與 1938 年的台灣汽車運輸業經營名單，北部線的 8 家業者僅桃園輕鐵與新莊觀音山自動車株式會社等 2 家繼續營業。中部線的 7 家業者全部消失，南部線也僅剩 2 家可以繼續營業〔註 56〕。

（3）在汽車運輸業的發展過程中，必須是與地方官廳關係良好的日人或臺人菁英，才能取得經營權。汽車運輸業興起後，逐漸形成以小型企業為主體的「群小併立」狀態，市場秩序一時大亂，業者紛紛陷入營運困境。所以從 1930 年開始，在官方政策性宣導或半強迫的指導下，彼此間開始互相收購或合併，邁向「統制、整頓」之風，在此風潮中，各州廳陸續成立「協會制」或「組合制」的統制機關〔註 57〕。

（三）展覽室三

1. 吳愚家族紳商聯姻現象

據徐書之訪談，三房三世的吳沃疇先生曾提及「政治結婚」〔註 58〕，指

〔註 54〕蔡龍保，《殖民統治之基礎工程：日治時期台灣道路事業之研究（1895～1945）》（台北：國立臺灣師範大學出版中心，2008 年，頁 261～262）

〔註 55〕例如北部線所賠償之慰問金僅達創業費的 30.5%、中部線 48.4%、南部線 42%，詳蔡龍保，〈國營初現——日治時期臺灣汽車運輸業發展的一個轉折〉，《國史館學術集刊》，第 16 期，2008 年，頁 26、35、39。

〔註 56〕陳家豪，《近代台灣人資本與企業經營：以交通業為探討中心（1895～1954）》，（台北市：政大出版社，2018 年）頁 142～143。

〔註 57〕陳家豪，〈評介蔡龍保著，《殖民統治之基礎工程：日治時期台灣道路事業之研究（1895～1945）》〉，《兩岸發展史研究》（桃園：國立中央大學歷史研究所），第 6 期，2008 年 12 月，頁 258～259。

〔註 58〕據徐書「附錄一」，頁 3。吳沃疇的說法是「賣穀的叫做正米市，古早米也是政府控制的，台北市有兩支牌，我阿公拿一支牌，另一支牌不知道是誰的。這就『政治結婚』，我爸爸跟我媽媽結婚，救我阿公是桃園區，也是拿米牌的。這政策的結婚才去結婚的，你兒子跟我女兒這樣，我爸爸也是大兒子，我媽媽也是他們那邊的長女，那也是米的關係。我外公也是有米牌，所以從我曾祖開始，就都有做米的關係。」

的是吳愚家族有發展出「紳商聯姻」的現象〔註59〕。此種門當戶對的聯姻，於華人以家族型態建構鄉土型社會，自屬常態。誠如學界研究寧波的紳士指出：「家族透過婚姻擴大勢力，並經由經濟支配確保於當地的延續性，此外還需要附加國家頭銜，才能鞏固地位。」〔註60〕

茲列舉吳愚家族紳商聯姻數例，以為佐證。

表五　吳愚家族的紳商聯姻

關　係　人	備　　註	資　料　出　處
吳培銓（四房一世）	娶大稻埕茶商陳天來之女（陳寶珠）〔註61〕	徐書頁37
吳澄波之女吳玉葉〔註62〕（二房二世）	嫁給李長流之子李名墩，李長流兄李景喜為新庄山腳公學校創校學務委員	張仁甫提供
吳維源（三房二世）	娶桃園米商黃玉書之女（黃悶）	徐書頁37
吳培銓之女（四房二世）	吳培銓次女吳紅絹嫁板橋林家第一房總管郭邦光的兒子郭欽敬〔註63〕	徐書附錄一頁19

〔註59〕此一現象，於日治時期頗為常見。例如陳慈玉即舉了「最初被任命為臺灣總督府評議會員」的藍高川（1872～1940，屏東里港，以製糖起家）和顏雲年（1874～1923，基隆瑞芳，以礦業起家）於1928年的兩家聯姻（顏德潤、藍錦綿）為例，說明聯姻與企業的經營「有不容忽視的相關性」，且指出此類紳商家庭對於子女教育相當重視。（〈日治時期顏家的產業與婚姻網絡〉，《臺灣文獻》，第62卷第4期，2011年12月，頁1～54）這些現象也具見於吳愚家族中。

〔註60〕Timothy Brook, "Family Continuity and Cultural Hegemony: The Gentry of Ningbo,1368-1911," in Joseph W. Esherick and Mary Backus Rankin edt., *Chinese Local Elites and Patterns Dominance*（Berkeley: University of California Press, 1990），p27-50.譯文轉自張家綸，《草屯社會發展與地方菁英（1751～1945）》，頁119。

〔註61〕日人久山文朗的調查報告指出：「台灣米商之所以能操縱正米市場的原因，在商業鉅子們具有密切的血緣或姻親關係。例如……，陳天來是曾任米穀代行株式會社專務吳培銓的岳父。」轉引自李力庸，〈日治時期臺灣正米市場與期貨交易（1924～1939）〉，頁499。

〔註62〕原為吳澄淇與顏藝之女，過給吳澄波。

〔註63〕據張仁甫修訂，明志科技大學第八屆通識教育研討會講評意見。郭邦光（1884～1973）與吳培銓都畢業於總督府國語學校國語部，都擔任過台北州協議會員，1936年，與吳培銓同時擔任台北州會議員。1910～1911，郭邦光擔任林本源第一房事務所主任；1916年繼其三兄郭邦彥（1925年，其女郭美錦嫁給基隆顏家顏欽賢），擔任郭春映手創的錦茂茶行總經理職務；1922年，創立

吳錫祿（四房二世）	娶大稻埕富商鄭家之女	徐書附錄一頁 8
吳沃仁（大房三世）	娶潘阿返之女（潘美德）〔註 64〕	張仁甫提供
吳沃熙（二房三世）	娶泰山望族／台北縣長謝文程之女	徐書附錄一頁 12
吳錫塤次女吳秀英(二房三世)	嫁給日本醫學大學畢業外科醫師陳茂松長男陳趾斯	張仁甫提供
吳沃疇（三房三世）	娶蘆竹米商黃鳳儀之女（黃麗彩）	吳沃疇訪談 20200423
吳培坪（頂厝大房一世）	娶泰山望族李家之女	徐書附錄一頁 47
吳進財（頂厝大房二世）	娶基督長老教會傳道師呂阿加之女（呂玉珍）	張仁甫提供
吳錫璿〔註 65〕（頂厝大房二世）	娶西螺望族廖文毅大哥廖溫仁長女（廖文香）	徐書頁 36

2. 吳錫洋與李臨秋的映畫事業

吳培銓與陳寶珠婚後，因長男早夭，次男吳錫洋（1917～1990）獲雙方家族疼愛有加，而李臨秋（1909～1979）母親陳扁，其娘家也來自於陳天來家族，因此吳錫洋與李臨秋無話不談、惺惺相惜。

1933 年，李臨秋與鄧雨賢詞曲合作，完成古倫美亞唱機唱片公司膾炙人口的歌謠〈望春風〉。1935 年，陳天來等人為配合舉辦日本領臺四十週年臺灣博覽會，耗資十萬日圓興建了「第一劇場」，1936 年，吳錫洋代理舅舅陳清汾（陳天來四男）為陳氏家族「第一映畫公司」之公司代表。1937 年，吳錫洋集資成立「第一映畫製作所」，拍攝臺灣人第一部有聲電影《望春風》；1938 年於永樂座首映，叫好叫座，轟動一時。

學者指出此期台灣「電影實踐」，有「資本化」與「大眾化」的現象，摘要說明如下〔註 66〕：

士林信用組合長於士林慈誠宮，擔任首任組合長（今士林區農會創會理事長）。1939 年創立東邦紅茶株式會社，至今仍在生產。

〔註 64〕吳潘美德，第三高女畢業，父親潘阿返，母親徐金治，舅舅為台北市參議員徐春卿，228 事件受難者。

〔註 65〕徐書誤為「銓」，經張仁甫訂正為「璿」。徐書記載為廖文毅之女，亦經張仁甫考證為廖溫仁之女廖文香，廖史豪是廖溫仁的長男（參閱：張炎憲著作《台灣獨立運動的先生——台灣共和國》），曾在東京與吳錫璿一起當兵。（參閱勁草，《台灣獨立運動前奏曲 1945——1991AD》，台北：五南圖書，2015）

〔註 66〕李政亮，〈日治時期台灣人的電影實踐——通俗空間下的《望春風》與《可愛的仇人》〉，行政院文化建設委員會，《國家認同之文化論述學術研討會會議論文》2006 年 6 月 11 日，頁 1～16。

（1）1920年代末期美國有聲電影出現，意味著電影技術與觀看形式的重大變革，日本也開始出現「電影的立體化」現象，結合三種元素：以大眾文學為題材、電影呈現、再加上主題曲。

（2）當時台灣文壇，一方面受日本「全日本無產藝術聯盟」影響，力倡與群眾結合的普羅文學；另一方面則是 1930 年代鄉土文學論爭嘗試進行的「文藝大眾化」。

（3）據詹天馬說，始於 1924 年廈門引進的上海電影，至 1936 年止，進口電影多達 630 多部。

（4）1920年代末期台灣流行音樂生產機制的建立，與古倫美亞公司社長柏野正次郎進行本土化經營策略有密切關係，1930 年代有許多流行歌曲是用以介紹電影內容行銷之用。

吳錫洋成立「第一映畫製作所」，曾經聲明其申請宗旨為：「以往我們在台灣拍攝出一些關於本島之風俗、習慣、人情等之電影。那些都是受不熟悉本島之內地諸製作所託的成果。……所以從今以後我們希望原作、導演、演員、攝影等均仰賴本島自己全力以赴，努力描繪與我們生息相關的台灣，以充實內外電影之不足。」〔註67〕

其說誠然，電影《望春風》在日治時期很重要的特色是，參與此片演出的不再只有被社會視為下流的藝旦或非主流的藝人，而是刻意邀請了中上層社會名流演出。除了曾演出教育片《嗚呼芝山巖》（1936）的演員陳寶珠擔任女主角外，男主角則是新竹出身的撞球好手彭楷棟（當時是世界有名的撞球選手山田浩二的門生），以及客串演出的大稻埕名醫兼臺灣基督教青年會的會長李天來、神戶女學校畢業的板橋林家姑娘林玉淑，以及東京大學法政系出身、曾在日本「新興電影」擔任演員的臺中清水望族蔡家的公子蔡槐墀等。〔註68〕至於這些社會名流的參與演出，當然會為此片帶來更多的社會資源與

〔註67〕吳錫洋著，張昌彥譯：〈台灣第一製片所成立聲明書〉，收錄於張昌彥、李道明主編《紀錄台灣：台灣紀錄片研究書目與文獻選集（上）》（台北：財團法人國家電影資料館，2000 年），頁 195。吳錫洋等強調本土化的意志，也見於當日的宣傳，如〈風月報〉「劇場消息」記載曰：「臺北市吳錫洋氏，籌創臺灣第一映畫製作所，被推為所長，經牌新劇一齣，名為『望春風』，乃全發聲，現正攝影製片。……務使此臺灣鄉土映畫，有聲有色，十分光彩。夫風俗、習慣、人情，本島自有特殊者。鄉土攝影、鄉土製片，乃能實而不虛。」（〈風月報〉，1937 年 7 月 20 日）

〔註68〕詳李道明，〈永樂座與日殖時期臺灣電影的發展〉，《東西脈絡中的早期台灣電

主流社群的關心〔註69〕。

可惜的是，隨著中日戰爭的爆發，日本政府對於電影製作的干涉也日漸緊縮，吳錫洋與李臨秋於 1938 年稍後製作的第二部影片《榮譽的軍夫》，只能自掏腰包配合政令拍成了配合皇民化運動的宣傳片，把鄧雨賢譜曲早已風行一時的〈雨夜花〉（1934），重新填上日文歌詞作為主題曲〈誉れの軍夫〉，可以說大大違背了吳錫洋與李臨秋的製片理想〔註70〕。

附件一　《台北縣歷史建築「五股守讓堂」調查研究計畫‧五股守讓堂的歷史背景調查》引用文獻表

編號	文　獻　出　處	相關主題	備註（文獻出版年代）
1	尹章義《新莊志》	新莊墾拓史、五股庄略圖	1989
2	吳維源《吳氏族譜》	吳家世系	
3	井出季和太《台灣治績志》	五股庄成立與協議會組織	1937
4	《台灣日日新報》相關報導	日治初期茶產業、交通運輸、修路與自動車開通、新莊山腳建醮	
5	臨時台灣舊慣調查會《調查經濟資料報告》	日治初期米產業	1905
6	盛清沂總纂《台北縣志》	觀音山自動車	1960
7	明治 40 年《台灣移出米概況》	北部大米商	1907
8	大正 12 年《台灣堡圖》（華梵文化資產研究中心）	吳氏家族遷移圖	1923
9	大正 10 年〈泰山巖重修碑記〉	吳愚參與地方宗教	1921

影：方法學與比較框架國際研討會》論文，2014 年。http://twcinema.tnua.edu.tw/ct/2016/12/%E6%B0%B8%E6%A8%82%E5%BA%A7%E8%88%87%E6%97%A5%E6%AE%96%E6%99%82%E6%9C%9F%E8%87%BA%E7%81%A3%E9%9B%BB%E5%BD%B1%E7%9A%84%E7%99%BC%E5%B1%95/

〔註69〕李道明認為，從 1919 大稻埕仕紳興建戲院，直到 1939 吳錫洋退出永樂座的經營，20 年間見證了日治時期經營臺灣電影產業的興衰與發展脈絡，顯示戲院娛樂由有錢有閒階級的傳統京劇與票戲，轉向具有現代思想的新劇，再轉向婦孺與中下階級的需求，出處同前。

〔註70〕例如李臨秋常於歌詞中以「藏頭詩」的作法，暗渡自己反戰的理念，如於皇民化運動時期的作品〈送君曲〉，暗自嵌入「送為火」的密語，暗中表達夫君恐被送到戰火裡成為灰燼，寫出軍伕之妻的擔憂恐懼。請參曹桂萍，《李臨秋台語歌詩作品整理、考訂與探析》（國立成功大學台灣文學系碩士在職專班學位論文，2017），頁 274。

10	大正 15 年《台北州報》	吳培標擔任五股庄庄長	1926
11	台北縣泰山鄉文史協會《畫中有話——泰山地區老照片專輯》	山腳信用組合、古梅里	2005
12	下泰山巖廟〈下泰山巖廟繞境圖〉	在地信仰繞境範圍	2005
13	尹章義《泰山鄉誌》	下泰山巖老照片	1994
14	吳氏族人〈吳愚畫像〉	吳愚	
15	〈山腳信用購買販賣利用組合立石碑文〉	紀錄吳愚與信用組合淵源	1936
16	昭和 15 年《臺灣產業地圖》（華梵文化資產研究中心）	在地稻米與茶葉產業	1940
17	昭和 11 年〈會社銀行商工業者〉	台灣正米市場組合	1936
18	許雪姬《臺灣歷史辭典》	吳培銓併購觀音山乘合自動車公司	2004
19	尹章義等《民報》	近郊自動車株式會社	1945
20	大塚清賢編《躍進臺灣大觀》（昭和 16 年中外每日新聞社）	近郊自動車老照片	1941
21	尹章義《五股志》	觀音山自動車公司刻石照片、五股淹水深度	1997
22	昭和 11 年《會社銀行商工業者》	臺北州自動車營業組合	1936
23	明治 44 年《台北商工人名錄》	吳銀生	1911
24	昭和 2 年《台灣商工名錄》	吳澄淇、吳培銓	1927
25	《會社銀行商工業者名鑑》	吳澄淇、吳培銓、吳錫堃、吳錫爵	1932、1940
26	昭和 11 年《台北市商工會會員名錄》	吳培銓	1936
27	昭和 15 年《台北市商工人名錄》	吳培銓、不動產並土地開墾造林「給昆合資會社」	1940
28	昭和 15 年《台北商工名人錄》	新莊觀音山自動車株式會社	1940
29	泰山五股鄉戶口謄本記載大正 9 年遷居五股庄	吳家遷居史	1920
30	唐澤信夫《臺灣紳士名鑑》	吳氏家族	1937
31	台灣新民報社《臺灣人士鑑》	吳氏家族	1934
32	台灣新民報社《臺灣人名辭典》	吳氏家族	1989
33	張炎憲等《臺灣近代名人誌》	吳氏家族	1987
34	橋本白水《臺灣統治と其功勞者》	吳氏家族	1932

附件二 《泰山豐華──泰山地區文史專輯·人物篇》引用文獻表

編號	文獻出處	相　關　主　題	備註（出處或出版年代）
1	徐健裕等《台北縣歷史建築五股守讓堂調查研究計畫》	吳家族譜	2007
2	吳家提供	●守讓堂舊照（吳沃文）	
		●吳愚 80 歲紀念照（吳沃文）	1926
		●家族墓照片（吳沃文）	1961
3	《台灣日日新報》	●吳愚建大窠橋	1905
		●吳銀生任籌備會與歡迎會接待掛委員	1906
		●吳銀生與大窠坑方先生合夥於普願街經營和豐商行，方子方大三多次行竊商行	1907
		●吳愚接任半山子地區保正	1908
		●吳銀生捐款大稻埕炮店爆炸案	1908
		●吳金鼻過世	1909
		●台北移出米檢查所移出米數本島人以吳銀生居冠	1910
		●吳愚捐贈救災	1911
		●吳銀生寄附大稻埕公學校（今太平國小）建築費 100 圓	1911
		●吳銀生捐款救災	1911
		●米市物價以和豐商行為標準	1911
		●吳銀生響應剪辮	1912
		●吳銀生捐贈壯丁團運動會	1912
		●吳澄波慶祝討蕃應援隊凱旋歸來	1913
		●大窠橋修橋竣工（吳愚），吳澄波為區長	1915
		●吳愚七十歲生日	1916
		●吳澄波共同發起在新庄興直公學校歡送警官調任	1916
		●吳愚任山腳信用組合創會組合長，借下泰山巖場地營運	1917
		●吳澄波任區長修路	1917
		●吳培銓參加歡迎新任高等法院長的台北懇話會	1917

		●各界為吳培坪、吳培標兄弟之母鍾孺人祝嘏	1917
		●吳培銓與其他六人合組山腳芳泉製酒公司	1918
		●新庄支廳長等宴請新車路車道新築有功人員（含吳愚、吳培標等）	1918
		●舉行新庄山腳公學校坑仔外分校校舍落成式，貴仔坑區吳澄波區長由吳培標代理出席	1919
		●台北青物（青果）株式會社成立，吳培標等任監察役	1919
		●山腳信用組合在下泰山巖召開第三屆通常總會，組合長吳愚請專務理事吳培標報告開會辭、營業成績等，共三百多人出席	1920
		●召開新庄山腳公學校同窗會，吳培標膺選為會長	1920
		●吳培標擔任新莊街役場助役兼會計役	1920
		●吳培銓參加台北懇話會，歡迎廈門領事榮升	1920
		●吳澄淇任台灣米穀移出商同業組合副組合長，後又代理組合長	1921
		●創設新莊自動車公司，吳培標擔任式場主席（座長），資本額五萬圓，初期自動車 3 輛，司機與車掌各 4 人，公司長吳培銓，營業區域為新莊、山腳、大橋頭、和尚洲之間	1922
		●吳培標任五股庄長	1922
		●吳愚參加派出所暨保甲聯合事務所竣工式	1926
		●慶祝吳愚八十大壽，在守讓堂宴請 600 餘人	1926
		●下泰山巖祈安建醮，主醮吳愚，吳培標與其姪兒吳錫田共同擔任總董事，屠豬 600 餘頭	1926
		●臺北自動車營業組合在台北州廳內創立總會，業者 46 位出席，吳培銓當選第一屆常務理事	1927
		●雕塑家黃土水製作「釋迦出山像」敬獻艋舺龍山寺，共同寄附者除辜顯榮等外，亦含吳培銓	1927
		●山腳信用組合召開第 10 回通常總會，吳培標理事代表 81 歲的組合長吳愚主持會議，並慶祝成立十周年	1927
		●吳培銓任台北州自動車營業組合長	1929
		●吳澄淇任「台灣米穀代行株式會社」社長，吳培銓擔任常務取締役（董事）	1929

		●吳培銓當選臺北州自動車營業組合第 6 屆評議員	1930
		●吳培銓前往日本內地考察約 1 個月	1930
		●臺北州自動車營業組合第 7 屆總會，一致推舉吳培銓等 11 人為基隆支部預備委員	1930
		●吳澄淇任台北保安宮五穀先帝遶境爐主	1930
		●新莊山腳青年會吳培標會長，在新莊第二公學校主持青年夜學發會式	1930
		●吳培標受命擔任林口庄庄長	1932
		●吳培標等被任命為新莊郡出席在花蓮港舉辦的全島產業組合大會代表	1932
		●吳培標代理吳愚組合長主持，通過「山腳信用購買販賣利用組合」事務所搬遷事宜	1933
		●吳培銓任台北州協議會員，岳父陳天來卸任	1934
		●台灣米穀代行株式會社股東大會，吳澄淇續任社長，吳培銓續任常務取締役	1935
		●陳天來（吳培銓岳父）興建第一劇場，由其三子陳清波擔任第一劇場株式會社社長	1935
		●台北州「新莊農業倉庫」變更為「保證責任新莊郡倉庫信用販賣購買利用組合」，由吳培標擔任組合長（1936）	1936
		●台灣米穀代行株式會社社員謝根樹詐財案，吳澄淇及吳培銓總辭	1936
		●吳愚過世，在山腳公學校講堂舉辦告別式，兼山腳信販購利組合組合葬	1937
		●吳培標當選新莊郡山腳公學校同窗會會長	1937
		●台北州滿州用茶出荷組合創立，吳培標當選監事	1937
		●吳培標擔任「林口庄聯合青年團結團式總團長」	1938
		●吳培標擔任保證責任山腳信用購買販賣利用組合組合長	1938
4	褚如君《姚自來於交趾陶藝術的發展研究（1911～2007）》	守讓堂交趾、剪黏、泥塑	2007

5	張仁甫《泰山豐華——泰山地區文史專輯》（2009）	吳培銓與其他六人合組山腳芳泉製酒公司（1918）	
		吳培銓以新莊自動車公司名義響應捐獻興建下泰山巖前的泰山橋（1923）	
		守讓堂的書卷竹節窗	
6	新庄山腳公學校《新庄山腳公學校沿革史》	吳愚參與地方事務（1903）	
		吳愚捐建山腳公學校校舍（1906）	
		吳愚參加證書授與式（1907）	
		吳愚接貴仔坑區長（1908）	
		吳愚四子吳培銓台灣總督府國語學校自費生入學（1909）	
		吳愚長孫吳錫爵代表學生斷髮（1912）	
		吳愚於蘆竹設立「坑仔外分校」（1918）	
		新莊山腳青年會吳培標會長，參加在新莊第二公學校舉行的新莊山腳處女會發會式暨青年夜學終式（1931）	
7	國史館臺灣文獻館典藏《臺灣總督府檔案》	吳愚傳記 000027670070392 000027670070397 吳澄波傳記 000027670070394 吳培標傳記 000027670070402 吳銀生方發記所有福清丸船舶國籍證書呈送（1907） 00005041006 0071012386a003 1911 寄附大稻埕公學校建築費獲總督府褒賞木杯一組下賜（1913） 0071020194a056 福清丸船舶國籍證書核下，所有者為吳澄淇（1913） 000057900149001001M 吳培銓台灣總督府國語學校國語部（四年制）畢業（1913） 0071020186a006 吳培標台灣總督府國語學校國語部畢業（1915） 0071020724a018 吳澄波修路（1917） 000064190040086	

		核准設立山腳信用組合（1917） 000027670070365 000027670070391 000027670070392 000064190040096 0071033693a062 吳培銓與其他六人合組山腳芳泉製酒公司 （1918） 00102361000070067 臺灣總督府將酒類納入專賣，禁止製酒，山腳 芳泉製酒公司提出「禁業交付金請求書」 （1922） 00102409000130081 和豐商行吳澄淇任命吳培銓為代理人輔佐經 營（1922） 00100282000100250 吳培標庄長提出「公學校校舍增築資金借入討 論案」（1936） 000106850031011 000106850031015 000106850031060	
8	張仁甫《畫中有話——泰山地區老照片專輯》	●泰山橋碑記	1923
		●吳愚、吳培標參加派出所暨保甲聯合事務所竣工式	1926
		●吳培標代理組合長主持「山腳信用購買販賣利用組合」事務所新築落成	1934
		●吳培標庄長參加林口茶葉傳習所休業式	1937
9	尹章義等《五股志》	吳愚擔任五股庄第一屆協議會員	1920
10	南投縣埔里巴宰族賴貫一牧師私人珍藏授權使用的文物	●吳澄波參加台北廳主辦第三回街庄事務練習科目講習，獲頒修了證書	1908
		●吳愚獲新莊郡守頒發表彰狀	1929
11	戶籍資料	吳培銓與陳天來長女陳珠結婚	1914
12	李柳先生提供〈山腳信用組合出資證券〉	山腳信用組合證券	1920
13	遠藤克己《人文薈萃》（中央研究院台史所檔案館臺灣研究古籍資料庫典藏）	●吳愚像 ●吳澄淇像 ●吳培標像	1921

14	李力庸〈日治時期臺灣正米市場與期貨交易（1924～1939）〉，2008，收錄於許雪姬編《日記與臺灣史研究》，下冊，中央研究院台史所，頁 459～508	●和豐商行創立	1897
		●「台灣米穀移出商同業組合」正式成立總會，吳澄淇擔任評議員，隔年正式核准成立	1915
		●由「台灣米穀移出商同業組合」籌組的「台灣正米市場組合」在大稻埕成立，後遷至永樂町，由吳澄淇擔任理事長、吳培銓擔任常務取締役，但此米市現貨市場次年即告壽終正寢	1924
		●1926 蓬萊米移植成功，受日本市場歡迎，「台灣正米市場組合」重新開市營運，吳培銓協助組合長吳澄淇整頓現貨米市，但期貨更趨投機	1928
		●由台灣正米市場組合籌組的「台灣米穀代行株式會社」創立，吳澄淇任社長、吳培銓任常務取締役	1929
15	泰山國小《泰山世紀情》（1998）	●吳培銓新庄山腳公學校第 5 屆畢業（頁 260）	1909
		●吳錫爵於山腳公學校第九屆畢業（頁 261）	1914
16	臺灣總督府民政部殖產局《台灣移出米概況》，1907，頁 133	記載 1904～1906 和豐商行移出米情形，生意自 1906 年起大躍進	1904～1906
17	《台北商工人名錄》，頁 27	和豐商行吳銀生住台北普願街	1911
18	〈重修泰山巖碑記〉（1921）	下泰山巖完成重建，吳愚、吳銀生捐神桌與捐款、龍柱等	1912
19	《台灣總督府職員錄》	●吳澄波任貴仔坑區區長役場書記	1910
		●新莊郡吳培銓新任台北州協議會員，而其岳父陳天來卸任	1934
		●吳培銓自台北州協議會員卸任	1936
		●吳培標自林口庄長卸任	1940
20	江夏英藏《台灣米研究》（台灣米研究會，1930）	●吳銀生創立和豐商行	1897
		●吳澄淇接掌和豐商行	1913
		●吳澄淇創立「台灣米穀代行株式會社」	1929
		●1916～1929 和豐商行在全台移米商中排行第四名（前三名為瑞泰、三井、方協豐）	1929
		●由台灣正米市場組合籌組的「台灣米穀代行株式會社」創立，以管理正米市場的金錢出納及社員金融融通，吳澄淇擔任社長，吳培銓擔任常務董事	1929
		●總督府介入米穀管理，米穀移出商同業組合解散	1940

21	《台灣米報》（1931.05.30）頁 21	吳澄淇在大日本米穀大會上爭取通過成立該會台灣支部，受到表彰	1931
22	〈大日本米穀會第 28 回米穀大會記念寫真帖〉	●吳澄淇以大日本米穀大會台灣支部副支部長的身分，接待大日本米穀大會於台北市公會堂舉辦的第 28 屆會員大會 ●吳澄淇像 ●大日本米穀會台灣支部幹部於總督官邸前合影 ●大日本米穀會會員大會於蓬萊閣設宴留影	1935
23	曾耀鋒〈日本統治時代の台湾における大成火災の事業展開〉（《日本台灣學會報》，第 15 號，2013）	吳澄淇擔任「大成火災海上保險株式會社」株式募集發起人	1919
24	連克《從代理店到保險會社—臺灣商人的損害保險經營（1862~1947）》（成大歷史學研究所碩士論文，2014）	大成火災海上保險株式會社成立，吳澄淇擔任創社監察役（監事）至 1933	1920
25	《臺灣米穀移出商同業組合月報》（63/1922.03.25）（68/1922.09.30）	吳澄淇任台灣米穀移出商同業組合副組合長，不久轉任代理組合長	1921
26	林正廣《台灣正米市場的沿革並現況》（台灣正米市場組合，1938）	1926 蓬萊米移植成功，受日本市場歡迎，「台灣正米市場組合」重新開市營運，吳培銓協助組合長吳澄淇整頓現貨米市，但期貨更趨投機（賭米繳）	1928
27	遠藤東之助《台灣博覽會記念》，台灣新聞社（國立臺灣大學圖書館典藏）	1935 台灣米穀移出商同業組合合影	1935
28	蔡龍保〈國營初現——日治時期臺灣汽車運輸業發展的一個轉折〉（《國史館學術期刊》第 16 期，2008）	●吳培銓任五股庄協議員（1922~1924）	1922
		●新莊自動車公司遭台灣總督府交通局收購為局營巴士	1933
		●吳培銓併購觀音山乘合自動車公司，改組為新莊觀音山自動車株式會社	1935
		●六家自動車會社合併，改名「台北近郊乘合自動車株式會社」，吳培銓任常務理事	1942

29	陳家豪〈從產業合理化與交通統制看臺人資本存續：以汽車運輸業為中心（1929～1945）〉（中央研究院台史所《台灣史研究》，第 24 卷第 1 期，2017）	六家自動車會社合併，改名「台北近郊乘合自動車株式會社」，吳培銓任常務理事，總公司設在衡陽路，營業部設在前台北西站處，保養廠在三重三和路	1942
30	陳家豪《近代臺灣人資本與企業經營：以交通業為探討中心（1895～1954）》（國立政治大學台灣史研究所博士論文，2013）	吳培銓創設「興利自動車工作所」（輪胎廠）	1935
31	《台灣人士鑑》（台灣新民報社 1937 出版，頁 500）	●吳培銓肖像 ●吳錫洋對桌球與文藝充滿興趣 ●吳錫洋集資成立「第一映畫製作所」，自任所長	1937
32	〈泰山橋碑記〉（1923）	記載芳泉（製酒）公司捐款 12 圓、新莊自動車公司捐款 10 圓	1923
33	〈1935 年台灣博覽會記念——台北市街圖〉	●正米市場與台北州米穀商同業組合大致位置 ●大橋頭新莊自動車公司台北發車站，與觀音山巴士候車站大致位置	1935 1935
34	金子常光〈新莊郡大觀〉（1934，收錄於莊永明《臺灣鳥瞰圖》，遠流出版公司，1996）	新莊自動車公司位置	1934
35	新北市泰山文史協會《泰山采風》季刊第 47 期（2015.07）	吳培標 1924 參加西雲寺「靈秀塔」、「萬年塔」落成法會	1924
36	熊紹任《續修台北縣志》卷五〈社會志·第三篇合作事業〉（2010）	●於鷺州庄三重埔成立「保證責任新莊郡物產信用購買販賣利用組合」（吳培標擔任理事，1935） ●台北州「新莊農業倉庫」變更為「保證責任新莊郡倉庫信用販賣購買利用組合」，由吳培標擔任組合長（1936）	1935 1936

37	台北州出版《郡市街庄行政事務刷新意見懸賞論文》（1925，頁156）	吳培標參加台北州「郡市街庄行政事務刷新意見懸賞論文」比賽，獲選外佳作獎（1925）	1925
38	尹章義《泰山志》（台北縣泰山鄉公所，1994）	吳培標擔任「保證責任山腳信用購買販賣利用組合」組合長	1938
39	李漢敦《林口國小創校八十週年紀念專刊》（林口國小，1995）	●吳培標庄長增建菁埔公學校臨時教室一間	1933
		●吳培標庄長增建菁埔公學校校門石柱1對、玄關8坪、教室2間	1936
		●吳培標庄長增建菁埔公學校教室1間、廁所擴建	1937
		●吳培標庄長新建菁埔公學校禮堂落成	1940
40	尹章義《林口鄉志》（台北縣林口鄉公所，2001）	●吳培標庄長增建菁埔公學校臨時教室一間	1933
		●吳培標庄長增建菁埔公學校校門石柱1對、玄關8坪、教室2間	1936
		●吳培標庄長增建菁埔公學校教室1間、廁所擴建	1937
		●吳培標庄長新建菁埔公學校禮堂落成	1940
41	尹章義等《新莊政治發展史》（台北縣新莊市公所，1989）	●吳培標擔任第1屆新莊街協議會員	1920
		●吳培標自新莊街協議會員卸任	1922
		●吳培標擔任第4屆新莊街協議會員	1926
		●吳培標擔任第5屆新莊街協議會員	1928
		●為新莊街長黃淵源未獲續聘案，中途辭卸第5屆新莊街協議會員職務	1931
42	李礽昭老師提供吳培標（或與李國祥先生合影）照片一批	●國語學校合影	
		●新莊第二公學校（泰山國小）第三回同窗會紀念（1921）	
		●吳培標參加在新莊第二公學校舉行的新莊山腳處女會發會式暨青年夜學終了式（1931）	
		●吳培標暨山腳產業組合參拜台灣神社（1931）	
		●「保證責任山腳信用購買販賣利用組合」遷移新建廳舍（吳培標，1934）	
		●吳培標等於霧社事件紀念碑前留影（約1935）	
		●吳培標獲邀參加台灣總督官邸遊園會（1937）	

43	《自由中國實業名人傳》（中國實業出版社，1953，頁27）	●吳錫洋發起組織「大亞影業股份有限公司」任董事長，並再度出任台北第一劇場業務代表	1952
		●吳錫洋（肖像），臺北二中畢業，曾任大稻埕永樂二區青年團團長	1953
44	莊永明《1930年代絕版臺語流行歌》（台北市文化局，2009，頁50）	吳錫洋與李臨秋的母親有親戚關係（吳外公陳天來，是李母陳扁娘的二叔）	
45	李道明《永樂座與日殖時期台灣電影的發展（初稿）》（2016）	●永樂座規模與初期營運歷史（引《台灣漢文日日新報》19230509）	1923
		●1936 吳錫洋組成「第一興行公司」開始承包經營第一劇場	1936
		●因租金遽升問題，1938 吳錫洋以「第一興行公司」的名義承包永樂座	1938
		●吳錫洋回到家族經營的「新莊觀音山自動車株式會社」擔任庶務課長（李臨秋亦陪同，任庶務課員）	1939
46	黃信彰《傳唱臺灣心聲》（臺北市政府文化局，2009，頁69）	吳錫洋拍攝臺灣人第一部有聲電影《望春風》，1938 於永樂座首映	1937～1938
47	黃振超編《臺北市志·卷三政制志·選舉篇》（臺北市政府，1987，頁167、184）	吳錫洋當選臺北市第1屆與第3屆市議會議員	1951～1953 1955～1958
48	李修鑑老師授權使用李臨秋相關證照一批	●台灣總督府特許局頒給吳錫洋的望春風商標登錄證（1937）	
		●李臨秋曾任新莊觀音山自動車株式會社庶務課員（1939）	
		●李臨秋曾任台北近郊乘合自動車株式會社書記（1944）	
		●台北市義勇消防隊吳錫洋隊長派令，派李臨秋為該隊專任幹事（1959）	
49	張仁甫珍藏第一劇場電影放映報告表	台北第一劇場總經理吳錫洋向台北市教育局長提出「新玉堂春」樣片電影放映報告表	1954

附件三 《台北縣歷史建築「五股守讓堂」調查研究計畫》歷次口述訪談主題列表

編號	日期	訪談對象	訪談涉及重點主題
1	95年8月29日	吳沃疇（77）、吳沃澤（72）	守讓堂與周遭的關係、建築形式、老房子保存與拆除問題、老厝中傢俱保存問題、大家族吃飯經驗、古井與廚房的記憶、家族事業發展歷程、政治結婚、米牌、預期淡水河開港與大陸進行交易於迪化街買厝被徵收、蓋守讓堂聘請唐山師傅、近郊巴士於228以後被政府徵收等。
2	95年9月10日	吳沃疇（77）	討論守讓堂的房子與文物、提供族譜資料、拆除過程的賠償問題與紀榮達搶救風波、事業上吳家與林家的關係、日治時期上學經驗、日軍軍隊借住守讓堂、吳澄淇做酒事業、曾祖母的傭人、守讓堂裡公家吃飯的順序、帶出的桌子、吳家人對於政治的參與、公路局接受家族巴士事業（我們也是228受害者）、長安西路房子被日本政府徵收、搬到迪化街、地方上的拜拜、戰爭時的工事經驗、吳錫祿與鄭家的婚姻、改信天主教的背景、個人搬遷歷史
3	95年9月24日	吳信德（64）	關於吳家四大房的血脈與事業差異、吳銀生事業上可能沒有什麼成就、（吳愚）生第三個才開始有做生意、三房資產最多、阿公吳錫爵開發經營醫療儀器行經營至今、叔叔它們在博愛路經營中外儀器行、吳沃仁在五股鄉公所民政課上班、母親吳潘美德是第三高女畢業、父母婚後在博愛路經營博愛百貨公司、對各房親戚事業發展的說明、外公與舅家的高學歷、228事件避難、四大房搬離守讓堂的歷程、高速公路通車影響、童年玩伴、結婚地點、小時在守讓堂拜拜的記憶、家裡沒有「銃眼」、兩口水井、建築的對稱性、兩側後來增建部分與傭人住處、家中傭人、神明廳與房間的建材
4	96年1月30日	吳俊夫（68）	吳家祖籍、剛來台時是在營盤、祖厝位置、守讓堂興建由來、淹水經驗、民國57年搬回五股、73年因淹水而搬走、小時住在迪化街、正米市場的位置、小時出生的地點、早期公司在赤十字醫院旁、父親說阿公（吳澄淇）到下港調查稻米生產量、蓋守讓堂使用花崗岩石材是用自己的船從福建運來、花崗石在拆除時的價值、早期的（照相）玻璃底片、神明廳傢俱被「偷走」（大房吳信德兩卡車搬走）、三四房才是吳愚親生所

| | | | 以大房不重視祖先傳承下來的物品、大房早期做百貨公司（台北第一家百貨公司）賠掉不少、大房經營中外醫療儀器做得不錯、父親吳維邦玩相片與音響、做酒、研究豆露（豆腐乳）酵母菌、在林口買地經營茶廠（現林口「茶葉改良所」的前身）、自己在五股做塑膠袋的歷史、阿公因為國民政府土地徵收政策被氣死、國府接收政權的童年回憶、我十幾歲時父親因肺病回五股養病、迪化街的兩間厝、第四房遷出時間、頂厝與新厝（守讓堂）、早期紡織工廠有一部分是大房土地賣掉的、以前太祖有幾千租在收、除做米外在新莊國小對面也有做酒與豆露的工廠、米的買賣在迪化街、大稻埕有倉庫、公司（和豐行）在中興醫院（早期的赤十字醫院旁）、（問）有挖到蛀掉一半的「和豐行」匾額、和豐行在吳澄淇死後就收起來、阿公細姨那邊接下豆露事業、吳維璋在五股教書、關於三房與四房的發展、關於吳家的收租，都在五股、觀音、桃園這一帶、坐車去桃園收租、作米商時，台灣北部米商我阿公控制住、台北米商與桃園米商結親家、早期跟著阿公去收租、吳家姻親（板橋林家、廖文毅）、關於守讓堂建材、早期船「好像可以進到大稻埕」和豐港口就在那裡、早期赤十字醫院旁也有火車，以前就在那兒做、早期台灣頭一支阿片牌（蟾蜍？）是阿公吳澄淇的、守讓堂很多美麗的雕花被人挖走偷走、八腳床也被人偷走、吳俊夫住到72年才搬走（最後一位搬走的）、勸阻大房吳信德吳重德要他們不可以自行拆除、外公早期做「杉行」，從福州進口，杉木也有可能是從外公那裡拿來的、吳培標與林口庄、吳錫銓娶廖文毅的女兒、吳進財在泰山鄉服務、吳愚與吳澄波任公職、三房的發展、大稻埕老厝變賣搬到民生東路、大廳將近民國七十幾年時已被偷光、泰北中學是陳天來開的，陳天來的兒子陳清汾開的，陳清汾是吳錫祿的舅舅，吳錫祿在那邊任教務主任 |
| | | 黃再發（85，前林口茶業改良場） | 吳氏家族在一般人的印象記憶、土地徵收、吳維邦任林口茶葉公司總經理、林口茶葉公司稱「新公司」，是私人的（非吳家公共產業），以紅茶為主、與巴士有關的生活回憶、「茶業傳習所」的興衰（從昭和 5 年設立到失去國際市場）、吳維邦做茶葉公司經理做四、五年，後來經營不善賣人，國外市場因戰亂而無法經營與大稻埕陳天來 |

5	96年3月20日	吳錫祿（80）	家族的姻親關係、父親為四房吳培銓，母親為陳天來之女陳寶珠、吳家的巴士業、分家產時，大房與三房分得土地多，四房分得動產中的巴士產業、父親吳培銓為台灣第一所學校國語學校（商科）畢業的、父親被指派為官選參議員，自己也不知道、家中搬過許多地點（大稻埕西寧北路、迪化街），後來住到士林、三四房曾於長安西路一起住經營正米市場「和豐商行」，一樓做倉庫、二樓為住家，家門口是鐵路軌道鐵路貨櫃運輸經過家門口、哥哥吳錫洋經營第一劇場與各股東關係
6	96年3月23日	吳沃文（71）、吳沃基（68）	回憶二房的生活場域、下人房、毛蟹穴、曾祖父吳愚單身來台〔註71〕，曾祖母吳林腰是平埔族、關於二房的故事、吳澄波被原住民綁票事件、父親吳錫塾（宜蘭農校畢，光復以後地產賣光，去公路局當司機）連任三年泰山保安隊、哥哥吳沃熙從來沒有講過228的事情（二房老大沃熙老二沃燧老三沃文老四沃基）、賣掉很多土地贖回、阿媽不識字，母親唸二女中（後來的中山女中），後來任五股鄉代，當幼稚園老師、小時候父親被兵阿嬸負得很、二房對於家族事業的參與過程、吳家經營茶葉的問題、在守讓堂的成長經驗、防空洞位置、後院樣式、自來水井與生態駁坎、過年節時拜拜的熱鬧情形、記憶中守讓堂中空間地面的高低變化、堂門前的田地、小時候坐家裡巴士的經驗、吳培標與吳培銓的文筆很好、八里坌的土地、大稻埕迪化街的房子、父親吳錫塾曾在新莊經營巴士車廠、新莊也有「義芳行」（應為「義豐商行」，是三叔公二房小老婆經營）釀酒與釀豆露、長安西路的地現已改為大樓，鄰近水門，船靠岸就在那裡，還有洋房是洋人來做生意（怡和公司）、吳愚所受的漢學教育、林口山上吳家曾有茶葉佃農
7	96年4月18日	吳錫祿（80）	堂名「守讓」的精神、吳氏宗祠在南京東路上，後移至陽明山，後又遷建至復興崗山上、泰北中學的故事、陳天來兒子曾任泰北中學董事長，現任董事長為陳天來兒子陳清波的兒子陳守仁、吳俊夫是吳錫祿堂哥（吳維源）的兒子，也是泰北校友，目前在林口經營幼稚園及做塑膠袋、吳

〔註71〕張仁甫提醒口述訪談資料未必正確，特別以此處為例，明志科技大學第八屆通識學術研討會評論意見。

			家發展：頂厝—新莊—泉町（長安西路）—永樂町（迪化街）—太平町（延平北路）、吳培銓經營汽車業、由日治時期資料得知，大房吳銀生三房吳澄淇先後經營「和豐商行」，搬遷經歷由台北普願街—泉町—太平町、泉町是吳俊夫他的阿公（吳澄淇）一個人白天來，晚上都跑到延平北路他姨太太的地方、吳錫祿泉町（長安西路）出生—西寧北路讀小學—迪化街一段 229 號住二十幾年、迪化街一段 229 號住四房，迪化街一段 268 號 270 號後來分給三房、過去吳家土地很多，大都三房拿去，有權的是哥哥，二房跟四房分得不多、三伯吳澄淇有抽阿片的習慣、族譜記載吳愚家族居於頂厝時代，吳家在泰山與大稻埕兩地活動。另依據日治時期（明治 44 年）《台北商工人名錄》上面登記，「和豐商行」位於「台北普願街」（今長安西路），經營者為吳銀生、和豐商行登記列表、依據吳家族譜確認搬遷及活動年代、釐清鐵路修築與赤十字醫院的設立年代
8	96 年 4 月 19 日	陳守仁（與吳錫祿為表兄弟，陳天來之三房孫）	「守讓堂」與「錦記茶行」建材沒有關係、第一劇場是陳清波（陳天來三子）組織的，永樂座才是陳天來創立的，吳錫洋很得舅舅（陳清波）疼愛，曾任第一劇場的總經理、吳家是大地主，沒做田是在收租、阿公陳天來也賭過「米繳」，輸掉整塊田
9	96 年 5 月 15 日	周益隆（下泰山巖廟總幹事）	吳愚於清末是否做過秀才？做過秀才應是林知義、吳進財是吳培標姪子、守讓堂過去屬於泰山，光復後才變成五股、崎子腳才是古早的泰山、明志書院過去稱新莊山腳義塾、吳愚田地很多出租、和豐碾米工廠早期在泰山跟人合夥、新觀自動車株式會社當時只有兩輛車、鐵路從樹林來明志路一段就沒了，光復後就沒再做鐵路了
10	96 年 5 月 23 日	吳進財（93）	徐書頁 3 雖有此日採訪記載，然附錄未見
11	96 年 7 月 6 日	吳進財（93，吳家頂厝，吳愚姪孫）	吳家在半山仔的頂厝堂號及堂號緣起、半山仔吳家頂厝附近的地緣環境、吳愚出殯情景，台北州知事來祭弔、父親（吳培坪，其實是養父，為吳培標哥哥）以前在新莊街開「土礱間」（吳進財是家中養子）、正米市場是公的，和豐是私的，和豐賺錢才買地，樺山那裡一大片都是米的倉庫，另外鋪鐵路直接到倉庫門口、吳培標李國祥

			（表哥）謝文程李貴忠（表哥）四人很好，稱「江邊四皇帝」、關於守讓堂題字、守讓堂是吳澄淇與吳培銓他們兄弟蓋的、五嬸（吳培銓的太太）是陳天來的女兒，跟李臨秋的母親（也是陳天來女兒）是姊妹，李臨秋經營永樂座，吳錫洋經營第一劇場，我在新觀巴士做會計，吳錫洋做公司裡的總務課長，將李臨秋找來新觀巴士、吳錫洋台北二中（今成功中學）畢業，愛出風頭穿西裝、吳家搬至山腳的緣由，因為樹林十三公抗日事件（1895）、三伯（吳澄淇）曾告知吳家過來台灣初期是在賣甘蔗，至於吳愚與吳金鼻兄弟做什麼事業吳進財並無所悉、過去學制、頂厝與下厝路程約 20 分鐘

附件四　國立宜蘭大學通識教育中心劉怡伶老師提供文獻表

編號	文獻出處	相關主題	備　註 （出處或出版年代）
1	《臺灣日日新報》	吳澄淇投資和泉造酒公司	1913 大正 2 年 5 月 9 日
2		吳家八旬雙壽內祝盛況	1926 大正 15 年 10 月 25 日
3		吳澄淇年所得逾三萬元以上—臺北州大富二十七人	1929 年 昭和 4 年 6 月 17 日
4		和豐吳澄淇氏談一期米觀測	1927 年 昭和 2 年 6 月 3 日（日文文獻）
5	《漢文臺灣日日新報》	義艦釀金之贈徽章—吳愚	1905 年 明治 38 年 12 月 9 日
6		呈稟拓地—吳愚	1910 年 明治 43 年 5 月 27 日
7		新庄義舉—吳愚捐資救災	1911 年 明治 44 年 9 月 15 日
8	《風月報》	吳錫洋望春風電影簡介	1937 昭和 12 年 7 月 20 日
9	林進發編著，《臺灣官紳年鑑》	吳培標簡介	1934 昭和 9 年 10 月第四版（日文文獻）

10	《民報》	台灣汽車工業股份有限公司，常任□吳錫洋、監察人吳培銓	1945 年 11 月 13 日
11		吳錫洋為臺灣電影戲劇公會創設及發起人—臺灣電影戲劇公會啟事	1945 年 11 月 20 日
12	《臺灣藝術新報》	吳錫洋及望春風	1937 年 7 月 1 日（日文文獻—已翻譯）
13	《中央日報》	吳錫洋出資引進沈常福馬戲團國慶來臺表演	1956 年 9 月 29 日
14		吳錫洋任烹飪公會理事長，為鳳仙公共食堂經營者	1956 年 3 月 3 日
15		吳錫洋讚揚義勇消防隊隊員捨身取義精神	1962 年 4 月 24 日
16	臺北市文獻委員會編，《存文徵獻·六時有成》	吳錫洋任臺北市第一屆市議會議員	2013 年 7 月（照片）
17	《臺灣公論》	吳錫洋對望春風完成的感想	1937 年 昭和 12 年 9 月 1 日（日本文獻）
18	《臺灣米報》	臺灣正米市場組合成立	1933 年 昭和 8 年 1 月（日文文獻）
19		吳澄淇、吳培銓合影 臺灣米穀自治管理案通過	1935 年 昭和 10 年 2 月（日文文獻）（照片）
20		米穀自治管理案反對の雄叫び東京に於て全國米業者大會臺灣は反對目的達成の為め業者臺灣神社に祈願	1935 年 昭和 10 年 2 月（日文文獻）
21	臺灣正米市場組合,《臺灣正米市場的沿革與現況》	臺灣正米市場的沿革、臺灣正米市場的現況、正米市場取引等	1938 年 昭和 13 年 10 月（日文文獻）
22	《人文薈萃》	吳愚、吳澄淇、吳培標簡介	1921 年 大正 10 年 7 月 20 日
23	《臺灣新民報》	吳培銓氏談對本報許可日刊的感想	1932 年 昭和 7 年 1 月 23 日
24		俄油若入臺灣必定受歡迎 吳培銓氏談	1933 年 昭和 8 年 10 月 1 日

25	《朝鮮總督府官報》	吳澄淇參與大成火災海上保險株式會社	1944 年 昭和 19 年 7 月 11 日
26	《郡市街庄　行政事務刷新意見懸賞論文》	新庄郡五股庄庄長吳培標	1925 年 大正 14 年 11 月 30 日
27	臺灣新民報社，《臺灣人士鑑》	吳培銓、吳培標、吳錫洋簡介	1937 年 昭和 12 年（日文文獻）
28	《中央日報》	守讓堂損壞決不列古蹟	2006 年 2 月 20 日
29		殘破守讓堂登錄歷史建築	2006 年 3 月 7 日
30	《中國時報》	古厝守讓堂面臨拆除學者搶救古蹟大作戰	2006 年 2 月 8 日
31		守讓堂古厝保不住	2006 年 2 月 22 日
32		登錄為歷史建築易地重建古厝守讓堂保住了	2006 年 3 月 7 日
33	《聯合報》	90 年古厝要拆專家罵環評白目—五股守讓堂淪為菜園鴨場	2006 年 2 月 21 日
34		守讓堂存廢文化局卯上文化人	2006 年 2 月 22 日
35		不待古蹟審查守讓堂屋主搶拆	2006 年 3 月 5 日
36		守讓堂半毀登錄歷史建築	2006 年 3 月 7 日
37		五股守讓堂重組開工明年重現	2018 年 6 月 12 日
38	── （劉怡伶老師個人收藏）	吳培銓浪花自動車商會販賣部信紙	1924 年 大正 13 年 4 月（日文）
39		米和會幹事（振發商行）出具給建春商行之歡迎送吳澄淇等人費用之領收證	1937 年 昭和 12 年 10 月
40	──	吳錫洋任台北市烹飪商業同業公會理事長	1954 年 11 月 8 日（請願書公文）
41	──	台北市政府民國 44 年回報省新聞處有關台北市之電影院調查表──吳錫洋第一劇場可容納 1660 人──舅舅陳清汾永樂戲院（永樂座）可容納 1286 人	1955 年（電影戲劇院調查）
42	──	黃玉書簡介	──（日文文獻）

附件五　張仁甫蒐集吳氏家族之文物

一、吳李氏笑：吳錫爵正室，吳信德祖母，五股信用組合 1943 年出資證券 20 圓，組合長陳國銓。

二、農曆 9 月 17 日新丁龜會緣簿：出現吳山水、吳沃疇。

三、吳沃仁民國 39 年桌曆。

四、吳進財結婚請帖 2 張：淡江中學、吳培坪、新莊長老會、林潘雪梅。

五、吳進財娶媳婦合照看出頂厝讓德堂的身影。

六、吳愚核發的山腳信用組合出資證券（《老照片專輯》P.83）影像。

文學與世變
——略論數位時代之敘事變遷

提　要

　　隨著科技進步，媒體發展亦隨之日新月異，文學書寫不可避免地受到數位媒體的威脅與影響，在敘事的形式及內容等不同層面，皆可以看出巨大變化。就表意形式、內容層面來看，當代數位媒體的多題材性、沉浸性、去中心化、遊戲化等等特質，皆與傳統敘事之習慣、或審美趣味上有所差異。此外，數位時代除了在敘事「文本」產生差異，於「作者」及「預想讀者」之層面，亦提供了新的可能性、且發生了相當大的變化。在數位媒體發展下，使得話語權不再輕易由政府或學者專家所專擅，互動傳播上的社群化與匿名化，使得普羅大眾開始具有前所未有的敘事空間，建構出想像共同體，然而也有流於庸俗與市場化的現象。

關鍵詞：數位時代，敘事學，社群。

一、前　言

　　隨著科技進步，媒體發展亦隨之日新月異，文學書寫不可避免地受到數位媒體的威脅與影響，在敘事的形式及內容等不同層面，皆可以看出巨大的變化〔註1〕。就表意形式而言，當代數位媒體在敘事上的改變，例如圖像性、

〔註1〕當代文學研究既關心社會學、讀者反應論，就不能不觸及其「媒介性」之思考。陳春燕曾指出「當代媒體、媒介論述有助敦促文學人正視文學本身的媒介性，挑戰文學再現論的侷限：文學的媒介性，涉及範圍不僅止於文字呈現

非線性、即時性等等表現，實與傳統媒體的線性敘述不同。而就內容層面來看，當代數位媒體的多題材性、沉浸性、去中心化、遊戲化等等特質，也與傳統敘事之習慣、或審美趣味上有所差異。

數位媒體除了在敘事「文本」產生差異，於「作者」及「預想讀者」之層面，亦提供了新的可能性、且發生了相當大的變化。經由數位媒體的發展，使得話語權不再輕易由政府或學者專家所專擅，互動傳播上的社群化與匿名化，使得普羅大眾開始具有前所未有的敘事空間，建構出想像的共同體，此外也有流於庸俗與市場化的現象。

二、敘事變遷與環境變遷

就文學批評理論而言，敘事學（narratology）是 20 世紀 60 年代中期，在結構主義（structuralism）及俄國形式主義的先驅的支持下，主要在法國發展起來的敘事理論，1966 年法國茨維坦・托多洛夫（Tzvetan Todorov）提出故事（被敘述的內容）和言說（敘述）二個概念，1969 年在〈十日談語法〉中首度提出「敘事學」一詞。另一位法國敘事學家熱奈特（Gerard Genette）則在 1969 年《敘事話語》中根據托多洛夫的說法，將「言說／敘述」細分為敘述話語（discourse）、敘述行為（narration）〔註2〕。

當然遠在現代理論之前，無論西方或我國歷史中都有對於敘事的相關討論，例如柏拉圖有劇場演員的「摹仿敘述（mimesis）」與歌隊的「單純敘述（diegesis）」〔註3〕，就是一種敘事學的分析。

又如《孟子》中提及：「王者之跡熄，而《詩》亡，《詩》亡然後《春秋》作。晉之《乘》，楚之《檮杌》，魯之《春秋》，一也。其事則齊桓、晉文，其

所借助的媒材，而是關乎班雅明語言哲學所闡釋的『（不）可溝通性』。……這或是新媒體時代文學人在反省文學當代意義時可以思索的問題。」（〈從新媒體研究看文學與傳介問題〉，《英美文學評論》，第 27 期，2015 年 12 月，頁 127）

〔註2〕 參考史蒂文・科恩（Steven Cohan）、琳達・夏爾斯（Linda M. Shires）：《講故事——對敘事虛構作品的理論分析（Telling Stories-A Theoretical Analysis of Narrative Fiction）》，張方譯，台北：駱駝出版社，1997 年。傑哈・簡奈特（Gerard Genette）《敘事的論述——關於方法的討論》（Narrative Discourse: An Essay in Method），收錄於廖素珊、楊恩祖譯《辭格（三）》FigrresIII，台北：時報文化，2003 年。

〔註3〕 前者指「showing」、後者指「telling」，林東泰：《敘事新聞與數位敘事》（台北：五南圖書，2015 年 11 月），頁 298～299。

文則史。孔子曰：『其義則丘竊取之矣。』」〔註4〕也提及從王官「采詩」之歌謠，到散文「以一字為褒貶」的傳承關係，分辨「事」（內容）與「文」（敘述）的不同層次。

當代敘事學與文學批評及社會變遷有密切的關聯性，自 20 世紀 60 年代以來，敘事學一直從許多其他領域借用術語。在傳統經典敘事藝術中，由富有穿透力的情節構成了一個有頭有尾、線性發展的封閉性結構，這種結構不允許來自外部的干擾。但人們日益意識到過於強調對作品內在的研究，已成為它繼續發展的桎梏，於是敘事理論的研究開始也關注對文本與其外在關聯的研究，形成了 20 世紀 90 年代以來，在文化研究背景下出現的敘事學研究，即所謂「後經典」敘事學的階段（post-classical narratologies）。它與諸多外在要素相關聯，出現了各種敘事學研究的變體，諸如電影敘事學（film narratology）、音樂敘事學（musical narratology）、女性主義敘事學（feminist narratology）、社會敘事學（socionarratology）、電子（網路）敘事學（cyberag narratology）等〔註5〕。

後敘事理論順應著讀者反應批評、文化研究等新興學派，關注讀者和語境。如拉比諾維茨（Peter J. Rabinowitz, 1944～）將作品本身轉到了讀者的闡釋過程，率先提出「四維度讀者觀」：（1）有血有肉的個體讀者；（2）作者的讀者，處於與作者相對應的接受位置，對人物的虛構性有清醒的認識；（3）敘述讀者，充當故事世界裡的觀察者，認為人物和事件是真實的；（4）理想的敘述讀者，即敘述者心中的理想讀者，完全相信敘述者的言辭。〔註6〕

經典敘事學是敘事語法和敘事詩學，討論的是規約性的、敘事語法等共同性的東西；而後經典敘事學是敘事批評，自然要結合具體文本，必然涉及到讀者反應和語境，二者是並存的關係〔註7〕。

三、從數位移民到數位原生代

「數位原生代（Digital natives）」和「數位移民（Digital Immigrants）」這

〔註4〕《孟子‧離婁下》。

〔註5〕（美）戴衛‧赫爾曼主編，馬海良譯：《新敘事學》（北京：北京大學出版社），2002 年 5 月。

〔註6〕Peter J. Rabinowitz, "Truth in Fiction : A Reexamination of Audiences," *Critical Inquiry* 4 （1976） : pp.121-41.

〔註7〕劉渼：〈創意說故事後敘事模式的教學應用研究〉，《臺北大學中文學報》，第 4 期，2008 年 3 月，頁 11～12。

兩個用語是從美國作家兼教育學者馬克‧普倫斯基（Marc Prensky）在 2001 發表的"Digital Natives, Digital Immigrants"〔註 8〕這篇文章而來；Dr. Marc Prensky 在觀察了數位時代的學生後，認為在上世紀末以後出生，生活中伴隨著電玩、網路、電視中長大的人（Digital Natives），其思考方式及工具使用方式，都和老人家們（Digital Immigrants）截然不同，最明顯的不同點是資訊溝通方式，Digital Natives 拿起手機不見得是打電話，可能是聽音樂、看影片或發簡訊；但 Digital Immigrants 大多數是只用打電話一項功能，他們把手機視為傳統電話無線化來使用，買了新工具但卻是老用法。有些人可能因工作關係而被同化了，但他們可能仍然是用舊工具的思維在使用新工具，比較難去創新使用。

學術界多半把 1980 年代以後出生的國民，稱作是「網路世代」、「N 世代」或「數位原生代」（Digital natives）：這些人是一出生就活在電腦、網際網路世界的一代，這些住民在數位國度裡成長，對於數位科技不會讚嘆，從不猶疑如何使用，也從來不會想到他們用的物品屬於數位，他們流利的使用數位語言。這一世代的人沒有一天不與電腦、網站、手機以及其他新奇的數位用品或玩具，密切的共生共存。從小在鍵盤上打字，字對數位原生代來說，是打出來的，不是用寫的。

數位原生代有著跟 1980 年代以前（也稱為數位移民）不一樣的價值觀和道德觀，他們生長在一個充滿科技的世代，他們習慣同時處理許多事情（所以數位移民們都認為這些學生較不專注）；他們偏好主動探索，很少聽收音機、不看報紙，但是愛看電視、更愛網路；他們不玩單機版的遊戲，99%有手機，常用簡訊，喜歡觸控螢幕、儲存大量音樂，喜歡圖像式的說明；他們的特色是即時性、個別性、互動性、虛擬性、參與性、多元性、控制性。

數位原生代喜歡掌控自己的東西，喜歡個別化的事物，希望所有都是即時的，也是互動的；他們可以生活在虛擬和現實之間，而且喜歡參與所有事務，但都參與不久，喜歡集體行動或共同參與，但也喜歡展現自我；他們喜歡自訂步調、有彈性，特別喜歡視覺跟影音，也喜歡探索、更喜歡立即回饋。而他們不喜歡獨自作業、默默承受，及受他人主導；不喜歡制式、沒有變化；

〔註 8〕Prensky, Marc, "*Digital Natives, Digital Immigrants,*" On the Horizon. 2001-10, 9 （5）：pp.1-6.

不喜歡統一規範、一視同仁；不喜歡文字及靜態聽講和延遲回饋。〔註9〕

另根據台灣網路資訊中心（TWNIC）2016 年 6～7 月以全台灣家中年滿 12 足歲成員為調查對象，進行網路使用情形的調查〔註10〕；其調查結果發現，過去半年來，全國 12～29 歲的民眾使用網路已達到 100%，相對於 30～34 歲使用網路人口數只達 64.5%、35～39 歲只達 51.8%，40～45 歲約為 44.9%、45～59 歲約在 21.8%～25.6% 之間，60 歲以上則僅佔 12.5%，結果顯示「網路」已經成為年輕世代的主要使用工具，與 30 歲以後的世代有顯著差異。

而根據政治大學教育學系余民寧教授 2013 年的研究〔註11〕發現，國小學生平均一週使用電腦及網路約 3、4 天，中學生（含國中生和高中職生）約為 5、6 天，大學生甚至天天掛在電腦及網路上；而在週一到週五的時間裡，國小學生平均一天使用電腦及網路約為 2 小時，中學生約為 2.5 小時，而大學生約為 4 小時；到了週末及假日，國小學生平均一天使用電腦及網路約為 4 小時，中學生約為 5 小時，而大學生約 8 小時，整體而言，電腦及網路的使用時間大約是倍增的。由此可見，全國學生使用電腦及網路的頻率，係隨著年齡層提高而增加，且於週休二日的假期期間，使用量是平時的兩倍。

至於網路活動的內容方面，年齡層愈小的學生，愈把時間花在網路的「娛樂功能」活動（例如：玩線上遊戲），較少從事高層次「知識分享與學習功能」活動上；而年齡層愈大的學生，則愈把時間花在網路的「瀏覽、搜尋與通訊功能」活動，但較少從事「知識分享與娛樂功能」活動。但是，無論年齡大小，全國學生都喜愛且經常從事「社群網站」活動，其中，使用 Facebook 和即時通訊（例如：Skype）為最大宗工具和管道。

四、數位時代的敘事模式舉隅

（一）以視覺表意取代言辭表意

隨著通訊科技的進步，在資訊傳遞上，視覺性的圖畫照片或是動態影像，

〔註9〕 參考「張婉菁老師與工商心理實驗室」網頁資料，新竹教育大學數位所盧仲駿主編，〈數位學習研究方法講義〉，2010 年 12 月 29 日，https://sites.google.com/site/winne0916/99shu-wei-xue-xi-yan-jiu-fang-fa/1229

〔註10〕 〈2016 年台灣寬頻網路使用調查報告〉，財團法人台灣網路資訊中心網站資料，2016 年 7 月。

〔註11〕 〈他們透過網路閱讀，到底學到了什麼？〉，《人文與社會科學簡訊》，2013 年 6 月，頁 120～126。

畢竟比起純文字訊息來得親切與易讀。就敘事性上，視覺影像有文字言辭所不及之處；就資本主義邏輯而言，影音與圖像對於商品的行銷，自然比起文字描繪要更勝一籌。可以說，人類社會這一百年來的敘事特徵，就是從文字符號轉向為圖像或影音之表意。

顯著的案例，比如最近外電報導〔註12〕，Facebook（FB-US）高層 Nicola Mendelsohn 於今年六月中旬公開表示，她認為未來五年之內社群網路可能「全部都是影音」。Nicola Mendelsohn 表示 Facebook 平台上影音內容成長速度比他們預期的還要快，且他們近期推出的線上影音直播功能受歡迎程度也超出預期。比起預錄好的影片，影音直播收到十倍以上留言評論。「大家熱愛這些幕後內容，參與率高出很多。」

Nicola Mendelsohn 指目前 FB 用戶每日總計觀賞 1 億小時線上影音，一年以來影音每日點閱數也從 10 億次增加到 80 億次，但文字內容的點閱次數卻一年比一年下滑。「有太多資訊朝我們而來，影片實際上是向全世界說故事的最好方式。它用更短的時間傳達更多資訊，……幫助我們快速吸收資訊。」

至於台灣網路新世代正流行所謂「有圖有真相」，與傳統古典小說「有詩為證」的作法剛好相反。在這種趨勢下，台灣的蘋果日報推出了所謂「動新聞」，以動畫或影像方式再製新聞。東森電視的經營策略正好是一個具體的例子〔註13〕，張憶芬於 2014 年底接任東森電視總經理後，先將東森集團旗下 90 幾個粉絲專頁合併成「東森新聞、東森財經、噪咖與關鍵時刻」4 個，去年下半年再砸 750 萬臉書行銷費用，為 4 個粉絲團增加 300 萬粉絲，其中規模最大的「東森新聞」粉絲團，粉絲數高達 219 萬，比桃園市的人口還多。

有了巨量粉絲群後，接著就要滿足他們、給他們想看的東西，並讓粉絲願意把粉絲團內容擴散出去。根據 INSIDE 專訪〔註14〕，張憶芬〔註15〕有一

〔註12〕網路新聞〈FB 高層：未來五年之內社群網路全是影音〉，《鉅亨網》，何昆霖編譯，2016 年 6 月 16 日。http://news.cnyes.com/news/id/2034986

〔註13〕〈一個你從不知道的新聞頭條……張憶芬風暴〉，陳皓嬿報導，《聯合報》，2016 年 7 月 11 日。詳《聯合新聞網》：http://udn.com/news/story/7244/1820176

〔註14〕〈專訪東森張憶芬：Facebook 對媒體不是威脅，我們如何跟它共存共榮？〉，INSIDE 部落格，2016 年 5 月 16 日。http://www.inside.com.tw/2016/05/16/ebc-facebook

〔註15〕張憶芬畢業自政大新聞系、美國德州奧斯汀大學企管碩士，原本在 Yahoo!奇摩，擔任媒體事業部副總經理和搜尋行銷總經理。2007 年因其搜尋行銷專才，張憶芬被阿里巴巴的馬雲找去擔任中國雅虎副總裁，負責搜尋業務、廣告銷

支專門編輯影音的團隊，每天剪 50 支短影片：這些影片大多來自網路上或自家素材，經過重新剪輯、押上字卡後，時間控制在兩分鐘內，內容可能是小貓小狗搞笑、天兵爸爸怎麼帶小孩、女生最嫌棄男友的十個習慣……，總之輕薄短小、輕鬆有趣，適合讀者邊走邊看。

為什麼是影片？因為彼時臉書演算法「喜歡」影音內容，因此製作團隊只要把影片全部上傳到「東森新聞粉絲團」，等演算法將其送到可能感興趣的讀者面前，一天就能創造 2000 多萬個觀看次數──快和台灣人口一樣多。後來，臉書又開始推廣「直播」，張憶芬團隊便立刻跟上。INSIDE 報導指出，無論是行車記錄器掉進水溝，或是奧斯卡頒獎典禮直擊，還是從表演吃「巷弄美食」到瑜伽教室惡性倒閉的現場，只要題材「足以引發網友圍觀」，記者手機拿出來、馬上拍攝為影像訊息上傳。

拒絕再用傳統媒體的廣告商業模式賺錢，改靠高流量粉絲團所帶來的臉書廣告獲利，張憶芬緊緊擁抱臉書，臉書說什麼，就做什麼，甚至於讀者流量曾經一度導「太多」到自家網站時，張憶芬還提醒應該要「修正回來」，因為「我們並不是要取代臉書」。張憶芬成立的「新媒體兵團」叫做「噪咖」，除了經營粉絲團和剪影片外，噪咖也和台灣當紅的網路、Youtube 素人明星合作，一起為廣告主製作原創影音來行銷。「噪咖」就是東森電視的「印鈔機」，張憶芬受訪時表示，東森電視 2016 年的整體線上營收，預估可達 1.3 億，預計明年、最晚 30 個月內，可以損益兩平〔註16〕。

（二）強調即時性與易於吸收

因為手機在攝影及視訊功能上的便利性，人們很快就能發出一個我們正在何處進行何種活動的訊息，並向其所屬社群提出邀請、或發表相關意見及宣言，因此，就一般傳播媒體（如電視新聞、報紙、月刊等）、或社群平台（如

售中心和淘寶電商平台經營等工作，大陸媒體因此匿稱她為「搜索一姐」。2009 年，張憶芬回到 Yahoo!奇摩，擔任亞太區業務副總經理，負責廣告業務開發和市場營運，後再任印度及東南亞董事總經理，2014 年為外資凱雷集團（Carlyle Group）網羅入東森電視以經營新媒體行銷。

〔註16〕張憶芬之預估無從驗證，2015 年 12 月，東森電視找到買主，凱雷集團和東森國際兩方股權共以 6 億美元（約新台幣 196.5 億元）賣給美國 DMG 娛樂集團執行長丹密茨（Dan Mintz）的個人公司「開曼群島商 EBC Acquisition Co., Ltd.」。陳皓嬿於同篇報導中批評，張憶芬的經營策略並不在「長期經營一家媒體」，而是「短期行銷一件商品」，同註 13。

FB）來看，其中大部份的資訊都表現出一種即時性的報導內容。

這樣的敘事內容與傳統作法自然有別，在以文字為主要媒介的時代，書寫者會先說明一個歷史發展的輪廓，再把當前的事件放到歷史發展的趨勢中來審視、來評斷。但影像媒介並不具備這種時間感的表述能力，而在於空間的豐富性與事件（新聞）的變異性。另一方面，過去的文字書寫及印刷出版，比起現代的數位影音產製能力，在能力要求及門檻上相對較高，因此現代人在訊息產量上也是一個爆增的年代，在訊息爆炸的年代中，人們更加把焦點轉向於當前的生活感受，而放棄太宏大的敘事脈絡。

慣於使用手機通訊軟體的人，對於通訊的急迫性也與過去時代有別，過去的書信往返，提出一個問訊得到回音可能是三日、五日，甚或更久。電話傳真機通行後，可能就是半天，但數位原生代則不同，現在的手機通訊軟體，如 MSN、LINE、WECHAT 通行後，他們對於回覆的迫切要求可能是以小時計的。對於人際關係亦然，以所謂「已讀不回」來反映自己訊息被漠視的心態。

這種對於（公眾或私人）訊息的焦慮感成為一種常態，因此在網路上出現了各種議題的「懶人包」，提供給網民簡單的整理。在台灣近期流行的懶人包公眾議題，例如討論勞工權益的「一例一休」、英國公投脫歐、菲律賓訴請國際法院的南海仲裁案等等，但是懶人包是否正確、如何排除了「不必要」的資訊、而留下「有意義」、「有脈絡」的內容，則網民未必有意願及興趣深究之。

另一個例子如「谷阿莫現象」，則是台灣有個網路寫手「谷阿莫」，以緊密的影音剪輯手法，教導觀眾如何於「5 分鐘看完電影《2013 超人：鋼鐵英雄＋2016 蝙蝠俠對超人》」、「5 分鐘看完 2012 電影《寒戰 1 Cold War1》」、「5 分鐘看完 2016 電影《換腦行動 Criminal》」等，這也是一種變相的懶人包，以滿足想看又沒空看電影的民眾，可以用最簡短的時間消化他的整理。當然，這與美國 TED〔註17〕的設計邏輯是相關的，TED 每個教育議題都要求濃縮在 18 分鐘內講完。

〔註17〕TED（指 technology, entertainment, design，即技術、娛樂、設計）是美國一家私有非營利機構，該機構以它組織的 TED 大會著稱。TED 大會在美國召集眾多科學、設計、文學、音樂等領域的傑出人物，分享他們關於技術、社會、人的思考和探索。從 2006 年起，TED 演講的視頻被上傳到網路，目前以一百多種語言傳播各式各樣演講影像。

這些掌握人們大數據的資料巨頭，例如 Google、Facebook、Amazon 等等集團，形成了新型態的資訊壟斷，訊息供應者將人們放在巨量而缺乏脈絡的資訊下、放在超量的人際互動中，因為訊息早已超乎個人所能負擔處理的數量，因此人們會本能傾向選擇、並仰賴「自己方便易懂好接受」的世界觀，例如直覺詮釋或標籤化，於是「大腦補時代」來臨〔註 18〕。

因此泡麵式的即時訊息充斥了各種線上平台與電視，人們習慣在緊湊且龐雜的訊息堆中「睜一隻眼閉一隻眼」，沒有人能夠真正掌握所有的訊息、也無法確保訊息的有效性。此外，為了表意的方便，也為了廣告行銷的效果，即時性的訊息傳遞上更流行「標籤式的語彙」。例如「賤人就是矯情」、「寶寶有委屈，可是寶寶不說」、「只能給 87 分，不能更高了」、「工具人」、「河蟹」、「三寶」、「ㄈㄈ尺（Cross Cultural Romance）」等等。盡可能把複雜曖昧的社會現實、或心理感受，貼上簡化鮮明的標籤，以博取身份認同。

語言本是為了彌補知覺與思想的某種不足所形成的一種人為器具（artifacts）。一般理論指出，「言辭」語言較有利於敘事，而「視覺」語言則較有利於挑起感情。〔註 19〕也就是說，視覺符號較善於表達某種「當下」（here and now，在此指「時間」與「空間」的當下，亦即大約在「短期記憶」（short-term memory）的時間內感官知覺所感知到的內容、與形成的意義）的情感或意義，言辭符號則較易於「非當下」、「複雜」與「多向」等類型之意義呈現。言辭符號發生、發明的原因，某方面便是被設計成一種補足知覺而對「非當下」意義的記載與思索，如對「時間」的表達、對「社會制度」、「人際關係」，甚至到如「正義、民主」等概念皆是。過份強調即時性，自然也容易產生出一種淺碟式的社會與文化。

（三）社群互動與虛擬鄉民

當訊息多到現代人無法完全處理與掌握，且當所有訊息又聚焦於短暫瞬間，觀眾可能會覺得疲於應對，在這麼龐雜的訊息中，人們所能給予正面肯定支持的回應，就顯得格外珍貴。網路訊息的產製者，所遭遇到的觀眾或讀

〔註 18〕 參見德國海德堡大學哲學院博士研究生黃哲翰：〈數位利維坦君臨的前夕〉，《端聞》，2016 年 6 月 17 日。https://theinitium.com/article/20160617-opinion-huangdschergan-digital/

〔註 19〕 參考趙雅麗：〈符號版圖的迷思：影像化趨勢下語言的未來發展〉，《新聞學研究》，第 77 期，2003 年 10 月，頁 187～215。

者，不再像以往就是些身邊的親友熟人，現代的通訊方式，閱讀我們發文訊息的人可能是朋友的朋友，也可能來自於世界各地，慢慢的也造就以各式議題為中心，所形成的大眾或小眾社群，例如專門研究傳播的社群、專門討論某項運動的社群等等。

各式社群的成立，最初都建立在「讚友團」的基礎上，所謂讚友，就是支持我們發文與按「讚」的網友，支持聲浪大了，就蔚成一股勢力，使發文者的意見更具有客觀性或代表性。反之，如果讚友寥寥，則表示人際關係欠佳、或是意見並不中肯。發文如果涉及個人情感上的委屈，希望文章受到網友的安慰與支持，就稱為「討拍」，同樣是以網路上的虛擬社群（所謂「鄉民」）為訴求對象，以期獲得輿論的安慰。既有人受到委屈，就有蠻橫之人或事，例如有人車禍肇事逃逸、或有人騙婚騙錢、有人虐待小動物之類的，透過網民發起搜索與譴責，則稱為「肉搜」。這些都是社群化的敘事表徵。

台灣近期有兩個案例頗值一提，一是今年（2016）三月初，有位 2 歲女孩因為得到 A 型流感，經醫生診斷告知即將不治，女孩的母親（網名「宮原奈美」）在她病危的床榻前，以 FB 錄影歌唱女兒所喜歡的歌，算是向小女孩訣別，也希望向網友（觀眾群、讚友團）取得支持（她稱之為「集氣」），此舉引發許多非讚友的批評與肉搜。

其二，則是同樣發生於今年（2016）7 月 7 日的台鐵爆炸案，此案「令人意外」之處，首先是台北市長柯文哲人還未到現場勘災，卻先行在個人臉書上發文表示遺憾；其次是東森新聞主播吳宇舒於第一時間被告知有爆炸案需要臨時播報，吳卻在個人臉書上書貼文表示「本來以為是個無風無雨的颱風夜，沒想到台鐵車廂爆炸！加班！」而警政署長陳國恩也在 9 日於臉書上報告破案經過，違反「偵查不公開的原則」，至於肇事嫌犯林英昌呢？根據調查 55 歲的他罹患扁桃腺癌多年，「久病厭世」，離婚、居無定所、離家流浪 6 年，這樣孤僻與自我放棄的一位嫌疑人，竟然也有三個臉書帳號，在臉書上分享重金屬樂團「閃靈」的一首有政治訴求的歌曲。

從這裡，我們應該驚訝臉書竟然成為現代人的精神或情感寄託，因為臉書所帶來的社群化現象，會有效放大了個人的情感與意志。當然，這些社群也可能形成政治籌碼、或是商業市場的有效資本。

社群互動既是自我意志情感的放大，對於外在訊息也就具有一定的選擇性與封閉性，這個現象造成了既有傳媒與自我接收新知的危機。臉書演算法

的「過濾泡泡」（filter bubble）會根據蒐集到的使用者資料，塑造出我們的「數位雙胞胎」，也就是由大數據累積起來、活在演算法當中的「數位你」，在你的意識之外替你篩選資訊，讓你「只看到你想看到的」，並形成「回音效應」〔註20〕，引導你的行為、重塑你的人格，削弱你的自我想像。

傳統新聞媒體多為「綜合性媒體」，也就是「新聞的雜貨店」，什麼題材都有、什麼都報，而過去礙於資訊傳遞的單向限制，媒體報什麼，讀者就只能看什麼。但臉書的演算法能有效過濾、也能讓讀者主動追蹤自己真正感興趣的內容，突然間，讀者不必再被迫接受其他和自己無關的內容時，綜合性媒體就面臨內容不夠深入、隔靴搔癢，對讀者可有可無的災難〔註21〕。

例如，根據《新新聞》的報導〔註22〕，包括今年（2016）五月時台灣《蘋果日報》和《壹週刊》提出「優離」方案，接著，《蘋果日報》從草創時期就外派來台的十位香港主管也同時下台一鞠躬，《壹週刊》社長裴偉遞辭呈、民視總經理陳剛信則閃電離職……，張憶芬離開東森，也只是其中一朵浪花。那麼，綜合性媒體能突圍的新模式和恰當的新策略究竟在哪？

《Rocket Cafe》總編輯施典志的評論〈綜合性媒體的冬天，與深度分眾媒體的春天〉〔註23〕則認為：「深度分眾」才是機會。他舉了一個很典型的「分眾社群」經營案例，就是 2015 年 9 月爆紅的「金萱體」字型，金萱體開發團隊 justfont 在不到半天的時間內，於募資平台上募破千萬資金，而爆紅的關鍵因素之一，就是 justfont 長期經營字型愛好者社群。justfont 發起人在數年前，就開始於臉書、部落格上推廣字型設計，例如他們的臉書粉絲頁「字戀」、臉

〔註20〕「回音效應」在媒體上是指在一個相對封閉的環境中，一些意見相近的聲音不斷重複，並以誇張或其他扭曲形式重複，使得處於相對封閉環境中的大多數人認為這些扭曲故事就是事實的全部。在現代社會中，由於網際網路的應用，社交媒體的發展，使此一現象更加深刻，因為部分商業網站會根據個人搜尋的記錄，提供類近性質的網站資料。

〔註21〕因此，失去觀眾青睞的綜合性媒體又不得不依附於數位媒體，林照真曾經指出「時下由傳統電視操作等與新媒體的聚合，已使電視新聞專業受到嚴重破壞。」（〈為什麼聚合？有關台灣電視新聞轉借新媒體訊息之現象分析與批判〉，《中華傳播學刊》，第 23 期，2013 年 6 月，頁 3）

〔註22〕〈民視搞上層內戰　台蘋等媒體曙光〉，李又如報導，《新新聞》，2016 年 6 月 9 日。http://www.new7.com.tw/NewsView.aspx?t=HIS&i=TXT20160601165354C4K

〔註23〕施典志：〈綜合性媒體的冬天，與深度分眾媒體的春天〉，《Rocket Cafe》（火箭科技評論），2016 年 1 月 6 日。https://rocket.cafe/talks/76422

書社團「字嗨」中，有數萬個字型愛好者長期在社群中，討論字型設計案例、字型產業脈動等話題。

因此 justfont 不但可以從中觀察到「目標受眾」（Targeting Audience, TA）的需求，據此設計一款愛好者想要的字型，還能觀察到愛好者的熱情，講一個關於字型設計的好故事，以打動人心。此外，愛好者更是宣傳力道強的「鐵桿粉絲」，能將 justfont 的影響力擴散到一般大眾間，這些都是深度分眾社群才能辦到的事，也是值得媒體參考、有別於傳統廣告收益的「新獲利模式」。〔註24〕

（四）去中心化的私語

前面我們提及數位時代的敘事轉變，強調的是即時性的感官知覺〔註25〕，而非時間性的前因後果，也提及在發語對象上轉為以社群為主，如此一來，社會上的各種意見就會各自集結與競爭，作為政治、資本、或教育的主流意見（政策面），往往會遭受到更大的挑戰。發生在 2011 年初的北非突尼西亞革命即為一例，此事件導致時任總統的班‧阿里政權倒台，成為阿拉伯國家中第一場因人民起義導致推翻現政權的革命。有人指出正是因為新媒體將當地情況傳播至各地，有助於推翻政權，因此又稱作「Twitter 革命」或「WikiLeaks 革命」。

由於行動通訊、社群媒體的發達，這些新媒體的互動性甚強，資訊生產的成本與技術門檻大減，因此具有強大的社會與政治轉型的潛能。英國傳播學者 Nick Couldry 在 2012 年出版的新書《媒體、社會、世界》內容中，指出「政治走到了線上」（politics goes online），他對於新媒體所促成的網路政治（networked politics）的討論，很適切的可以運用在 2014 年台北市長選舉這個具有指標性戰役的觀察與評估中〔註26〕。

〔註24〕此篇論文審查委員曾舉公視電視劇《一把青》為例，也同樣是透過新媒體做社群分眾，以數位策展與深度議題座談會，達成了有效的議題宣傳及行銷影響。

〔註25〕李順興曾引介杜克大學文學暨視覺研究系教授漢森（Mark B. N. Hansen）對「新媒體」的觀點：「數位媒體變成通用規格媒體，過去舊媒體（如紙本書、電影）之間的物質性差異，在轉化為數位之後，全部被抹除。『在舊媒體失去其物質特質』之後，『身體作為資訊選擇處理者的功能益形彰顯』。身體的中心性之所以大幅提高，另一個原因是身體在處理圖像時的參與層次提高。」（李順興：〈新媒體，老問題：怎麼個「新」法？〉，《中外文學》，第 40 卷第 4 期，2011 年 12 月，頁 11）即強調身體感官之參與。

〔註26〕參見蕭蘋：〈當政治走到了線上──新媒體、新公民、新政治〉《天下雜誌》

　　首先，誰才是網絡政治的行動者？不是政黨領袖、名嘴、記者或黨員，而是如柯文哲這樣的「素人」或「庶民」，雖然沒有太多政黨奧援或政治資源，卻有可能在網路的政治中浮現與出線。亦即，柯文哲堅持要超越藍綠，如果沒有網路平台的支撐，也許只能成為一個泡沫的口號。因此，網路不只打破了地理的疆界，也有能力打破政黨的疆界。

　　然而，除了柯文哲、林飛帆、陳為廷這些網路世界中所創造出來的新型政治領袖之外，不要忽略，還有一群廣大「潛在」的政治行動者——鄉民們，他們在線上敲鍵盤生產資訊、轉發訊息、按讚、或僅只是潛水張望，用各種的線上溝通行動，進行政治的參與，而且更進一步的與線下的政治行動進行連結，包括：抗議、投票等。特別的是，線上公民們所事的政治活動常具有「反政治性」，反對既有政治的權力分配與角力方式。

　　這些在線上分散的公民，不是烏合之眾，而是可以針對特定的議題、或政治的緊急事件，在線上輕易的連結，形成一個公共的社群，發揮集體的力量。因此，所謂「鄉民的力量」大大翻轉了過去「宅男」或「腐女」疏懶的、畫地自限、與被動的形象，成為具有自主性的公民身份〔註27〕。

　　「當時局越不確定、時事資訊越趨複雜矛盾，個人傾向選擇的世界觀就會越單純；解釋越包山包海，人們越渴望簡潔有力的答案。」〔註28〕德國海德堡大學哲學院博士研究生黃哲翰〈數位利維坦君臨的前夕〉觀察到德國社會中「主流媒體失勢」和「極端主義壯大」的現象。經濟、移民等問題造成社會不安，使德國人近年越發質疑現行體制的政治規則和社會共識，並將這些質疑投射在對主流媒體的批判。有超過六成的德國民眾認為主流媒體受體制

────────────────

　　　　「眾聲喧嘩‧讀者投書」，2014 年 12 月 2 日。http://opinion.cw.com.tw/blog/profile/52/article/2144

〔註27〕這個現象也可以從文學批評理論或讀者反應論的角度來看，例如學者吳筱玫曾指出亞塞斯（J. Aarseth）從非線性敘事的角度，提出一個網路文學的傳播模式，在這個模式裡，作者不再具有絕對的敘事權力，讀者也不再只是詮釋作者的文本，作者和讀者間的關係完全解構，此時一個人所閱讀的，是沒有作者標籤的「文本」，藉由轉載、轉貼、轉寄這些浮動的文本，最終發展多元作者、多元讀者、多元故事軸線。亞塞斯認為，非線性敘事雖具敘事元素，但兼具破壞傳統敘事之力量，這種反詮釋的本質，使讀者必須想辦法在這難解的文本中找尋自我詮釋的力量。（吳筱玫：〈自反縮不縮？新聞系七十年傳播哲學之另類觀視〉，轉引自劉渼：〈創意說故事後敘事模式的教學應用研究〉，頁 8，出處同註 7）失去了「共識」，卻在詮釋上找到「自主」。

〔註28〕〈數位利維坦君臨的前夕〉，同註 18。

操縱、只呈現片面事實，因而不再相信主流媒體，黃哲翰說，德國媒體已經喪失以往能凝聚社會共識的能力，而數位政治社群接手，越來越多網友加入極端政治勢力。黃哲翰強調，他並不是要帶著陰謀論去看待這些網路工具，而是試圖釐清工具本身的內在邏輯和帶來的效應；「如果我們無法察覺、不去回應，無力將數位網路這套工具『人性化』，那麼，陰謀論般的工具邏輯，就會在不遠的將來主宰人類命運。」

當然，數位化社群化的敘事焦點，除了對於政治與革命的狂熱解放之外，另一方面卻也充斥了資本主義的消費／逸樂現象，缺乏社會意識或社會關懷的網民，反之追逐展現一種物質崇拜與感性表現，吃喝玩樂也要講究流行與時尚，從這裡找到自我可與社會／時代接軌之處。

「去中心化」的敘事邏輯，就是放大細節，不論脈絡之本末終始、輕重緩急，因為全體考量不是自己需要去承擔的義務。此故，某基地今年 6 月底因為虐狗致死案，最後在輿論及政治的壓力下，迫使基地指揮官押著營區內 3 位軍士官兵公開向媒體道歉，新任國防部長也為此致歉兩次。因為非如此，無法平息網民所怨，也無法彰顯新政府形象上的改變。只是道歉了以後，卻又有另一派「酸民」批評政府及國防部失格，認為踐踏了公部門的尊嚴。發生在 2013 年的下士洪仲丘事件也是個類似的案例，最後造成了國防部長高華柱請辭下台，甚至可能影響民眾對於執政黨之信賴。

五、結論：敘事變化的危機或轉機？

在西方哲學和心理學的悠久傳統中，「知覺」與「思維」普遍被認為不屬於同一層次，雖然相互需求但又互相排斥。人們假設知覺只能處理個別事例（刺激），無法形成概念，而概念卻是我們對思維的要求，於是方才產生了「知覺結束之處，乃思維發生之處」的信念。

知覺往往被認為是具體的、個別的和直接的，而思維則是抽象的、一般的和間接的。就認識論之階段觀點來看，知覺低於思維的原因在於雖然沒有知覺就沒有思維的材料，思維最終還是會離開知覺性。這種把「直覺」功能與「抽象」功能分裂的看法存在已久，一直影響到今天〔註29〕。

視覺傳播究竟是不是依靠「語言」（在此指「言辭語言」），這個問題眾說

〔註29〕參考趙雅麗：〈符號版圖的迷思：影像化趨勢下語言的未來發展〉（《新聞學研究》，2003 年 10 月），頁 198。

紛紜，並曾引起典型的知識論問題，因此形成兩個觀念的對立陣營。

第一派認為，視覺傳播相當容易了解，因為這種過程和我們每天運用的視野感知過程相當接近。大部分視覺傳播都是採取類比概念，認為視覺傳播所涉及的認知機制位於人類感知的核心面向，並不依賴特定歷史或社會的理解符碼。這些符碼隱含某些心理空間，剛好對應於真實結構。換言之，他們認為真實已主動地烙印在電影中，再投射到觀者意識；這派主張支持西方世界的「常識觀」。

至於第二群研究者則挑戰這種常識觀，強調感知與再現都是主動建構，如哲學的實用主義和符號學等。此學派預設視覺傳播必然涉及製碼和解碼的複雜過程，這個立場在感知與再現形式變化的歷史研究中也獲得支持，顯示出視覺藝術的真實效果必須依賴特定時間的心理架構。由於每個歷史時期的文化背景或人們的心理架構，不論形式或內容大都建構在語言所形成的符號網絡中，因此，他們認為視覺傳播是植基在語言之上。〔註30〕

在高度符號言辭化的社會中，思維不可避免地也演變成以言辭形式與結構進行。但顯然語言高度發展後卻也讓語言逐漸失去了某些原始知覺功能，進而與原始知覺間形成意義系譜之對立。但是人類並未放棄其他形式之「意義的器具」，如戲劇、照相到電影的發明、或是視覺藝術型式的表現，主要便是為這個方向開展而來。

「想像」的誕生與產製往往需要借助「抽象」的運作與推演，或透過文字符號系統來加以呈現，過度「視覺化」、「具象化」的知識環境也可能因此讓人們失去了「抽象思考」能力〔註31〕；這正是現今我們所面臨「語文式微」下的危機。在一切都講求「當下」、「清楚」的呈現時，究竟是「扼殺」了想像、還是「創造」了想像？或有助於更高想像層次的創發？而這也是在影像化趨勢下，對言辭與影像間互動所需投注的觀察。〔註32〕

〔註30〕〈數位利維坦君臨的前夕〉，頁199～203。

〔註31〕賴玉釵曾指出「電腦媒體的特質，會誘發使用者『高度的感官投入』。電子媒介活化右腦功能，也使人們較抑制左腦的功用——也就是分析、順序、表達及紀實的效能。」（〈「傳播」若成為獨立學門，會抑制研究多元化之情況嗎？——從「反對建制學門」的辯論談起〉，《傳播與管理研究》，第10卷第1期，2010年7月，頁102）

〔註32〕一個有趣的例子是近期文學創作與電玩遊戲的結合，根據蔡玫姿的研究指出：「兩則女性創作的電玩小說〈戲紅妝〉與〈潮水〉，可見到超越時空與感官枝節化、細節化，正是對應日常生活的抽象理性、機械化均速、單調之味

　　在影像資訊爆炸般產製的時代，許多新穎的詞彙不斷地創造出來，用以指涉一種嶄新、全球化的經驗或事物，涉及了語言面向的轉換。由於整個社會一般常用的「詞彙總量」大都維持在人類記憶系統與語言使用能力所及的範疇，因此新語彙的誕生也將造成既有語彙的退化或消失，數位原生代是既健忘、且不斷翻新的一個世代。

　　另一方面受限於各式數位平台，閱聽觀眾在視域上的封閉（未必出於自主）、與社群之分化，整體社會及不同世代在溝通上未必能夠找到合適的語言，因此個體在深度對話與情感上的支持，恐怕只能寄託於匿名的網際網路上，這樣的發展趨勢對於人類社會究竟是促進了「公共空間」與「民主社會」？抑或是追尋深刻的自我意識與疏離感？仍然值得密切觀察與深思。

六、重要參考文獻

（一）期刊論文

1. 趙雅麗：〈符號版圖的迷思：影像化趨勢下語言的未來發展〉，《新聞學研究》，第 77 期，2003 年 10 月，頁 187～215。

2. 劉渼：〈創意說故事後敘事模式的教學應用研究〉，《臺北大學中文學報》，第 4 期，2008 年 3 月，頁 1～34。

3. 賴玉釵，〈「傳播」若成為獨立學門，會抑制研究多元化之情況嗎？——從「反對建制學門」的辯論談起〉，《傳播與管理研究》，第 10 卷第 1 期，2010 年 7 月，頁 85～110。

4. 李順興：〈新媒體，老問題：怎麼個「新」法？〉，《中外文學》，第 40 卷第 4 期，2011 年 12 月，頁 7～37。

5. 余民寧：〈他們透過網路閱讀，到底學到了什麼？〉，《人文與社會科學簡訊》，第 14 卷第 3 期，2013 年 6 月，頁 120～126。

的反應。……闡述了女性電玩小說中揭探慾望與權力的文學議題。……觸及的潛意識底層的亂倫禁忌，及耽溺於瑣碎世界，都僅是將不能在現實世界中坦白呈現的情感層面，轉化在文學虛擬世界中宣洩。其正面性是宣洩於虛擬中，但卻不能說達到何種積極的社會意義。反而是在文學創作上出現一種特異的、抓緊時代脈動的新興文學，值得持續觀察肯定。」（〈逾越於亂倫邊際，耽溺於世界邊陲：初探兩則女性電玩小說〉，《實踐博雅學報》，第 24 期，2016 年 7 月，頁 84）

6. 林照真：〈為什麼聚合？有關台灣電視新聞轉借新媒體訊息之現象分析與批判〉，《中華傳播學刊》，第 23 期，2013 年 6 月，頁 3～40。

7. 陳春燕，〈從新媒體研究看文學與傳介問題〉，《英美文學評論》，第 27 期，2015 年 12 月，頁 127～159。

8. 蔡玫姿，〈〈逾越於亂倫邊際，耽溺於世界邊陲：初探兩則女性電玩小說〉，《實踐博雅學報》，第 24 期，2016 年 7 月，頁 71～87。

9. Peter J. Rabinowitz, "Truth in Fiction : A Reexamination of Audiences," *Critical Inquiry* 4 （1976） : pp.121-41.

10. Prensky, Marc, "Digital Natives, Digital Immigrants," On the Horizon. 2001-10, 9 （5）: pp.1-6.

（二）專 書

1. 史蒂文・科恩（Steven Cohan）、琳達・夏爾斯 （Linda M. Shires）：《講故事──對敘事虛構作品的理論分析（Telling Stories-A Theoretical Analysis of Narrative Fiction）》，張方譯，台北：駱駝出版社，1997 年。

2. 傑哈・簡奈特（Gerard Genette）《敘事的論述──關於方法的討論》（Narrative Discourse: An Essay in Method），收錄於廖素珊、楊恩祖譯《辭格（三）》FigrresIII，台北：時報文化，2003 年。

3. 戴衛・赫爾曼主編，馬海良譯：《新敘事學》，北京：北京大學出版社，2002 年 5 月。

4. 林東泰：《敘事新聞與數位敘事》，台北：五南圖書，2015 年 11 月，頁 298～299。

（三）網路文獻

1. 「張婉菁老師與工商心理實驗室」網頁資料，新竹教育大學數位所盧仲駿主編，〈數位學習研究方法講義〉，2010 年 12 月 29 日。
https://sites.google.com/site/winne0916/99shu-wei-xue-xi-yan-jiu-fang-fa/1229

2. 蕭蘋：〈當政治走到了線上──新媒體、新公民、新政治〉《天下雜誌》「眾聲喧嘩・讀者投書」，2014 年 12 月 2 日。
http://opinion.cw.com.tw/blog/profile/52/article/2144

3. 施典志:〈綜合性媒體的冬天,與深度分眾媒體的春天〉,《Rocket Cafe》(火箭科技評論),2016 年 1 月 6 日。

https://rocket.cafe/talks/76422

4. 〈專訪東森張憶芬:Facebook 對媒體不是威脅,我們如何跟它共存共榮?〉,INSIDE 部落格,2016 年 5 月 16 日。

http://www.inside.com.tw/2016/05/16/ebc-facebook

5. 〈民視搞上層內戰　台蘋等媒體曙光〉,李又如報導,《新新聞》,2016 年 6 月 9 日。

http://www.new7.com.tw/NewsView.aspx?t=HIS&i=TXT20160601165354C4K

6. 〈FB 高層:未來五年之內社群網路全是影音〉,《鉅亨網》,何昆霖編譯,2016 年 6 月 16 日。

http://news.cnyes.com/news/id/2034986

7. 黃哲翰:〈數位利維坦君臨的前夕〉,《端聞》,2016 年 6 月 17 日。

https://theinitium.com/article/20160617-opinion-huangdschergan-digital/

8. 〈2016 年台灣寬頻網路使用調查報告〉,財團法人台灣網路資訊中心網站資料,2016 年 7 月。

9. 〈一個你從不知道的新聞頭條……張憶芬風暴〉,陳皓嬿報導,《聯合報》,2016 年 7 月 11 日。

詳《聯合新聞網》: http://udn.com/news/story/7244/1820176

重讀《人間》：苦悶時代的精神解放

　　提起《人間》雜誌於我的影響與意義，千頭萬緒，該怎麼說起呢？簡單地說：有些階段似乎已經過去了，成了昨日雲煙；然而仔細想想卻又未必，結構性的難題不曾真正消解，偶然在街頭在生活當中，仍會扎破那些未癒的膿瘡。

一、

　　我就讀大學時的 1989 年，正是《人間》雜誌辦得火熱的年代，那些年也是海峽兩岸政治經濟走到了轉捩點的重要時刻：以大陸為例，87 年中國共產黨中央委員會總書記胡耀邦因路線問題黯然下台，訴求改革開放的學運一發不可收拾，89 年胡過世，隨即於 6 月發生了天安門事件。全世界都關注中國如何面對改革、如何平息民怨？

　　至於台灣呢？86 年民進黨成立，87 年宣佈解嚴，88 年蔣經國總統逝世，宣告了強人政治時代的終結……，記得那些年我還在建中讀書，上下學期間常常在台北市博愛路的法務部及台北地院前，碰到軍警以重重拒馬封鎖道路，整體社會的政治對立衝突，正面臨了前所未有的劇變與張力。

　　進入大學以後，我參加了校刊社（大青社），當年大學校園受到社會氛圍影響，隱約感受到外頭已發生天翻地覆的變化。大學生編刊物很少是為了校內服務，既不關心學校裡的課程與行政，也絕少如當前大學生之偏好美食打卡與服飾品味，我們花了不少心思在討論生態環保、族群認同、文化搶救、藝文思潮等等議題，當然《人間》雜誌正是當年知青們的精神典範。我們學習如何製作深度訪問的專題、學習如何攝影與編排版面。

不妨舉個實際的例子說明，還記得當年我與同班好友鄧振困、高炳煌在社團裡編為一組，正巧圓山育樂中心挖掘出貝塚，我們就鎖定以「圓山貝塚」寫了篇專題報導，還特地跑去八里採訪中央研究院史語所的劉益昌研究員，劉教授並不嫌我們打擾，很有耐心地跟我們解釋日本學者伊能嘉矩與宮村榮一對於圓山貝塚的發現與假說，描繪出台北盆地曾經滄海桑田的歷史。還記得那時我們邊訪問，邊與劉教授的學生們在十三行遺址挖掘了一下午，整理出凱達格蘭族先民的部份骨骸、也發現他們曾與漢人交易的金幣。身為美編的高炳煌，當年即拍攝了一張頗有《人間》風格的貝塚照片，作為我們專題報導的視覺焦點。

編輯報刊的田野踏查經驗，讓我開始從課本以外接觸到真實的「台灣土壤」，此外，也有對於人文活動的重新探索。猶記當年各大學的校刊社團都很活躍，而且跨校共同舉辦一些編輯課程與聯誼活動。那時候我們也在一些學長姐的引領下，偷偷在羅斯福路小巷裡的唐山出版社，找尋魯迅、沈從文、茅盾等人的「禁書」來看。

那是一個禁忌逐漸鬆綁的革命前夕，遠的且不說（例如86年車諾比核子事故、91年蘇聯瓦解等等），即在國內，因為蔣經國總統逝世後的權力交接問題，90年又發生了野百合學運，記得當時各大學很快動員了五千名學生齊聚於中正紀念堂示威抗議，主張解散萬年國會與推動民主改革，後來促成了91年李登輝總統宣佈廢止《動員戡亂時期臨時條款》，並重新改選國民大會代表。在野百合學運期間，當年沒有新媒體可以動員社群的我們，每天有人輪流到廣場內記錄整理，隔天一早則捧著手寫油印的快報，在校門口迎著上學師生宣傳第一手的現場情資，希望能讓校園裡有一些擾動的聲響。

二、

面對狂飆劇變的年代，今日再看《人間》雜誌的報導與內容，正好可以見證台灣在三十年前蟬蛻的蹤跡。現今許多重要的社會運動，在當時都已經開了端，反映出威權崩解前夕台灣社會議題的衝突與多元性。

例如，《人間》雜誌創刊號（85年11月）開宗明義，一出手就有關於不同族群的專題報導，包括攝影師李文吉對於「違反社會道德」的拾荒情侶黃昏之戀的記錄、攝影師關曉榮對於都市原住民的記錄、攝影師蔡明德對於依附內湖垃圾山過活的城市邊緣人的記錄、陳品君對於台北侏儒的訪談報導、

另有關於越戰期間台灣出生千餘名中美混血兒的文化殖民專題、有關於文化人的素顏與平常百姓的攝影專題、有關於同性戀議題的人物專訪等。可以看出發刊時陳映真的企圖心與憐憫心，這本雜誌從一開始就想以社會邊陲的人物作為主角，透過攝影與訪談來為這些受迫害與被歧視者發聲，回到素樸的人本立場來反思存在的價值。

　　陳映真如此選擇議題，今日看來，就文化層面而言，確實承襲自台灣七〇年代引發騷動的「鄉土文學論戰」、以及與高信疆在《中國時報・人間副刊》設置「報導文學」獎項有關。而從政治層面來看，這現象也受到七〇年代保釣運動、蔣中正總統之過世、以及79年美台斷交、另與中國修好的歷史境遇互為表裡。

　　如此歷史情境下，陳映真除了對於「台灣土壤」的族群議題感到關心外，我們也不難注意《人間》雜誌對於「大陸中國」同表關心，例如創刊號中也透過法國攝影家 Bernard Bordenare 的作品，介紹他旅行中國大陸時「奇特又獨創性的視覺遍歷」。又第二期（85 年 12 月）則透過日本山岳攝影家白川義員介紹「幽邃、壯偉、瑰麗的中華無限天壤及永恆山河」。第三期（86 年 1 月）透過香港攝影家梁家泰介紹「青海東部的高原湖泊、綿羊、氂牛，和醇厚正直的藏族人民的各種風情」。第四期（86 年 1 月）又有梁春幼介紹西藏的攝影作品，第五、六、八期都有柯錫杰的中國攝影專欄等等……，一直到最後出刊的第 47 期（89 年 9 月），仍有黃樹人所採訪的《大陸台胞系列》專題。從這裡既可以看出七〇年代以來《夏潮》的影響。也不難窺見解嚴前後台灣社會運動中，主張社會主義的左翼運動、與主張自由主義的黨外運動，為了對抗一黨獨大的威權政治，原存有微妙的同盟合作關係。

三、

　　台灣這三十年來的發展，明顯地日漸傾斜於右翼運動。一方面是中國經濟快速發展後，台灣不免受其龐大市場影響、更試圖擺脫其政治或資本控制，在「你好大，我好怕！」、「強國人」的語境之下，激化的民族主義論述乃成為台灣自主性的典律，民進黨因此贏得大部份民眾的情感支持，站穩抵禦外侮的主體位置、成為情理上的反對黨。

　　另一方面則與世代交替之認同轉移有關。梅家玲指出戰後台灣小說有所謂「家國裂變」現象：「……饒有興味的是，四〇年代中，吳濁流曾以《亞細

亞的孤兒》一書，寫盡日據時期台灣人民在認同上無家無父的悲哀，為台灣文學樹立『孤兒意識』的里程碑。六〇至八〇年代，孤兒退位，逆子孽子現身，先後問世的王文興《家變》與白先勇《孽子》，卻各自在有家有父之餘，演義出『逐父』與『為父所逐』的相互對話。然曾幾何時，兒子們卻又不再以家／父為念，或浪蕩街頭，或混跡黑幫，九〇年代以降，包括『大頭春』在內的各路『野孩子』紛至沓來，亦成為世紀末臺灣小說中的另一奇觀。」（〈孤兒？孽子？野孩子？：戰後臺灣小說中的父子家國及其裂變〉）正可以看出不同世代台灣人在身份認同上的「伊底帕斯現象」。

根據去年（2016）的《聯合報》民調，20〜29 歲的年輕族群在國族認同上自認是台灣人比率高達 85%，覺得自己是中國人的比率只有 11%，可見在地民族主義的高昂。解嚴前原有的省籍問題，已隨著本土執政者與時間被消解，當初於 1945 年隨國民政府遷台的青年，如果還在世，也已經是八、九十歲的高齡。

然而這場「認同」的戰役仍在進行中，恐怕這也並不只是台灣的難題而已（例如美國族群議題在近期也是相當激化的）。然以我本業的國文教學而言，「國文」難免涉及文化身世的編排想像，教育部近年不僅在大學端努力推動「蘊涵台灣文化與社會共同情感及價值之文本」（「補助全校性閱讀書寫課程推動與革新計畫」，2011），至於高中國文課綱審議，近期亦發生了文白比例的劇烈爭議，日前《文學台灣》雜誌社發起「支持調降文言文比例，強化台灣新文學教材」，有鍾肇政等百餘位台灣作家及教師連署；而中研院院士王德威、曾永義等人發起的「國語文是我們的屋宇：呼籲謹慎審議課綱」，支持連署者更高達四萬八千餘人（以本文書寫時 9 月 7 日之數據）。

即便在《人間》雜誌發行的八〇年代，身份認同的議題也未必如想像中簡單。例如第九期（86 年 7 月）的原住民報導〈不孝兒英伸〉，從表面上的殺人事件，深探刑案底下的原漢文化差異與階級剝削議題。同樣地，原住民的文化認同問題也與時間攸關，例如原住民歌手巴奈·庫穗說自己是「第一代失語族人」，她與馬躍·比吼等其他原民運動人士今年初於總統府前紮營抗爭至今，反對打了折扣的「原住民族傳統領域劃設辦法」，批評執政黨與蔡英文總統違背誠信，涉及資本主義政商勾結、重現了日據以來對待原住民族之殖民歷史記憶。

以上所述「人」的困境，三十年來未必減緩，被剝削感不僅只見於原住

民，新住民亦所在多有，還甭提日漸激化的勞工抗爭、軍公教年金改革等等，也令政府頭疼。此間複雜的「鄉土」想像、身世認同與階級對立，短期間內恐怕尚不易找到解方。

四、

如從議題設定與政治立場來看，儘管《人間》雜誌出刊不及四年，卻可以說是風雲際會、躬逢其盛，匯集了七〇年代以降的巨大騷動，因此成為解嚴革命之重要見證、成為弱勢族群之代言者。而伴隨經濟起飛崛起的新興中產階級，也迫使執政當局必須釋放權力，終於促成了台灣民主社會與政治意識的逐漸轉型。

今日重讀《人間》雜誌，也該留心他們在編輯表現形式上的創意。前面提及《人間》雜誌中有許多專題是以攝影為主，文字報導為輔，實與七〇年代以文字為主的報導形式截然不同。陳映真首先引進了美國從三〇年代開始興起的「報導攝影」，他在〈創刊的話〉中說：「如果用一句話來說明，《人間》是以圖片和文字從事報告、發現、記錄、見證和評論的雜誌」。從前述〈創刊號〉中的各式報導攝影專題即不難發現，這原是一本透過照片來「見證」生存處境、以臨場視覺聚焦政治批判的新興傳媒。

陳映真當時邀請了王信為籌備中的《人間》雜誌訓練攝影人才，並擔任《人間》的圖片主編。王信（1942～）何許人也？這位女士是在七〇年代初赴日習農時，偶然接觸了尤金・史密斯（William Eugene Smith，1918～1978）的攝影作品，深受感動而毅然改行攻讀報導攝影，返台之後曾隻身前往蘭嶼記錄雅美族人的生活。從離島原住民的拍攝經驗中，王信主張：「報導攝影的基本精神是本著人道主義的胸懷，透過攝影去揭發問題。在一個民主開放的社會裡，報導攝影可提供一種刺激和反省，形成輿論，推動、改革社會，因而受尊重。對報導攝影者而言，開攝影展是下下策，它應該與印刷媒體結合，才能廣泛地報導而實踐它的良知與力量。報導攝影能使人們回顧那些被我們稱為原始的、落後的，未開發的土地與上面自然純樸的人性，而有所反省。」（《蘭嶼・再見》）因此其攝影理念不僅立足於泥土之中，更著重於人道與人性。

此外，當年擔任《人間》雜誌採訪攝影的郭力昕，對於報導攝影也作了深刻的反省：「新聞攝影本質上就是一種創作、詮釋、或表達攝影記者對事件

之意見的媒介訊息，它與忠實記錄現場真實沒有多大的關係。其實所謂的客觀忠實的新聞影像，從一開始就是個自欺欺人的虛妄理念。……新聞照片並不那麼是個見證，而比較是一種完成人們願望或滿足讀者之想像的媒介，因為人們總喜歡將許多意義加諸照片之上。」、「我們有著一定的社會良心，因此對階級壓迫與制度性的不公不義，遂有著一定的輕微罪惡感。何經泰的影像作品，提供了我們不安與罪惡的紓緩劑，因為在凝視這些令人震動、心痛、不忍卒睹的傷殘影像，同時又被那昇華、超脫了的尊嚴所感動時，我們也在這注目、關心、感動的動作中贖了罪。」（《書寫攝影──相片的文本與文化》）換言之，他們的攝影報導不純然是客觀見證，而是加諸了許多意義於其上的創作或批判，更根本的是想表達人性的尊嚴與感動。

三十年後，人間同樣熙熙攘攘，科技的進展卻不可以道里計。現代台灣的新聞報導更加著重於視覺表現，尤其自媒體的時代來臨，無論報刊也好、電視也好，許多報導追求時效與臨場，經常直接取材於網路社群裡的監視器影像，而新聞更充斥了許多置入性行銷的商品情報，新聞媒體從過去的批判立場，逐漸棄守成為資本市場的營利工具。陳映真當初在《人間》雜誌〈創刊的話〉所慨歎的：「在一個大眾消費社會的時代裡，人，僅僅成為琳瑯滿目之商品的消費工具。於是生活失去了意義，生命喪失了目標。我們的文化生活越來越庸俗、膚淺，我們的精神文明一天比一天荒廢、枯索。」如今讀來，仍然是嚴正而深刻的讜論。

可歎的是，陳映真這一輩的老左派逐漸凋零，七、八〇年代的無畏與天真終將為人遺忘，當前台灣對於社會理想的失落、對於人性價值的悵惘，又該由誰來發聾振聵？由誰來喚醒人間的公義與真情呢？

（此篇轉載自《橋》，臺北市：人間，2017 冬季號，頁 155～161）